Frommer's

GUIA DE BOLSO
Nova York

por Brian Silverman

O que os críticos falam sobre a Frommer's:

"Surpreendentemente fácil de usar. Bem compacto, muito completo".
- *Booklist*

"Informações detalhadas, precisas e fáceis de ler para todas as faixas de preço".
- *Glamour Magazine*

Publicado por:

ALTA
EDI
Rio de J

Frommer's Nova York – Guia de Bolso – Copyright © 2009 da Starlin Alta Con. Com. Ltda.

Tradução e adaptação da obra Frommer's Portable New York, por Brian Silverman. ISBN 978-0-470-28968-6.

Copyright © 2007 Wiley Publishing, Inc., Hoboken, New Jersey. All rights reserved. This translation published under lecense with the original publisher John Wilwy & Sons. Inc., the owner of all rights to publish and sell the same. PORTUGUESE language edition published by Editora Starlin Alta Con. Com. Ltda, Copyright © 2009 by Editora Starlin Alta Con. Com. Ltda. Wiley and the Wiley Publishing logo are trademarks or registered trademarks of John Wiley & Sons, Inc. and/or its affiliates. Frommer's is a trademark or registered trademark of Arthur Frommer. Used under license. All other trademarks are the property of their respective owners. Wiley Publishing, Inc. is not associated with any product or vendor mentioned in this book.

Todos os direitos reservados e protegidos pela Lei 5988 de 14/12/73. Nenhuma parte deste livro, sem autorização prévia por escrito da editora, poderá ser reproduzida ou transmitida sejam quais forem os meios empregados: eletrônico, mecânico, fotográfico, gravação ou quaisquer outros. Todo o esforço foi feito para fornecer a mais completa e adequada informação, contudo a editora e o(s) autor(es) não assumem responsabilidade pelos resultados e usos da informação fornecida. Recomendamos aos leitores testar a informação, bem como tomar todos os cuidados necessários (como o backup), antes da efetiva utilização. Este livro não contém CD-ROM, disquete ou qualquer outra mídia.

Erratas e atualizações: Sempre nos esforçamos para entregar a você, leitor, um livro livre de erros técnicos ou de conteúdo; porém, nem sempre isso é co seguido, seja por motivo de mudança de software, interpretação ou memo quando alguns deslizes constam na versão original de alguns livros que traduzimos. Sendo assim, criamos em nosso site, www.altabooks.com.br, a seção Erratas, onde relataremos, com a devida correção, qualquer erro encontrado em nossos livros.

Avisos e Renúncia de Direitos: Este livro é vendido como está, sem garantia de qualquer tipo, seja expressa ou implícita.

Marcas Registradas: Todos os termos mencionados e reconhecidos como Marca Registrada e/ou comercial são de responsabilidade de seus proprietários. A Editora informa não estar associada a nenhum produto e/ou fornecedor apresentado no livro. No decorrer da obra, imagens, nomes de produtos e fabricantes podem ter sido utilizados, e desde já a Editora informa que o uso é apenas ilustrativo e/ou educativo, não visando ao lucro, favorecimento ou desmerecimento do produto fabricante.

Impresso no Brasil: O código de propriedade intelectual de 1º de julho de 1992 proíbe expressamente o uso coletivo sem autorização dos detentores do direito autoral da obra, bem como a cópia ilegal do original. Esta prática generalizada, nos estabelecimentos de ensino, provoca uma brutal baixa nas vendas dos livros a ponto de impossibilitar os autores de criarem novas obras.

Produção Editorial: Starlin Alta Con. Com. Ltda **Coordenação Editorial**: Marcelo Utrine
Coordenação Administrativa : Anderson Câmara **Tradução:** Eduardo Furtado
Revisão Gramatical: Débora Monique **Diagramação**: Lúcia Quaresma
Revisão Técnica: Paulo Cesaro **Fechamento**: Ingrid Teixeira

1ª Reimpressão, 2012

Rua Viúva Cláudio, 291 - Bairro Industrial do Jacaré
CEP: 20970-031 - Rio de Janeiro –
Tel: 21 3278-8069/8419 Fax: 21 3277-1253
www.altabooks.com.br – e-mail: altabooks@altabooks.com.br

Sumário

Lista de Mapas   vi

1 Planejando Sua Viagem para Nova York   1

1. Informação ao Visitante..1
2. Quando Ir..1
   Calendário de Eventos de Nova York..........................3
3. Dicas para Viajantes com Necessidades Especiais..........8
4. Curtindo Com Segurança..10
5. Para Viajantes Internacionais....................................11
6. Dinheiro..13
7. Chegando Lá...14
   AirTrains: Newark & JFK — O Muito Bom &
   o Razoável..16
   Bairros de Manhattan em Resumo............................20
8. Explorando...29

2 Onde Ficar   38

1. Distrito Financeiro..38
2. Lower East Side & TriBeCa..41
3. SoHo...42
4. Greenwich Village, East Village & Meatpacking District....43
   Muitos Quartos na Estalagem..................................44
5. Chelsea...45
6. Union Square, Flatiron District & Gramercy Park...........48
7. Times Square & Midtown West....................................50
8. Midtown East & Murray Hill......................................57
9. Upper West Side...63
10. Upper East Side..66

3 Onde Jantar   69

1. Distrito Financeiro & TriBeCa....................................69
2. Chinatown..73
3. Lower East Side..74

4.	SoHo & Nolita	76
5.	O East Village & NoHo	78
6.	Greenwich Village & o Meatpacking District	79
7.	Chelsea	81
8.	Union Square, Flatiron District & Gramercy Park	85
	A Verdade Sagrada: Os Melhores Bagels de NY	88
9.	Times Square & Midtown West	89
	Pizza ao Estilo Nova York	94
	Notícias sobre as "Deli" de Nova York	96
10.	Midtown East & Murray Hill	98
11.	Upper West Side	101
12.	Upper East Side	109
	Jantando em Uptown: A Alma do Harlem	110

(4) Explorando Nova York — 115

1.	As Principais Atrações	115
	Indo para o Alto da Pedra	129
	Local do World Trade Center (Ground Zero)	133
2.	Mais Museus e Galerias em Manhattan	135
	Solo Sagrado	143
3.	Arranha-céus e Outros Destaques Arquitetônicos	145
4.	Lugares de Culto	147
5.	Central Park & Outros Lugares para Brincar	149
6.	Passeios Turísticos Organizados	155
7.	Destaques dos Bairros Mais Afastados	158
8.	Destaques de Compras	162

(5) Nova York à Noite — 169

1.	Rock, Jazz, Blues & Mais Ao Vivo	169
2.	Artes Performáticas: Principais Salas de Concerto e Companhias	172
	Uma noite de Verão no Central Park	176
3.	Rock, Jazz, Blues & Mais Ao Vivo	178
4.	Cabarés	181
5.	Humor de Cara Limpa	182

6. Bares e Lounges para Coquetéis................................183
A Experiência de Mergulhar em Nova York................188
7. Danceterias & Festas................................189
Coquetéis Alfresco (Quem é Al Fresco?)................190
8. A Cena Gay & Lésbica................................192
Atravesse ao Cattyshack no Brooklyn................193

Apêndice: Fatos Rápidos: Nova York   194

Índice Remissivo   203

Geral................................203
Acomodação................................207
Restaurantes................................207

Lista de Mapas

Bairros de
Manhattan 21

Onde Ficar em
Downtown 39

Onde Ficar em
Midtown, Chelsea &
Gramercy Park 46

Onde Ficar em
Uptown 64

Onde Jantar em
Downtown 70

Onde Jantar em
Midtown 82

Onde Jantar em Uptown 102

Onde Jantar no
Harlem 112

Atrações em
Downtown 116

Atrações em Midtown 118

Atrações em Uptown 120

Central Park 151

Agradecimentos

Minha editora, Kathleen Warnock, com sua orientação e apoio, ajuda a tornar o trabalho neste livro um prazer ao invés de uma obrigação, e por isso sou muito grato. Também gostaria de agradecer a Gail Eisenberg por verificar incansavelmente os dados deste livro.

Sobre o Autor

Brian Silverman é um escritor freelancer cujo trabalho tem sido publicado em *Saveur*, *The New Yorker*, *Caribbean Travel & Life*, *Islands* e *Four Seasons*. Entre os muitos assuntos que ele escreve, estão culinária, viagens, esportes e música. Ele é autor de vários livros, incluindo *Going, Going, Gone: The History, Love, and Mystique of Home Run* e *Twentieth Cenury Treasury of Sports*. Para a série Frommer's, ele escreveu guias de bolso, completos e de baixo orçamento sobre Nova York, assim como *Nova York para Leigos*. Ele vive em Manhattan com esposa e filhos.

Um Convite aos Leitores

Ao pesquisar para este livro, descobrimos muitos lugares maravilhosos – hotéis, restaurantes, lojas e mais. Temos certeza de que você descobrirá outros. Por favor, conte-nos sobre eles, para que possamos compartilhar as informações com os demais viajantes nas próximas edições. Se você ficar decepcionado com uma indicação, também gostaríamos de saber. Escreva para:

Frommer's Guia de Bolso Nova York 2009

altabooks@altabooks.com.br

Nota Adicional

Por favor, tenha em mente que as informações sobre viagens podem mudar a qualquer momento – especialmente aquelas sobre preços. Portanto, sugerimos que você escreva ou ligue antecipadamente para obter confirmações ao planejar sua viagem. Os autores, os editores e a editora não podem ser responsáveis pelas experiências dos leitores enquanto viajam. Sua segurança é importante para nós, porém, incentivamos que você fique alerta e observe os arredores. Fique atento a câmeras, bolsas e carteiras, alvos prediletos de ladrões.

Avaliações de Estrelas da Frommer's, Ícones e Abreviações

Cada hotel, restaurante e atração listada neste guia foram avaliados em termos de qualidade, valor, atendimento, conforto e recursos especiais, usando um **sistema de avaliação por estrelas**. Em guias nacionais, estaduais e regionais, também avaliamos cidades e regiões para lhe ajudar a estreitar suas opções e seu orçamento convenientemente. Os hotéis e restaurantes foram avaliados em uma escala de zero (recomendado) a três (excepcional). Atrações, compras, vida noturna, cidades e regiões foram avaliadas de acordo com a seguinte escala: zero estrela (recomendado), uma estrela (altamente recomendado), duas estrelas (extremamente recomendado) e três estrelas (obrigatório).

Além do sistema de avaliação por estrelas, também usamos **sete ícones de apresentação** que lhe indicam os grandes negócios, conselhos obrigatórios e experiências únicas que distinguem os viajantes dos turistas. Procure pelos sinais abaixo em todo o livro:

Achados	Descobertas especiais – aqueles lugares que apenas os nativos conhecem
Dado Engraçado	Dados Engraçados – detalhes que deixam os viajantes mais informados e suas viagens, mais divertidas
Crianças	Melhores apostas para crianças e conselhos para toda a família
Momentos	Momentos especiais – aquelas experiências que constroem nossa memória
Superestimado	Lugares ou experiências que não valem seu tempo e seu dinheiro
Dicas	Dicas nativas – ótimas para poupar tempo e dinheiro
Valor	Grandes valores – onde conseguir os melhores negócios

As seguintes **abreviações** são usadas para cartões de crédito:

AE American Express   DISC Discover   V Visa
DC Diners Club   MC MasterCard

Frommers.com

Agora que você adquiriu este guia para lhe ajudar a planejar uma grande viagem, visite nosso website **www.frommers.com** para mais informações de viagem para mais de 4.000 destinos. Atualizamos recursos regularmente para lhe dar acesso instantâneo às mais atualizadas informações de planejamento de viagem disponíveis. Em Frommers.com, você encontrará novidades sobre as melhores passagens aéreas, taxas de hospedagem e ofertas de aluguel de carros. Você pode até mesmo agendar sua viagem online por meio de nossos confiáveis parceiros de agendamento de viagens. Outros recursos populares incluem:

- Atualizações online de nossos guias de viagem mais populares
- Concursos de férias e brindes
- Newsletters destacando as mais quentes tendências de viagens
- Podcasts, mapas interativos e listas de eventos atualizadas
- Posts do próprio Arthur Frommer para seu blog
- Quadros online de mensagem de viagem com discussões sobre itinerários.

Planejando Sua Viagem para Nova York

Nas páginas que seguem, você encontrará tudo que precisa saber para lidar com os detalhes práticos de como planejar sua viagem antecipadamente: linhas aéreas e aeroportos, um calendário de eventos, recursos para aqueles com necessidades especiais e muito mais.

1 Informação ao Visitante

Antes de sair de casa, sua melhor fonte de informação (além deste livro, claro) é **NYC & Company**, na 810 Seventh Ave., Nova York, NY 10019. Você pode ligar para © **0800/NYC-VISIT** para solicitar o *Official NYC Guide*, que detalha hotéis, restaurantes, teatros, atrações, eventos e mais. O guia é grátis e chega entre 7 e 10 dias. (**Nota:** Recebi reclamações de que, às vezes, demora mais.)

Você pode encontrar muitas informações grátis no website **www.nycvisit.com**. Para falar diretamente com um consultor de viagens, ligue para © **212/484-1222**, dias úteis das 8h30min às 18h (horário da costa leste), e nos finais de semana, das 8h30min às 17h (horário da costa leste).

Você precisará de um mapa decente da cidade e também um mapa de transportes, que podem ser obtidos em **Times Square Visitors Center,** 1560 Broadway, entre as ruas 46 e 47; © **212/869-1890;** (www.timessquarenyc.org) ou na maioria das principais estações de metrô. Na contracapa deste livro, há um mapa da maioria das linhas de metrô em Manhattan.

PARA VISITANTES DO REINO UNIDO   O **NYCBV Visitor Information Center** está em 36 Southwark Bridge Rd., Londres, SE1 9EU (© **020/7202-6367**). Você pode pedir o *Official NYC Visitor Kit* enviando um envelope A5 endereçado a si próprio e um selo de 72p para o endereço acima. Para viajantes de Nova York em Londres, o centro também oferece ajuda individual para planejar sua viagem gratuitamente.

2 Quando Ir

Verão ou inverno, sol ou chuva, sempre há grandes coisas acontecendo em Nova York, então não há realmente uma melhor época para ir.

2   CAPÍTULO 1 - PLANEJANDO SUA VIAGEM PARA NOVA YORK

A onda cultural pode vir no outono, no inverno e no começo da primavera, quando as temporadas teatrais e de artes performáticas atingem seus picos. Durante o verão, muitas instituições culturais, especialmente o Lincoln Center, oferecem entretenimento ao ar livre, de graça. Aqueles que quiserem assistir aos maiores sucessos da Broadway geralmente têm mais sorte em conseguir ingressos nos meses mais lentos de janeiro e fevereiro.

Gourmets podem achar mais fácil aterrissar nas melhores mesas durante julho e agosto, quando os nova-iorquinos fogem da cidade nos finais de semana. Se preferir caminhar por cada quarteirão da cidade para aproveitar a vista, a primavera e o outono geralmente oferecem o clima mais suave e agradável.

Nova York possui uma celebração ininterrupta de feriado do começo de dezembro até o começo do Ano Novo. Porém, lembre-se que os preços dos hotéis vão para os céus durante os feriados de inverno, e as multidões são quase intoleráveis. Se quiser ter mais da cidade só para você – mais chances de reservas em restaurantes e shows, acesso mais fácil a museus e outras atrações – escolha outra época do ano para viajar.

Os caçadores de ofertas devem viajar no inverno, entre janeiro e o começo de abril. Claro, você terá de suportar um pouco de frio, mas é quando os hotéis estão sofrendo com a ressaca pós-feriado, e os quartos saem por módicas quantias – neste caso, um quarto com banheiro privativo pode sair por apenas US$ 150. Portadores de cartões AAA podem conseguir coisas ainda melhores (geralmente um desconto entre 5% e 10%, se o hotel oferecer promoções AAA). Porém, esteja ciente de que um evento ou uma convenção ocasional, tal como a Fashion Week, em fevereiro, pode às vezes levar seus planos de economia ao naufrágio. A primavera e o outono são, geralmente, as épocas mais cheias e mais caras depois dos feriados. Não espere que os hotéis lhe ofereçam grandes negócios, mas você ainda poderá negociar uma boa tarifa.

A cidade está atraindo mais famílias, e elas geralmente visitam no verão. Entretanto, a perspectiva de calor e umidade afasta alguns, fazendo de julho e da primeira metade de agosto uma temporada significantemente mais barata do que mais para frente; geralmente há boas ofertas disponíveis pelos hotéis.

No Natal, espere pagar caro por tudo. As primeiras duas semanas de dezembro – as semanas de compras – são as piores, quando se trata de encontrar um quarto de hotel de preço razoável; compradores de todo o mundo se reúnem na cidade para agarrar o espírito natalino e gastar, gastar, gastar. Mas o Dia de Ação de Graças pode ser uma grande hora para vir: os viajantes de negócios voltaram para casa por causa do feriado, e os compradores ainda não chegaram. Poucos sabem que a maioria dos hotéis longe da rota do Desfile do Dia de Ação de Graças têm quartos vazios, e geralmente estão dispostos a negociar para enchê-los.

CALENDÁRIO DE EVENTOS DE NOVA YORK 3

Se quiser saber como fazer suas malas antes de ir, verifique a previsão online de 10 dias do Weather Channel em **www.weather.com**; gosto de compará-lo com a previsão de 5 dias da CNN em **www.cnn.com/weather.** Você também pode saber sobre o clima local ao ligar para ✆ **212/976-1212.**

Temperatura Média & Dias de Chuva para Nova York

	Jan	Fev	Mar	Abr	Mai	Jun	Jul	Ago	Set	Out	Nov	Dez
Temperatura Diária (°F)	38	40	48	61	71	80	85	84	77	67	54	42
Temperatura Diária (°C)	3	4	9	16	22	27	29	29	25	19	12	6
Dias de Chuva	11	10	11	11	11	10	11	10	8	8	9	10

CALENDÁRIO DE EVENTOS DE NOVA YORK

As informações seguintes sempre estão sujeitas à mudança. Confirme antes de fazer planos para um evento específico. Ligue para o lugar ou para o NYCVB no ✆ **212/484-1222**, acesse **www.nycvisit.com** ou compre uma cópia da **Time Out New York** para as últimas informações.

Para uma lista completa de eventos, além dos citados aqui, verifique **http://events.frommers.com**, onde você encontrará uma lista atualizada e navegável do que está acontecendo nas cidades em todo o mundo.

Janeiro

Restaurant Week. Duas vezes ao ano, alguns dos melhores restaurantes da cidade oferecem refeições de três pratos a preço fixo por preços *quase* razoáveis. No almoço, o preço é de US$ 24,07 (como em 24/7), enquanto o jantar fica por US$ 35. Alguns restaurantes em 2008 incluíram destaques como o Aquavit, Fiamma e o Union Square Café. Ligue para ✆ **212/484-1222** para mais informações, ou visite **www.nycvisit.com.** No fim de Janeiro.

Fevereiro

Ano Novo Chinês. A cada ano, Chinatown celebra seu próprio Ano Novo (baseado no calendário lunar) com duas semanas de celebrações, incluindo desfiles com dragões e leões dançarinos, além de fantasias. O desfile passa por toda a Chinatown, pelas ruas Mott, Canal e Bayard, e pela East Broadway. Ligue para **NYCVB hot line** no ✆ **212/484-1222** ou para o **Asian American Business Development Center** no ✆ **212/966-0100.** O Ano Novo Chinês cai no dia 26 de janeiro de 2009, e é o Ano do Boi.

Março

St. Patrick's Day Parade. Mais de 150.000 pessoas se juntam no maior desfile cívico do mundo na Fifth Avenue, da rua 44 à rua 86, que balança ao som de bandas e gaitas-de-fole. O desfile começa geralmente às 11h, mas vá cedo se quiser um bom lugar. Ligue para ✆ **212/484-1222**. 17 de Março.

4   CAPÍTULO 1 - PLANEJANDO SUA VIAGEM PARA NOVA YORK

Easter Parade. Uma vez, o povo de Nova York saiu para mostrar seus chapéus discretos, mas de bom gosto. Hoje, se você estiver planejando comprar uma pequena coisa de bom gosto – digamos, algo delicadamente tecido com canudos e com uma simples flor – você *não* será a mais bela dama neste passeio de primavera pela Fifth Avenue, da rua 48 à 57. Trata-se mais de um exibicionismo vaidoso, com chapéus e roupas que se tornam mais ridículos a cada ano, e todos podem se juntar de graça. Acontece geralmente no Domingo de Páscoa, das 10h às 15h ou 16h. Ligue para ✆ **212/484-1222**. 12 de Abril de 2009.

Abril

New York International Auto Show. Eis a ironia: você não precisa de um carro em Nova York, porém esta é a maior exibição de carros nos Estados Unidos. Com lugar no Javits Center, muitos carros-conceito que nunca passarão pela linha de montagem, mas que são divertidos para sonhar, estão à mostra. Ligue para ✆ **800/282-3336** ou visite **www.autoshowny.com** ou **www.javitscenter. com.** Ligue para saber as datas.

TriBeCa Film Festival. Concebido em 2002 pelo prefeito informal de TriBeCa, Robert De Niro, o festival cresceu em popularidade e estima a cada ano. Em 2008, o festival de 12 dias apresentou mais de 250 filmes e incluiu eventos como o Family Festival Street Fair, performances musicais e exibições de arte, e filmes exibidos em "drive-in" externos. Ligue para ✆ **212/941-2400** ou visite **www.tribecafilmfestival.org**. Última semana de abril/começo de Maio.

Maio

Fleet Week. Um efetivo de cerca de 10.000 homens da Marinha e da Guarda Costeira estão "em liberdade" em Nova York para a anual Fleet Week. Você pode observar os navios enquanto atracam no cais do lado oeste de Manhattan, excursionar por eles com os oficiais em serviço e assistir a algumas exibições emocionantes dos US Marines. Mesmo que você não souber de todos os eventos, você saberá que é Fleet Week, já que 10.000 marinheiros invadem Midtown com seus uniformes brancos. É maravilhoso - como se *"On the Town"* virasse realidade. Ligue para ✆ **212/245-0072,** ou visite **www.fleetweek.navy.mil** (sua melhor fonte para uma lista completa dos eventos) ou **www.intrepidmuseum.org.** No fim de Maio.

Junho

Desfiles, desfiles, desfiles. Durante o verão, há um desfile para quase todo feriado, nacionalidade ou etnia. Junho é o mês do (entre outros), às vezes barulhento, mas muito colorido, **Puerto Rican Day Parade** e o **Lesbian and Gay Pride Week and March**, que enlouquece a Fifth Avenue enquanto a comunidade GLS comemora com bandas, grupos de marcha, botes e muito deboche. O desfile começa na parte de cima da Fifth Avenue, perto da rua 52, e continua

CALENDÁRIO DE EVENTOS DE NOVA YORK 5

pelo Village, onde uma festa defronte ao rio, com fogos de artifício, encerra o dia. Ligue para ✆ **212/807-7433** ou verifique **www.hopinc.org.** Do meio para o fim de Junho.

Shakespeare in the Park. O Delacorte Theater no **Central Park** é o cenário para apresentações grátis de primeira classe sob as estrelas – incluindo, pelo menos, uma peça de Shakespeare a cada temporada – muito frequentemente com estrelas no palco. Para mais detalhes, veja "Estacione! Shakespeare, Música & Mais Diversão Grátis", no capítulo 5. Ligue para ✆ **212/539-8500,** ou visite **www.publictheater.org.** De Junho a Agosto.

Julho

Independence Day Harbor Festival e 4th of July Fireworks Spetacular. Comece o dia entre a multidão no Great July 4th Festival em lower Manhattan, depois veja a extravagância de fogos de artifício da Macy's sobre o East River (o melhor ponto de observação é na FDR Drive, que fecha ao tráfego). Ligue para ✆ **212/484-1222** ou para o Macy's Visitor Center no 212/494-3827. 4 de julho.

Lincoln Center Festival 2009. Este festival celebra o melhor de todas as artes performáticas – teatro, balé, dança contemporânea, ópera, mesmo marionetes e arte midiática. Edições recentes tiveram apresentações de Orlette Coleman, Royal Opera e a Filarmônica de Nova York. A programação está disponível a partir do meio de março e os ingressos começam a ser vendidos em maio ou no começo de junho. Ligue para ✆ **212/546-2656,** ou visite **www.lincolncenter. org.** Durante todo o mês de Julho.

Agosto

Lincoln Center Out of Doors. Esta série de música e performances de dança grátis acontece nas praças externas do **Lincoln Center.** Ligue para ✆ **212/875-5766** ou para 212/546-2656, ou visite **www.lincolncenter.org** para obter a programação (geralmente disponível a partir do meio de Julho). Durante todo o mês de Agosto.

Harlem Week. O maior festival cultural negro e hispânico do mundo cobre quase o mês inteiro, para incluir o Black Film Festival, o Harlem Jazz and Music Festival e o Taste of Harlem Food Festival. Ligue para ✆ **212/484-1222.** Durante todo o mês de Agosto.

U.S. Open Tennis Championships. O último Grand Slam da temporada de tênis ocorre no Arthur Ashe Stadium, no USTA National Tennis Center em **Flushing Meadows Park**, no Queens. Os ingressos começam a ser vendidos em maio ou no começo de junho. O evento se esgota imediatamente, porque muitos ingressos vão para os patrocinadores corporativos que os presenteiam aos seus clientes. Você pode comprar ingressos de cambistas do lado de fora do complexo (uma prática ilegal, claro). As últimas partidas são as mais caras, mas

6   CAPÍTULO 1 - PLANEJANDO SUA VIAGEM PARA NOVA YORK

você verá mais tênis antes, quando seu ingresso permite que você perambule pelas quadras externas. Ligue para ✆ **866/OPENTIX** (está sempre ocupado) ou 718/760-6200 com muita antecedência; acesse **www.usopen.org** ou **www. usta.com** para mais informações. Duas semanas perto do Labor Day.

Setembro

West Indian-American Day Parade. Este evento anual no Brooklyn é a maior e melhor celebração de rua de Nova York. Venha pelas roupas, pelos ritmos pulsantes (soca, calipso, reggae), folclore, comida (galinha defumada, sopa de rabo de boi, comidas de alma caribenha) e dois milhões de foliões balançando a cintura. A rota pode mudar de ano a ano, mas geralmente passa pela Eastern Parkway desde Utica Avenue até Grand Army Plaza (no portão para o Prospect Park). Ligue para ✆ **718/467-1797,** ou visite **www.wiadca.org.** Labor Day.

Outubro

Big Apple Circus. Originário da cidade de Nova York, o circo de artes performáticas é o predileto das crianças e de qualquer um com o coração jovem. O Big Apple está comprometido em manter a tradição clássica do circo com sensibilidade, e só apresenta animais que tenham uma relação de trabalho tradicional com humanos. Uma tenda é erguida em **Damrosch Park,** no **Lincoln Center.** Ligue para ✆ **800/922-3772,** ou acesse **www.bigapplecircus.org.** Do fim de Outubro até Janeiro.

Greenwich Village Halloween Parade. Este é o Halloween no auge da extravagância. Drag queens e outros tipos extravagantes desfilam pelo Village em roupas criativas. O itinerário mudou com os anos, mas recentemente começa após o pôr do sol na Spring Street e marcha pela Sixth Avenue até a rua 23 ou a Union Square. Ligue para a linha exclusiva *Villlage Voice* Parade no ✆ **212/475-3333,** ramal 14044, acesse **www.halloween-nyc.com**, ou leia os jornais para o itinerário exato, para que você possa assistir – ou participar – se tiver roupas e imaginação. 31 de Outubro.

Novembro

New York City Marathon. Mais de 30.000 corredores de todo o mundo participam da maior maratona dos Estados Unidos, e mais de um milhão de fãs os incentivam enquanto seguem um itinerário que toca em todos os cinco distritos de Nova York e termina no Central Park. Ligue para ✆ **212/423-2249** ou 212/860-4455, ou visite **www.nyrr.org** para mais informações e inscrições. Primeiro domingo de Novembro. 2 de Novembro de 2008.

Radio City Music Hall Christmas Spetacular. Uma extravagância bem peculiar, mas muito engraçada, este evento tem como estrelas as Radios City Rockettes e um elenco que inclui animais (apenas tente imaginar os camelos trotando pela entrada da Sixth Avenue!). Para obter mais informações, ligue para

CALENDÁRIO DE EVENTOS DE NOVA YORK 7

© **212/307-3000,** ou acesse **www.radiocity.com**; você também pode comprar ingressos na bilheteria ou pela **Radio City Hot Line** (© **212/307-1000**), da Ticketmaster, ou acessar **www.ticketmaster.com**. De novembro até o começo de janeiro.

Macy's Thanksgiving Day Parade. A procissão que começa no Central Park West e rua 77 e desce a Broadway até Herald Square, na rua 34, continua a ser uma tradição nacional. Enormes balões de ar quente nas formas de Rocky and Bullwinkle, Snoopy, Pantera Cor de Rosa e Bart Simpson, entre outros personagens famosos de quadrinhos, são a melhor parte. Na noite anterior, você geralmente pode ver os balões sendo enchidos no Central Park West com a rua 79; ligue antecipadamente para saber se será aberto ao público. Ligue para © **212/484-1222** ou Macy's Visitor Center no 212/494-2922. 27 de Novembro de 2008.

Iluminação da Árvore de Natal do Rockefeller Center. A cerimônia anual de iluminação é acompanhada de patinadores no gelo, música, diversão e uma *enorme* multidão. A árvore fica acesa 24 horas todos os dias até depois do Ano Novo. Ligue para © **212/332-6868** ou visitte **www.rockefellercenter.com**. No final de Novembro ou no começo de Dezembro.

Dezembro

Holiday Trimmings. Desça pela Fifth Avenue e você verá um floco de neve faiscante de 8 metros flutuando no cruzamento do lado de fora da **Tiffany's**, o edifício **Cartier** decorado com chapéus vermelhos, cachecóis aquecendo os pescoços dos leões da **New York Public Library** e sofisticados figurinos nas janelas da **Saks Fifth Avenue** e **Lord & Taylor**. Madison Avenue entre a rua 55 e rua 60 também é uma boa aposta; **Sony Plaza** geralmente exibe algo fabuloso, assim como a **Barney's New York**. Durante todo o mês de dezembro.

Tradições de Natal. Além do **Radio City Music Hall Christmas Spetacular**, e da encenação do New York City Ballet para *O Quebranozes*, os eventos tradicionais do feriado incluem *A Christmas Carol* no **The Theater at Madison Square Garden** (© **12/465-6741** ou www.thegarden.com; para ingressos, © **212/307-7171** ou www.ticketmaster.com). No **Avery Fisher Hall**, está o Coral Nacional com apresentações do *Messias*, de Handel (© **212/875—5030;** www.lincolncenter.org), uma semana antes do Natal. Não se preocupe se as únicas palavras que você conhece são "Aleluia, aleluia!" – você receberá uma folha com a letra. Durante todo o mês de Dezembro.

Iluminação do Hanukkah Menorah. O maior menorah do mundo (quase 10 metros de altura) está no **Grand Army Plaza**, em Manhattan, Fifth Avenue e rua 59. As celebrações do Hanukkah começam ao pôr do sol, com a iluminação das gigantescas velas elétricas. 21 de Dezembro de 2008.

Ano Novo. A maior festa de todas está em **Times Square**, onde ruidosos foliões fazem a contagem regressiva dos segundos finais do ano até que a bola

8   CAPÍTULO 1 - PLANEJANDO SUA VIAGEM PARA NOVA YORK

cai à meia-noite em 1 Times Sq. Este evento, no frio e cercado de milhares de bêbados, é a delícia do masoquista. Ligue para ✆ **212/768-1560** ou 212/484-1222, ou visite **www.timessquarenyc.org**. 31 de Dezembro.

3   Dicas para Viajantes com Necessidades Especiais

PARA FAMÍLIAS

As melhores apostas para obter informações mais atualizadas incluem a seção "Weekend", do *New York Times* das sextas, que tem uma seção dedicada às melhores atividades da semana com crianças; a revista semanal *New York*, que tem um calendário completo de eventos infantis em sua seção de listagens; e *Time Out New York*, que também tem uma grande seção semanal infantil um pouco alternativa. O *Big Apple Parents' Paper* está disponível geralmente, de graça, em lojas infantis e em outras localidades em Manhattan; você também pode encontrar boas informações com o pessoal do jornal em **www.parentsknow.com**.

O primeiro lugar a procurar por **babás** é em seu hotel (melhor ainda, pergunte sobre babás quando fizer a reserva). Muitos hotéis têm serviços de babá ou lhe fornecerão listas de babás confiáveis. Se isso não for suficiente, ligue para **Baby Sitters's Guild** (✆ 212/682-0227; www.babysittersguild.com). As babás têm licença, seguro e proteção e podem até mesmo levar seu filho para passeios externos.

VIAJANTES COM DEFICIÊNCIA

Nova York está mais acessível para viajantes com deficiências do que nunca antes. O sistema de ônibus da cidade é favorável para usuários de cadeiras de rodas e a maioria das atrações é facilmente acessível. Ainda assim, **sempre ligue primeiro** para ter certeza de que os lugares onde você deseja ir são totalmente acessíveis.

A maioria dos hotéis segue o padrão ADA, com quartos adequados para usuários de cadeiras de rodas, assim como aqueles com outras deficiências. Porém, antes de agendar, **faça muitas perguntas em relação às suas necessidades**.

Hospital Audiences, Inc. (✆ 212/575-7676; www.hospitalaudiences.org) fornece atendimento e detalhes sobre acessibilidade em instituições culturais, assim como sobre eventos culturais adaptados para pessoas com deficiências. Os serviços incluem "Describe!", que permite a frequentadores de teatro com deficiência visual a apreciar eventos teatrais; e o valioso **HAI Hot Line** (✆ 212/575-7676), que oferece informação sobre acessibilidade em hotéis, restaurantes, atrações, lugares culturais e muito mais. Esta organização sem fins lucrativos também publica *Access for All*, um guia sobre acessibilidade, disponível gratuitamente no site **www.hospitaaudiences.org**.

Outra excelente fonte para viajantes com deficiência indo para Nova York é **Big Apple Greeter** (✆ 212/669-8159; www.bigapplegreeter.org). Todos os seus

DICAS PARA VIAJANTES COM NECESSIDADES ESPECIAIS 9

empregados são bem versados em temas de acessibilidade. Eles podem fornecer uma lista de recursos das agências da cidade que atendem aqueles com deficiências e, às vezes, oferecem descontos para apresentações teatrais e musicais. Big Apple Greeter oferece também excursões individuais com voluntários que acompanham visitantes com deficiências; eles podem até mesmo lhe conduzir ao sistema público de transporte, se quiser. Reserve com pelo menos uma semana de antecedência.

PARA VIAJANTES IDOSOS

As tarifas de ônibus e de metrô de Nova York custam metade (US$ 1) para pessoas com mais de 65 anos de idade. Muitos museus e atrações (e alguns teatros e casas de espetáculos) oferecem entradas e ingressos com desconto para idosos, portanto não hesite em pedir. Leve sempre um documento de identidade.

Muitos hotéis oferecem descontos para idosos; **Choice Hotels** (que incluem Comfort Inns, um dos meus hotéis favoritos com preços razoáveis em Midtown), por exemplo, dá 30% de desconto sobre suas tarifas para qualquer um com mais de 50 anos, se você reservar um quarto pelo número de telefone gratuito de reservas nacionais (não diretamente com os hotéis ou por um agente de viagens). Para uma lista de Choice Hotels, vá para **www.choicehotels.com.**

Muitas agências e organizações confiáveis atendem o mercado de clientes com 50 anos ou mais. **Elderhostel (© 800/454-5768;** www.elderhostel.org) organiza programas de estudo em todo o mundo (inclusive alguns em Nova York) para aqueles com 55 anos ou mais.

PARA VIAJANTES GAYS & LÉSBICAS

A cultura gay e lésbica é parte da identidade de Nova York, assim como os táxis amarelos, os arranha-céus e os teatros da Broadway. De fato, em uma cidade com uma das maiores, mais barulhentas e poderosas populações GLS do mundo, a homossexualidade é definitivamente a corrente dominante.

O **Lesbian, Gay, Bisexual & Transgender Community Center**, conhecido como "The Center", está na 208 W 13 St., entre as avenidas Seventh e Eighth (© **212/620-7310;** www.gaycenter.org). O centro é o lugar de encontro para mais de 400 organizações GLS. O calendário online lista centenas de eventos – palestras, danças, concertos, leituras, filmes – ou ligue para saber a última atualização. O site da entidade oferece links para hotéis e *guesthouses* simpáticos a gays em Nova York e arredores, além de toneladas de outras informações; os empregados são simpáticos e prestativos, seja pessoalmente ou pelo telefone.

Outras boas fontes de eventos gays e lésbicos são os dois jornais gratuitos, *Gay City News* (www.gaycitynews.com) e o *New York Blade* (www.nyblade.com), além das revistas gratuitas *HX* (www.hx.com), *Next* (www.nextmagazine.com) e *GONYC* (www.gomag.com), voltadas ao público lésbico. Você também encontrará muitas informações em seus websites.

10   CAPÍTULO 1 - PLANEJANDO SUA VIAGEM PARA NOVA YORK

O **The International Gay and Lesbian Travel Association (IGLTA;** ☎ **0800/448-8550** ou 954/776-2626; www.iglta.org) é a associação comercial para o setor de turismo GLS, e oferece uma lista online de negócios e operadores de turismo simpáticos a gays e lésbicas.

Gay.com Travel (www.gay.com/travel) fornece informações atualizadas sobre hotéis, restaurantes, excursões, danceterias e lojas de donos gays, voltadas para gays e simpáticas a eles em cada destino importante em todo o mundo. Viajantes ingleses devem clicar em "Travel", no site **www.uk.gay.com** para recomendações e ideias de viagem específicas para gays.

4   Curtindo com Segurança

Claro, há violência em Nova York, mas milhões de pessoas vivem aqui sem serem assaltadas ou furtadas. Na verdade, Nova York é mais segura do que qualquer outra grande cidade norte-americana, e de acordo com o FBI ocupa a 150ª posição entre as mais violentas cidades do país em crimes totais. Embora isso seja ótimo para todos nós, ainda assim é importante tomar algumas precauções.

Os homens devem portar suas carteiras nos bolsos da frente e as mulheres, segurar firme as alças das bolsas. Cruze as alças das câmeras e das bolsas sobre o ombro, frontalmente, e sob o outro braço. Nunca pendure uma bolsa nas costas de uma cadeira ou em um gancho no banheiro; mantenha-a em seu colo ou entre seus pés, com um pé entre uma alça e o outro, sobre a própria bolsa. Evite carregar grandes quantidades de dinheiro. Você pode distribuir seu dinheiro em vários bolsos, assim, se um for furtado, você não ficará sem nada. Deixe as joias reluzentes no quarto e mantenha itens valiosos escondidos quando estiver nas ruas.

Mendigos raramente são perigosos e podem ser ignorados. Se um estranho lhe abordar na rua com uma história triste ("Moro na periferia e fui atacado, não tenho dinheiro para voltar para casa" ou algo do tipo), provavelmente é um golpe. Fique atento se um indivíduo "acidentalmente" cair diante de você, ou causar alguma comoção do tipo, pode ser que ele esteja trabalhando com alguém que roubará sua carteira quando você tentar ajudar. E lembre-se: você *perderá* se apostar no jogo nas ruas.

DICAS DE SEGURANÇA NO METRÔ   Em geral, o metrô é seguro, especialmente em Manhattan. Há mendigos e sujeitos de aparência estranha como em qualquer lugar na cidade, mas a violência no metrô retrocedeu a níveis dos anos 60. Porém, fique alerta e confie em seus instintos. Sempre tenha seus pertences pessoais à mão.

Ao usar o metrô, **não aguarde o trem próximo à beira da plataforma**, ou nas pontas de cada estação. Fora do horário de pico, espere pelo trem na visão da bilheteria ou sob os sinais amarelos DURING OFF HOURS TRAINS STOP HERE e embarque no carro do operador ou do condutor (geralmente ao centro do trem). Escolha os vagões mais lotados e não os mais vazios – a segurança anda em grupo.

Evite metrôs tarde da noite e invista em um táxi ou pegue um ônibus depois das 22h ou 23h.

5   Para Viajantes Internacionais

VISTOS

O Departamento de Estado dos Estados Unidos tem um **Visa Waiver Program (VWP)**, permitindo que cidadãos dos seguintes países entrem nos Estados Unidos sem visto por até 90 dias: Alemanha, Andorra, Austrália, Áustria, Bélgica, Brunei, Cingapura, Dinamarca, Finlândia, Islândia, Itália, Japão, Liechtenstein, Luxemburgo, Mônaco, Nova Zelândia, Noruega, Países Baixos, Portugal, Reino Unido, San Marino e Suíça. (***Nota:*** Esta era a lista no momento de impressão deste livro; para uma lista de países mais atualizada, consulte **www.travel.state.gov/visa.**). Cidadãos canadenses podem entrar nos Estados Unidos sem visto,porém, precisarão mostrar passaportes (se viajarem de avião) e comprovante de residência. ***Nota:*** Todos os passaportes emitidos em, ou após, outubro de 2006, por um país na lista VWP, devem ser **eletrônicos** para que os viajantes VWP possam entrar nos Estados Unidos sem um visto. Os cidadãos destas nações também precisam apresentar um bilhete de retorno por avião ou navio em sua chegada. E-passaportes contêm chips de computador capazes de armazenar informações biométricas, tais como a fotografia digital do titular (você pode identificar um e-passaporte pelo símbolo central na capa do seu passaporte). Se seu passaporte não tiver este recurso, você ainda pode viajar sem um visto se seu passaporte válido tiver sido emitido antes de 26 de outubro de 2005, e incluir uma zona de leitura por máquina, ou entre 26 de outubro de 2005 e 26 de outubro de 2006, e incluir uma fotografia digital. Para mais informações, vá para **www.travel.state.gov/visa**.

Brasileiros precisam de visto de entrada. Para informações sobre como obter um visto, consulte "Vistos" na seção "Fatos Rápidos" no Apêndice.

Cidadãos de todos os demais países devem ter (1) um passaporte válido que expire pelo menos 6 meses depois do que o fim preF de sua viagem aos Estados Unidos e (2) um visto de turismo, que pode ser obtido sem custo em qualquer consulado do país.

12 CAPÍTULO 1 - PLANEJANDO SUA VIAGEM PARA NOVA YORK

Desde janeiro de 2004, muitos visitantes internacionais viajando com vistos aos Estados Unidos serão fotografados e terão suas impressões digitais colhidas ao chegar à Alfândega, em aeroportos ou cruzeiros, em um programa criado pelo Departament of Homeland Security chamado **US-VISIT.** Estão livres do escrutínio adicional os visitantes entrando por terra ou que não precisam de vistos para visitas curtas. Para mais informações, visite o site do departamento em **www.dhs. gov/dhspublic.**

EXIGÊNCIAS MÉDICAS

A menos que você esteja chegando de uma área sabida de estar sofrendo uma epidemia (particularmente cólera ou febre amarela), inoculações ou vacinas não são necessárias para entrar nos Estados Unidos.

ALFÂNDEGA

O QUE VOCÊ PODE LEVAR PARA OS ESTADOS UNIDOS

Cada visitante com mais de 21 anos de idade pode levar, livre de impostos, o seguinte: (1) 1 litro de vinho ou bebida de alto teor alcoólico; (2) 200 cigarros, 100 charutos (mas não de Cuba) ou 1,35 quilos de tabaco; e (3) mercadorias no valor de US$ 100. Estas isenções são oferecidas a viajantes que fiquem pelo menos 72 horas nos Estados Unidos e que não as usufruíram nos últimos 6 meses. É proibido levar para o país praticamente todos os produtos derivados de carne (incluindo carne enlatada, fresca e seca, como bouillon, misturas para sopa e similares). Geralmente, temperos, incluindo vinagre, óleos e pimenta, café, chá e alguns queijos e tipos de pães são permitidos. Evite produtos à base de arroz, já que o arroz pode ser hospedeiro de insetos. Levar frutas e vegetais não é aconselhável, embora não seja proibido. Os oficiais permitem produtos agrícolas, dependendo de onde você os comprou e para onde você irá depois que entrar nos Estados Unidos. Turistas estrangeiros podem entrar ou sair com até US$ 10.000, seja em dólar ou em moedas estrangeiras, sem formalidades; somas maiores devem ser declaradas à alfândega norte-americana ao entrar ou sair, o que inclui o preenchimento do formulário CM 4790. Para mais detalhes, consulte a embaixada ou consulado dos Estados Unidos mais próximo, ou **US Customs** (www.customs.ustreas.gov).

O QUE VOCÊ PODE LEVAR DOS ESTADOS UNIDOS

Cidadãos Canadenses: Para um resumo das leis canadenses, pegue o panfleto *I Declare*, do Canada Border Services Agency (℃ **0800/461-9999** no Canadá, ou 204/983-3500; www.cbssa-asfc.gc.ca).

Cidadãos do Reino Unido: Para informações, entre em contato com **HM Customs & Excise** no ℃ **0845/010-9000** (fora do Reino Unido, 020/8929-0152) ou consulte o website **www.hmce.gov.uk**.

Cidadãos Australianos: Um panfleto útil, disponível nos consulados ou nos escritórios de alfândega australianos, é *Know Before You Go*. Para mais informações,

DINHEIRO **13**

ligue para **Australian Customs Service** no ✆ **1300/3633-263**, ou acesse **www. customs.gov.au**.

6 Dinheiro

Você nunca precisa carregar muito dinheiro em Nova York, e embora a cidade seja bem segura, é melhor não encher sua carteira (embora sempre tenha certeza de ter pelo menos US$ 20 para o táxi).

Na maioria dos bairros de Manhattan, você pode encontrar uma agência bancária com um **caixa eletrônico** a cada par de quadras. Mesmo nos bairros não tão bem servidos por bancos, a maioria das delis e mercearias têm caixas eletrônicos (que geralmente cobram uma taxa de serviço, além das taxas que seu próprio banco cobra).

CAIXAS ELETRÔNICOS

O modo mais simples e fácil de obter dinheiro da sua conta doméstica é por um caixa eletrônico. As redes **Cirrus** (✆ **800/424-7787;** www.mastercard.com) e **PLUS** (✆ **800/843-7587;** www.visa.com) estão em todo o mundo; olhe no verso de seu cartão bancário para ver a qual rede ele pertence, ou então ligue ou procure online por caixas eletrônicos em seu destino. Assegure-se de saber seu número pessoal de identificação (PIN) e o limite de saque diário antes de partir. **Nota:** Lembre-se que muitos bancos cobram uma tarifa a cada vez que você saca em um caixa eletrônico de outro banco. Além do mais, o banco de onde você saca dinheiro pode cobrar sua própria taxa. Para comparar as taxas de uso dos caixas eletrônicos nos Estados Unidos, acesse **www.bankrate.com.** Para taxas de saques internacionais, pergunte ao seu banco.

CARTÕES DE CRÉDITO E DÉBITO

Cartões de crédito são a forma mais amplamente empregada de pagamento nos Estados Unidos: **Visa** (Barclaycard na Grã-Bretanha), **MasterCard** (Eurocard na Europa, Access na Grã-Bretanha, Chargex no Canadá), **American Express, Diners Club** e **Discover.** Estes cartões fornecem um relatório conveniente de suas despesas e, geralmente, oferecem boas taxas de câmbio. Você pode sacar adiantamentos de dinheiro de seu cartão de crédito nas agências ou nos caixas eletrônicos, contanto que você saiba seu PIN.

Visitantes de fora dos Estados Unidos devem perguntar se seu banco cobra taxas de 1% a 3% sobre gastos feitos fora de seu país.

É altamente recomendado que você viaje com, pelo menos, um cartão de crédito principal. Você deve ter um para alugar um carro, e hotéis e companhias aéreas requerem uma prova de cartão de crédito como depósito para as despesas.

Cartões para caixas eletrônicos com suporte dos principais cartões de crédito, conhecidos como **"cartões de débito"**, são agora uma forma de pagamento comumente aceita na maioria das lojas e dos restaurantes. Algumas lojas permitem que

14 CAPÍTULO 1 - PLANEJANDO SUA VIAGEM PARA NOVA YORK

você receba "dinheiro de volta" nas suas compras por cartão de débito, permitindo que você tenha algum dinheiro a mais quando fizer compras. O mesmo vale para a maioria das agências da US Post Offices.

TRAVELER'S CHECKS

Traveler's checks são amplamente aceitos nos Estados Unidos, mas visitantes internacionais devem ter certeza de que estes sejam denominados em dólares norte--americanos; cheques em moedas estrangeiras são muito difíceis de serem trocados.

Você pode comprar traveler's checks na maioria dos bancos. Grande parte deles é oferecida em denominações de US$ 20, US$ 50, US$ 100, US$ 500 e, às vezes, US$ 1.000. Geralmente, você paga uma tarifa de serviço variando de 1% a 4%.

Os traveler's checks mais populares são oferecidos pela **American Express (** © **800/807-6233; 800/221-7282** para associados – este número aceita chamada a cobrar, oferece serviço em idiomas estrangeiros e livra associados AmEx gold e platinum da taxa de 1%); **Visa** (© **800/732-1322**) – membros AAA podem obter cheques Visa por uma taxa de US$ 9,95 (para cheques até US$ 1.500) na maioria dos escritórios AAA ou ligando © **866/339-3378; e MasterCard** (© **800/223-9920).** Se estiver portando traveler's checks, tenha um controle dos seus números de série separados dos cheques, caso sejam roubados ou perdidos – você obterá reembolso mais rápido.

7 Chegando Lá

DE AVIÃO

A cidade de Nova York dispõe de três grandes aeroportos: **John F Kennedy International Airport** (© **718/244-4444**), em Queens, cerca de 24 quilômetros (1 hora de carro) de Midtown Manhattan; **LaGuardia Airport** (© **718/533-3400**), também em Queens, quase 13 quilômetros (30 minutos) de Midtown; e **Newark International Airport** (© **973/961-6000**), na vizinha New Jersey, quase 26 quilômetros (45 minutos) de Midtown. Informações sobre os três aeroportos estão disponíveis online em **www.panynj.gov;** clique na aba "All Airports".

Embora LaGuardia seja o aeroporto mais próximo de Manhattan, ele possui a pior reputação em termos de atrasos e confusão nos terminais, em filas nos balcões das companhias aéreas e retirada de bagagem. Você deve usar JFK ou Newark.

Praticamente todas as companhias aéreas locais servem pelo menos um dos aeroportos em Nova York; a maioria serve dois, ou todos. Entre elas, estão a **American** (© 800/433-7300; www.aa.com), **Continental** (© 800/525-3273), **Delta** (© 800/221-1212; www.delta.com), **Northwest** (© 800/225-2525; www.nwa.com), **US Airways** (© 800/428-4322) e **United** (© 800/864-8331; www.united.com). Praticamente todas as grandes companhias aéreas americanas utilizam pelo menos um dos aeroportos da área de Nova York; a maioria usa dois ou todos os três. Entre elas a **Continental** (Rio de Janeiro: & 0800/7027500, São Paulo: 0800/7027500; www.continental.com), a **Delta Air Lines** (Brasil & 0800/881-2121; www.delta.com), a **American Air Lines** (Rio de Janeiro: & 21-4502-5005, São Paulo: 11-4502-4000; www.aa.com.br) e a United (Brasil & 0800/162323; www.united.com.br). No Brasil, consulte a TAM (& 4002-5700; www.tam.com.br).

Recentemente, houve um rápido crescimento no número de companhias aéreas iniciantes e sem sofisticação voando para Nova York (e 2008 trouxe a falência de algumas delas, portanto verifique se as companhias abaixo ainda estão em operação quando planejar sua viagem). Você pode verificar a companhia **AirTran,** baseada em Atlanta (© 0800/AIRTRAN); **Frontier** (© 800/432-1359; www.flyfrontier.com), baseada em Denver; **Midwest Airlines** © 800/452-2022; www.midwestairlines.com), baseada em Milwaukee e em Omaha; ou **Spirit Airlines** (© 800/772-7117; www.spiritair.com), baseada em Detroit. A companhia básica e chique **JetBlue (ícone)** (© 800/JETBLUE; www.jetblue.com), baseada no aeroporto JFK, tomou Nova York de assalto com suas tarifas baixas e seu serviço de classe. A principal companhia aérea de baixo custo do país, **Southwest** (© 800/435-9792; www.iflyswa.com) voa para MacArthur (Islip) Airport em Long Island, 80,5 quilômetros a leste de Manhattan.

TRANSPORTE DE E PARA OS AEROPORTOS
NA ÁREA DE NOVA YORK

Para informações sobre transportes para os três aeroportos (JFK, LaGuardia e Newark), ligue para **Air-Ride** (© 800/247-7433), que oferece 24 horas detalhes gravados sobre empresas de ônibus e de transporte direto, além de serviços de táxi, registrados junto a New York and New Jersey Port Authority. Informações similares estão disponíveis em **www.panynj.gov/airports**; clique no aeroporto no qual você desembarcará.

A Port Authority administra os balcões Ground Transportation Information no andar de retirada de bagagens em cada aeroporto, onde você pode obter informações e agendar transporte. A maioria das companhias de transporte tem telefones de cortesia próximos ao setor de retirada de bagagens.

Geralmente, o tempo de viagem entre os aeroportos e Midtown, de táxi ou de carro, é de 45 a 60 minutos saindo de JFK; 20 a 35 minutos de LaGuardia; e 35 a 50 minutos de Newark. Sempre considere um pouco mais, especialmente durante a hora do rush, temporadas de férias e se você estiver tomando um ônibus.

TÁXIS Apesar dos significativos aumentos de tarifas dos últimos anos, os táxis ainda são um meio rápido e conveniente de viajar de e para os aeroportos. Eles estão disponíveis em quiosques designados do lado de fora dos terminais, com atendentes uniformizados disponíveis durante horários de pico em JFK e no LaGuardia, e em tempo integral em Newark. Siga os avisos de GROUND TRANS-

CAPÍTULO 1 - PLANEJANDO SUA VIAGEM PARA NOVA YORK

AirTrains: Newark & JFK – O Muito Bom e o Razoável

Primeiro, o muito bom: alguns anos atrás, uma junção metroviária revolucionou o processo de ligar, por transporte público, o Newark-Liberty International Airport: AirTrain Newark, que agora conecta Newark-Liberty com Manhattan por uma conexão veloz de monotrilhos.

Embora você tenha de fazer uma conexão, o sistema é rápido, agradável, de bom preço e fácil de usar. Cada terminal de desembarque no Newark Airport tem uma estação para o AirTrain, portanto siga os sinais uma vez que você retirou suas malas. Todos os AirTrains rumam para **Newark International Airport Station**, onde você baldeia para um trem da **NJ Transit**. A NJ Transit lhe levará até a Penn Station, em Midtown, Nova York.

A viagem de meu apartamento, em Manhattan Upper West Side, até o terminal Newark Alitalia, por exemplo, levou menos de meia hora e me custou menos que US$ 14 (US$ 11,55 para a conexão AirTrain via Penn Station, mais US$ 2 para o metrô até Penn Station). Isso representa uma economia de US$ 35, comparado com o que seria se eu tomasse um táxi, para não mencionar o tempo economizado. Os trens da NJ Transit correm de duas a três vezes por hora, em horários de pico (uma vez por hora no começo e no final do dia) e partem da própria área de espera na Penn Station; você pode verificar os horários de partida nos monitores antes de partir do terminal do aeroporto, e ver novamente a programação na estação de trem. As passagens para a NJ Transit podem ser compradas em guichês eletrônicos, tanto no terminal do aeroporto quanto na estação de trem (não é preciso de passagens para embarcar no AirTrain). A tarifa de uma mão custa US$ 11,25 (crianças de até 4 anos não pagam). Em sua viagem de volta para o aeroporto, o AirTrain é bem mais previsível, em termos de horário, e você não se sujeita aos incômodos do trânsito.

Note que os viajantes se dirigindo para lugares fora da cidade podem também tomar trens da AmTrak e outros trens da NJ Transit em Newark International Airport Station para seus destinos finais.

PORTATION ou TAXI. Pode haver uma longa fila, mas geralmente anda bem rápido. As tarifas, sejam fixas ou livres, não incluem pedágios de ponte e de túnel (US$ 4 – US$ 6) ou a gorjeta para o motorista (o costume é de 15% a 20%). As tarifas incluem todos os passageiros no táxi e a bagagem – nunca pague mais do que a taxa calculada ou fixa, exceto quando houver pedágios e a gorjeta (das 20h às 6h, uma sobretaxa de US$ 1 também é aplicável nos táxis amarelos de Nova York. Os táxis limitam-se a quatro passageiros, portanto se seu grupo exceder este número, você terá de tomar mais de um táxi.

CHEGANDO LÁ **17**

Note que os viajantes se dirigindo para lugares fora da cidade podem também tomar trens da AmTrak e outros trens da NJ Transit em Newark International Airport Station para seus destinos finais.

Agora, o não tão bom: após alguns anos atribulados depois da inauguração, em 2003, depois de anos de espera e US$ 1,9 bilhão, AirTrain JFK está começando a funcionar com mais eficiência. Embora não seja possível reclamar do preço — apenas US$ 7 se você tomar um metrô até AirTrain, US$ 12 se você tomar Long Island Rail Road — você pode não economizar muito tempo para chegar ao aeroporto. De Midtown Manhattan, a viagem pode levar de 40 a 90 minutos, dependendo de suas baldeações. Apenas algumas linhas de metrô se juntam com a AirTrain: a A, E, J e Z; a E, J e Z para Jamaica Station e para a Sutphin Blvd.- Archer Ave. Station; e a A para Howard Beach/JFK Airport Station. A MTA está considerando acrescentar novas conexões para o AirTrain em lower Manhattan na década que vem, embora não haja muito o que fazer para diminuir o tempo da viagem.

Um pequeno aviso sobre os dois AirTrains: Se você tem problemas de mobilidade, montanhas de bagagem ou crianças pequenas, esqueça o AirTrain. É mais fácil confiar em um táxi, serviço de carros ou em uma van que possa lhe oferecer transferências de porta a porta.

Para mais informações sobre AirTrain Newark, ligue para ✆ **888/EWR-INFO**, ou visite **www.airtrainnewark.com.** Para detalhes de baldeação, clique nos links do site ou entre em contato com **NJ Transit** (✆ **800/626-RIDE;** www.njtransit.com) ou **Amtrak (800-USA-RAIL;** www.amtrak.com).

Para mais informações sobre AirTrain JFK, visite o site **www.airtrainjfk.com.** Para detalhes de baldeação, clique nos links do site AirTrain ou do site da MTA,**www.mta.nyc.ny.us/mta/airtrain.htm.**

- **De JFK:** Uma tarifa fixa de US$ 45 para Manhattan (mais pedágios e gorjeta) será cobrada. O taxímetro não será ligado e a sobrecarga não será cobrada. A tarifa fixa não se aplica nas viagens de Manhattan ao aeroporto.

- **De LaGuardia:** De US$ 24 a US$ 28, com taxímetro, mais pedágios e gorjeta.

- **De Newark Liberty:** O atendente lhe dará uma papeleta com uma tarifa fixa variando de US$ 30 a US$ 38 (pedágio e gorjeta extra), dependendo

18   CAPÍTULO 1 - PLANEJANDO SUA VIAGEM PARA NOVA YORK

para onde você está indo. Os táxis amarelos de Nova York não têm permissão para pegar passageiros em Newark. A tarifa dos táxis amarelos de Manhattan até Newark é a do taxímetro mais US$ 15 e pedágios (cerca de US$ 69-US$ 75, e alguns dólares a mais pela gorjeta). Os táxis de New Jersey não podem pegar passageiros de Manhattan até Newark.

CARROS PRIVADOS & SERVIÇOS DE LIMUSINE   Empresas de carros privados e de limusines fornecem serviços de transporte 24 horas do aeroporto até o hotel, por praticamente o mesmo preço de um táxi. A vantagem que estes serviços oferecem é que você pode acertar seu transporte antecipadamente e evitar os incômodos da fila do táxi. Ligue com pelo menos 24 horas de antecedência (mais, nos feriados) e um motorista lhe encontrará perto da seção de retirada de bagagens (ou em seu hotel, caso a viagem seja de volta). Provavelmente, pedirão para você um número de cartão de crédito para garantir seu carro. É possível que lhe perguntem se você deseja ser apanhado dentro do aeroporto ou fora; dentro é mais caro, mas facilita encontrar seu motorista (que geralmente aguarda na seção de retirada de bagagens com um cartaz onde está seu nome). Você pode poupar alguns dólares se solicitar ser encontrado do lado de fora; ligue para o atendente assim que retirar suas bagagens e então as leve para o lugar de espera indicado, onde você aguardará pelo motorista, o que pode levar de 10 minutos a meia hora. Veja que o tráfego na rua do aeroporto pode ser caótico durante as principais horas de decolagem.

Os veículos podem ser sedãs, vans e limusines, e tendem a ser relativamente limpos e confortáveis. Os preços variam levemente por empresa e pelo tamanho do carro reservado, mas espere uma tarifa quase equivalente a de um táxi se você pedir um sedã básico e tiver apenas uma parada; as políticas de pedágio e de gorjeta são as mesmas (***Nota:*** Os serviços de carro não estão sujeitos à regra de tarifa fixa que os táxis têm para viagens de e para JFK). Pergunte ao reservar qual será a tarifa e se você pode usar seu cartão de crédito para pagar a viagem, para que não haja surpresas ao desembarcar do carro. Pode haver cobranças pela espera se o motorista tiver de esperar por você, devido a atrasos no vôo quando lhe pegar, mas as companhias de carro geralmente verificam seu vôo para ter uma previsão exata de pouso.

Tive melhor sorte com **Carmel** (℃ **800/922-7635** ou 212/666-6666) e **Legends** (℃ **888/LEGENDS** ou 212/888-8884; www.legendslimousine.com); **Allstate** (℃ **800/453-4099** ou 212/333-3333) e **Tel-Aviv** (℃ **800/222-9888** ou 212/777-7777) também têm boas reputações (Lembre-se, porém, que estes serviços são bons apenas quanto seus motoristas – e, às vezes, há uma maçã podre na cesta. Se tiver algum problema, relate-o imediatamente ao escritório principal).

Para um pouco mais de luxo e um atendimento melhor, a melhor opção que encontrei foi **Luxor Limo** (℃ **866/990-4111;** www.luxorlimo.com), onde os carros são espaçosos, os motoristas são confiáveis na medida do possível e as tarifas não são

CHEGANDO LÁ 19

muito mais altas do que as companhias acima. Estes serviços de carros são bons para os horários de pico (não há taxímetros), mas se você estiver chegando em um momento mais tranquilo do dia, os táxis são melhores.

ÔNIBUS PRIVADOS & VANS   Serviços de ônibus e vans são uma opção confortável e menos cara (mas que, geralmente, leva mais tempo) para transportes saindo os aeroportos, do que táxis e serviços de carros.

Super Shuttle atende os três aeroportos; **New York Airport Service** atende JFK e LaGuardia; **Olympia Trails and Express Shuttle USA** atende Newark. Estes serviços são os meus favoritos para chegar e deixar Newark durante as épocas de pico de viagens porque os motoristas geralmente pegam ruas menos conhecidas que tornam a viagem bem mais rápida do que se você for de táxi ou de carro.

As vans azuis da **Super Shuttle** (℗ **800/258-3826;** www.supershuttle.com) atendem os três aeroportos, fornecendo atendimento porta a porta para Manhattan e pontos em Long Island a cada 15 a 30 minutos, o dia inteiro. Assim como Express Shuttle, você não precisa reservar sua viagem do aeroporto até Manhattan; basta se dirigir até o quiosque de transporte terrestre ou usar o telefone de cortesia no setor de retirada de bagagem e pedir pelo Super Shuttle. Para ser levado do hotel, para a viagem de volta, é necessário avisar com 24 ou 48 horas de antecedência; você pode fazer sua reserva online. As tarifas vão de US$ 13 a US$ 22 por pessoa, dependendo do aeroporto, com descontos disponíveis para pessoas adicionais no mesmo grupo.

Os ônibus da **New York Airport Service** (℗ **718/875-8200;** www.nyairport-service.com) viajam de JFK e LaGuardia ao Port Authority Bus Terminal (rua 42 com Eighth Avenue), Grand Central Terminal (Park Ave., entre ruas 41 e 42) e para hotéis selecionados em Midtown, entre as ruas 27 e 59, além da Jamaica LIRR Station em Queens, onde você pode pegar um trem para Long Island. Siga os sinais de GROUND TRANSPORTATION até o ponto de encontro externo, ou procure por um agente uniformizado. Os ônibus saem do aeroporto a cada 20 a 70 minutos (dependendo de seu ponto de desembarque e destino), entre as 6h e meia-noite. Ônibus para JFK e LaGuardia saem do Port Authority e Grand Central Terminal, ao lado da Park Avenue, entre 15 a 30 minutos, dependendo da hora do dia e do dia da semana. Para solicitar serviço de van partindo do seu hotel, ligue com pelo menos 24 horas de antecedência. Uma tarifa de ida ou volta para JFK é US$ 15, ida e volta, US$ 27; para LaGuardia, é US$ 12 ida ou volta, e US$ 21, ida e volta.

DE CARRO

Da **New Jersey Turnpike** (I-95) e lugares a oeste, há três travessias sobre o Hudson River para o West Side de Nova York: o **Holland Tunnel** (lower Manhattan), o **Lincoln Tunnel** (Midtown) e a **George Washington Bridge** (Upper Manhattan). A partir do **interior do estado de Nova York**, pegue a **New York State Thruway** (I-87), que cruza o Hudson River pela Tappan Zee Bridge e se torna a

20   CAPÍTULO 1 - PLANEJANDO SUA VIAGEM PARA NOVA YORK

Major Deegan Expressway (I-87) pelo Bronx. Para o East Side, siga pela Triborough Bridge e desça a FDR Drive. Para o West Side, pegue a Cross Bronx Expressway (I-95) na direção do Henry Hudson Parkway ou Taconic State Parkway até o Saw Mill River Parkway, e pegue a Henry Hudson Parkway na direção sul.

Desde **New England,** a **New England Thruwayn** (I-95) se junta à **Bruckner Expressway** (I-278), que leva à Triborough Bridge (Robert F. Kennedy Bridge) e à FDR Drive, no East Side. Para o West Side, pegue a Bruckner até a Cross Bronx Expressway (I-95) e pegue a Henry Hudson Parkway na direção sul.

Você pagará pedágios por alguma destas estradas e na maioria das junções.

Uma vez que você chegou a Manhattan, estacione seu carro em uma garagem (espere pagar de US$ 20 a US$ 45 por dia) e deixe-o lá. Não use seu carro para percorrer a cidade. Transportes públicos, táxis e caminhadas lhe levarão facilmente onde você quer ir.

POR TREM
Amtrak (© 800/USA-RAIL; www.amtrak.com) oferece viagens frequentes para a **Penn Station**, em Nova York, na Seventh Avenue entre as ruas 31 e 33, onde você pode pegar facilmente um táxi, metrô ou um ônibus ao seu hotel. Para conseguir as melhores tarifas, reserve cedo (pelo menos 6 meses de antecedência) e viaje nos finais de semana.

Se estiver viajando para Nova York de uma cidade que margeie o Corredor Nordeste da Amtrak – como Boston, Philadelphia, Baltimore ou Washington DC – a Amtrak pode ser sua melhor opção de viagem, agora que implementaram os trens Acela de alta velocidade. Os trens da **Acela Express** reduzem o tempo de viagem partindo de Washington para duas horas e meia, e o tempo de viagem partindo de Boston para 3 horas, como um relâmpago (se você reservar um assento em um Metroliner ou em um serviço regular, sem reservas, as tarifas são mais baixas, mas espere passar mais tempo no trem).

BAIRROS DE MANHATTAN EM RESUMO
Downtown
Lower Manhattan: South Street Seaport & o Distrito Financeiro Em uma época, esta foi Nova York – ponto final. Estabelecida pelos holandeses em 1625, as primeiras construções de Nova York se desenvolveram aqui, na ponta sul da ilha de Manhattan; tudo, daqui para cima, eram fazendas e mato. Embora tudo tenha mudado, este ainda é o melhor lugar na cidade para procurar o passado.

Lower Manhattan é constituído por tudo ao sul da Chambers Street. **Battery Park**, o ponto de partida para a Estátua da Liberdade, Ellis Island e Staten Island, está na ponta mais ao sul da ilha. O **Sea Street Seaport**, agora cheio de

Bairros de Manhattan

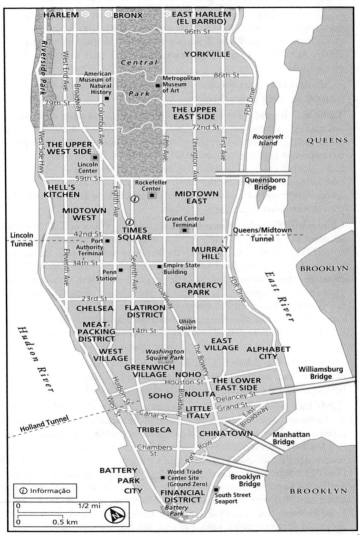

BAIRROS DE MANHATTAN EM RESUMO

turistas, mas ainda um lembrete dos tempos quando o porto era a vitalidade da cidade, está um pouco ao norte do lado leste; um pouco ao sul da Brooklyn Bridge.

O resto da área é considerado o **Distrito Financeiro (Financial District)**, que abriga o **Ground Zero**. Até 11 de setembro de 2001, o Distrito Financeiro estava ancorado pelo **World Trade Center**, com o World Financial Center e Battery Park city ao oeste e **Wall Street** cortando a cidade um pouco ao sul e para o leste.

Praticamente todas as linhas principais de metrô se reúnem aqui antes de terminar ou seguir para o Brooklyn.

TriBeCa Margeada pelo Hudson River ao oeste, a área norte da Chambers Street, oeste da Broadway e sul da Canal Street, é o *Tri*angle *Be*low *Ca*nal Street, ou TriBeCa. Desde os anos 80, quando o SoHo ficou saturado de elegância, o transbordamento transformou TriBeCa em um dos bairros residenciais mais famosos, onde celebridades e famílias convivem em armazéns de ferro fundido transformados em apartamentos caros. Lofts de artistas e galerias, assim como antiquários famosos e escritórios de design apimentam a área, assim como alguns dos melhores restaurantes da cidade.

Chinatown O enclave étnico mais famoso de Nova York está ultrapassando seus limites e já chegou a Little Italy. A antiga área pantanosa a nordeste da City Hall e abaixo da Canal Street, da Broadway até o Bowery, é onde imigrantes chineses foram forçados a viver na década de 1870. Este bairro em expansão é agora um conglomerado de populações asiáticas. O bairro oferece pratos baratos e saborosos das cozinhas szechuan, hunan, cantonesa, vietnamita e tailandesa, entre outras. Lojas exóticas oferecem alimentos estranhos, ervas e souvenires; pechinchas em roupas e couro são fartas. É o máximo percorrer a Canal Street, olhando para os produtos eletrônicos e lojas de malas e observando os caranguejos se soltarem de seus encarregados nos mercados de peixe.

A estação Canal Street (J, M, Z, N, R, 6, Q, W) lhe levará ao epicentro da ação. As ruas são cheias durante o dia e se esvaziam pelas 21h; permanecem bem seguras, mas o bairro é mais apreciável durante o burburinho.

Little Italy Little Italy, tradicionalmente a área leste da Broadway, entre a rua Houston e o norte da rua Canal, é uma comunidade encolhendo, devido à expansão da vibrante Chinatown. Agora, o bairro está limitado principalmente à **Mulberry Street**, onde você encontrará a maioria dos restaurantes e uns poucos desdobramentos. Com os aluguéis subindo no cada vez mais famoso Lower East Side, alguns poucos lugares elegantes estão se mudando, entrando ainda mais na paisagem do velho mundo. O melhor modo de chegar à Little Italy é caminhar para oeste a partir da estação Spring Street (na linha número 6) até Mulberry Street; vire para o sul para Little Italy (você não pode perder a decoração de rua vermelha, verde e branca, que fica o ano inteiro).

BAIRROS DE MANHATTAN EM RESUMO 23

Lower East Side O Lower East Side amplifica o melhor da nova e da velha Nova York: veja a extensão da Houston entre as ruas Forsyth e Allen, onde a Knish Shop de Yonah Shimmel está lado a lado com o Sunshine Theater, um cinema de arte – e ambos estão a mil.

Há algumas reminiscências do que foi, uma vez, a maior população judia nos Estados Unidos pela **Orchard Street**, onde você encontrará grandes pechinchas em suas muitas lojas de tecidos e roupas do velho mundo, ainda com todo o gás entre as butiques e os lounges. Lembre-se que as lojas do velho mundo fecham cedo às sextas-feiras e por todo o sábado (o Sabbath judaico). O cada vez mais moderno conjunto de lojas pode ser encontrado nas quadras entre as ruas Allen e Clinton, ao sul de Houston e norte de Delancey, com mais lojas, bares e restaurantes novos aparecendo, a cada dia, nos quarteirões ao leste.

Esta área não é tão bem servida pelo sistema de metrô (uma das causas de seus anos de declínio), portanto sua melhor chance é pegar a linha F até a Second Avenue (você pode descer perto da First Avenue) e caminhar a leste pela Houston; quando você vir Katz's Deli, você saberá que chegou. Você também pode chegar a LES pela estação Delancey Street, na linha F, e a estação Essex nas linhas J, M ou Z.

SoHo & Nolita Sem ligação com o bairro de Londres, **SoHo** tem seu apelido pela abreviação de "*So*uth of *Ho*uston Street". Este bairro elegante se estende para a Canal Street, entre a Sixth Avenue a oeste e Lafayette Street (1 quadra a leste da Broadway) para o leste. É mais facilmente acessado por metrô: pegue a N ou a R até a estação Prince Street; a C, E ou 6 até Spring Street; ou a F, B, D ou V para a parada Broadway-Lafayette (o trem Q não está parando na Broadway-Lafayette devido à construção na Manhattan Bridge).

Uma zona industrial durante o século 19, o SoHo mantém a arquitetura de ferro fundido daquela época e, em muitos lugares, paralelepípedos irrompem pelo asfalto. No começo dos anos 60, artistas de vanguarda começaram a ocupar os sombrios e deteriorados edifícios, logo os transformando no mais moderno bairro da cidade. SoHo é, agora, um grande exemplo de enobrecimento urbano, e uma grande atração de Nova York graças aos seus edifícios impecavelmente restaurados e restaurantes e butiques de moda. Nos finais de semana, as ruas de paralelepípedos e as estreitas calçadas ficam cheias de compradores, com a ação principal entre a Broadway e a Sullivan Street, ao norte da Grand Street.

Em anos recentes, SoHo foi abrindo seu caminho para o leste, adotando as ruas Mott e Mulberry – e a Elizabeth Street em particular – ao norte de Kenmare Street, uma área agora conhecida como **Nolita**, por sua localização ao *No*rth of *Lit*tle *Ita*ly. Nolita está se tornando cada vez mais conhecida pelas suas possibilidades de compras, que incluem vários antiquários caros e lojas

24   **CAPÍTULO 1 - PLANEJANDO SUA VIAGEM PARA NOVA YORK**

de design de interiores. Pegar o trem número 6 até Spring Street lhe deixará mais perto por metrô, mas basta uma pequena caminhada a leste a partir do próprio SoHo.

East Village & NoHo   A **East Village**, que se estende entre a 14th Street e Houston Stret, do leste da Broadway até a First Avenue e além, até Alphabet City – avenidas A, B, C e D – é onde está o que restou da boemia de Manhattan. O East Village é uma mistura fascinante de restaurantes étnicos e modernos de preço razoável, estilistas em ascendência e butiques kitsch, clubes punk-rock e cafés. Vários teatros Off e Off-Off Broadway (alternativos e bem alternativos) também chamam este lugar de lar.

O East Village não é muito acessível de metrô; a menos que você esteja percorrendo a 14th Street (a linha L lhe deixará na Third Ave. ou na First Ave.), sua melhor opção é pegar a 4, 5, 6, N, Q, R ou W até a 14th Street/ Union Square; a N ou R até a 8th Street; ou a 6 até Astor Place e caminhar para leste.

A área ao redor da Broadway e Lafayette, entre as ruas Bleecker e 4th, é chamada de **NoHo** (sigla de *No*rth of *Ho*uston) e tem um caráter completamente diferente. Como você já deve ter adivinhado, esta área se desenvolveu mais parecida com a sua vizinha ao sul, SoHo. Aqui, você encontrará vários lounges modernos, restaurantes cheios de estilo, designers inovadores e luxuosos antiquários. É divertido passear por NoHo; a parada Bleecker Street, da linha número 6, lhe deixará no coração do bairro, e a parada Broadway-Lafayette nas linhas B, D, F ou V lhe deixará na sua borda sul.

Greenwich Village   Ruas alinhadas de árvores cruzam e se abrem, seguindo velhos riachos e caminhos de bois. Cada quarteirão revela ainda outra fileira de residências estilo Greek Revival, uma casa bem preservada no estilo Federal (estilo surgido entre os anos 1780 e 1830, que relembra as construções romanas) ou uma tranquila praça ou pátio. Esta é a "Village", ao oeste da Broadway até o Hudson River, margeada pela Houston Street ao sul e pela 14th Street ao norte. O bairro desafia o sistema ordenado de ruas paralelas de Manhattan, com ruas ainda mais antigas, praticamente todas repletas de atividades, e a menos que você viva aqui, pode ser impossível entender o esquema do bairro – portanto, traga um mapa ao explorar a região.

A linha da Seventh Avenue (1, 2, 3) é a principal via de metrô da área, enquanto a estação West 4th Street (onde as linhas A, C ou E encontram as linhas B, D, F ou V) funciona como estação central.

O Village é provavelmente o mais camaleônico dos bairros de Manhattan. Alguns dos imóveis mais caros da cidade estão na parte inferior da Fifth Avenue, que termina no **Washington Square Park.** A curvilínea **Bleecker Street** atravessa a maior parte do bairro e é emblemática do pendor histórico do

BAIRROS DE MANHATTAN EM RESUMO 25

bairro. A atitude de tudo vale no Village alimentou uma grande comunidade gay, que ainda está em evidência ao redor da **Christopher Street** e Sheridan Square (incluindo o marco Stonewall Bar). As ruas a oeste da Seventh Avenue, conhecidas como **West Village**, carregam uma vibração mais relaxada e algumas casas históricas de arenito pardo encantadoras. Três universidades – New York University, Parsons School of Design e a New School for Social Research – mantêm a área com a mente jovem.

As ruas estão, em geral, repletas com guerreiros de fim de semana e adolescentes, especialmente na Bleecker, West 4th, a 8th e nas ruas adjacentes, e são conhecidas por se tornarem rudes ao oeste da Seventh Avenue no fim da noite, especialmente nos finais de semana.

Midtown

Chelsea & the Meatpacking District Chelsea se fortaleceu, nos últimos anos, como um endereço da moda, especialmente para a comunidade gay. Uma composição de residências, aposentos, lofts e fábricas de poucos andares (com edifícios novos e mais altos aparecendo em quase todos os quarteirões), o bairro compreende praticamente a área a oeste da Sixth Avenue, das ruas 14th a 30th (a própria Sixth Avenue, abaixo da 23rd Street, é considerada parte do Flatiron District; ver abaixo). Suas principais vias são as avenidas Seventh e Eighth, e é servida principalmente pelas linhas de metrô C ou E e 1.

O complexo de esportes **Chelsea Piers**, bem a oeste, e uma multidão de lojas (tanto butiques únicas quanto grandes marcas, como Williams-Sonoma), bistrôs caros, e bares movimentados, nas principais dragas, contribuíram para o renascimento da área. Uma das tendências mais influentes em Chelsea foi o estabelecimento do **West Chelsea** (a partir da Ninth Ave., a oeste) e o adjacente **Meatpacking District** (ao sul de West Chelsea, quase da 17th Street até Little W. 12th Street), como os bairros definidores de estilo para o século 21. O que SoHo foi nos anos 60, este mundo industrial do oeste (chamado de "Lower West Side" pela revista *New York*) é hoje. Novos restaurantes, lojas modernas e bares movimentados aparecem diariamente no Meat-packing District, enquanto a área da West 22nd Street até West 29th Street, entre a Tenth Avenue e a Eleventh Avenue é lar da cena de arte contemporânea de Nova York. O bairro também é o local de algumas das mais populares pistas de dança da cidade. Com galerias e bares localizados em armazéns reformados e antigos depósitos de carne, passear pode ser frustrante, e as ruas às vezes desoladas podem parecer intimidadoras. Sua melhor opção é ter um destino exato (e um endereço específico) em mente, antes de ir.

Flatiron District, Union Square & Gramercy Park Estes bairros adjacentes e, em certos pontos, sobrepostos, são uns dos mais atraentes da cidade. Suas ruas foram redescobertas pelos nova-iorquinos e igualmente pelos estrangeiros, graças à fracassada revolução ponto-com do final dos anos 90; o

26   CAPÍTULO 1 - PLANEJANDO SUA VIAGEM PARA NOVA YORK

Flatiron District serviu como seu coração geográfico e ganhou o apelido "Silicon Alley". Estes bairros oferecem grandes compras e restaurantes, além de sua localização central a tudo. Muitos hotéis novos foram adicionados ao mix nos últimos anos. Os espaços comerciais são frequentemente enormes, com extensão semelhante a lofts e com designs criativos e colunas graciosas.

O **Flatiron District** está ao sul da 23rd Street até a 14th Street, entre a Broadway e a Sixth Avenue, e seu centro está no Flatiron Building na Rua 23 (assim chamado pelo seu formato triangular) e na Park Avenue South, que se tornou um novo e sofisticado Corredor de Restaurantes. Abaixo da 23rd Street, pela Sixth Avenue (uma vez conhecida como distrito de compras Milha das Damas), lojas de desconto populares, como Filene's Basement, Bed Bath & Beyond e outras, se mudaram para lá. Comprar fica mais fácil na Fifth Avenue, onde você encontrará uma mescla de marcas nacionais e butiques famosas.

Union Square é o ponto central de toda a área; os trens das linhas N, Q, R, W, 4, 5, 6 ou L param aqui, facilitando a chegada da maioria dos outros bairros. Há muito sob as sombras de praças mais agitadas (Times e Herald) e mais sofisticadas (Washington), Union Square experimentou um grande renascimento. Negócios locais uniram forças com a cidade para livrarem o parque de traficantes e agora é um ótimo lugar para passar à tarde. Union Square é mais conhecida como o cenário para o primeiro mercado verde de Nova York, que ocorre toda segunda, quarta, sexta e sábado.

A partir da 16th Street até a 23rd Street, a leste do Park Avenue South até quase a Second Avenue, está o distrito frondoso e essencialmente residencial conhecido como **Gramercy Park.**

Times Square & Midtown West   Midtown West, a área que vai da 34th Street até a 59th, a oeste da Fifth Avenue até o Hudson River, abriga vários nomes famosos: Madison Square Garden, Garment District, Rockefeller Center, Theater District e Times Square. Este é o ponto central de turismo em Nova York, onde você achará as luzes brilhantes e o agito que atrai as pessoas de todos os lugares. Por isso, este é o principal bairro para hotéis, com opções que vão do barato ao elegante.

A linha de metrô 1, 2 e 3 passa pela estação iluminada de neon no coração da Times Square, na rua 42, entre a Broadway e a Seventh Avenue, enquanto a linha F, V, B e D corre pela Sixth Avenue até o Rockefeller Center. A linha N, R e W corta o bairro diagonalmente, seguindo o caminho da Broadway antes de subir a Seventh Avenue na rua 42. A linha A, C e E atende o West Side, correndo pela Eighth Avenue.

Se você conhece Nova York, mas não esteve por aqui há alguns anos, ficará surpreso com a "nova" **Times Square.** Os nova-iorquinos gostam de reclamar dos dias de glória da velha Times Square, com cabines de shows eróticos e

BAIRROS DE MANHATTAN EM RESUMO 27

cinemas pornográficos, que esta versão "disneyficada" e limpa enterrou. E, de fato, não há mesmo muito para o nativo aqui. O renascimento, porém, foi um completo sucesso para o turismo. Espere por densas multidões; porém, geralmente, é difícil até mesmo abrir caminho pelas calçadas.

A oeste do Theater District, da rua 40 até a 60, entre a Eighth e a Tenth Avenue, está **Hell's Kitchen**, também conhecida como Clinton, uma área que é muito melhor do que seu nome assustador e uma das minhas favoritas. O bairro resistiu à sofisticação até o meio da década de 90, mas se tornou uma adjacência charmosa e menos turística do que Theater District vizinho. A Ninth Avenue, em particular, floresceu como uma das melhores avenidas para jantares da cidade; passeie por ela e você verá um mundo de restaurantes para escolher, desde um jantar norte-americano, passando pela sexy cozinha mediterrânea, até uma tradicional refeição tailandesa.

Ao contrário da Times Square, o **Rockefeller Center** não precisou ser renovado. Situado entre as ruas 46 e 50, a leste da Sixth Avenue até a Fifth, este complexo Art Déco contém algumas das grandes joias arquitetônicas da cidade. Se você puder lidar com a multidão, os feriados são uma grande oportunidade para estar lá, pois os patinadores no gelo dominam a praça central e a árvore de Natal brilha contra o céu noturno.

Entre a Seventh e a Eighth Avenue, e as ruas 31 e 33, a **Penn Station** se acomoda entre o feio gigante **Madison Square Garden**, onde jogam os Rangers, Liberty e os Knicks. Subindo por toda a rua 34, entre a Sixth e a Seventh Avenue, está a **Macy's**, a maior loja de departamentos do mundo; saia da Macy's pela porta sudeste e terá mais lojas de marcas famosas ao redor da **Herald Square**. Os quarteirões ao redor da rua 32, logo a oeste da Fifth Avenue, se desenvolveram em um vibrante Koreatown, com hotéis de preço médio e restaurantes asiáticos brilhantes e agitados, oferecendo algumas das estadias e comidas de melhor custo-benefício em Midtown.

Midtown East & Murray Hill Midtown East, a área incluindo a Fifth Avenue e tudo a leste desde as ruas 34 e 59, é o lado mais rico do mapa de Midtown. Este lado da cidade tem poucas linhas de metrô, sendo servido principalmente pela linha 4, 5 e 6 na Lexington Avenue.

Midtown East é onde você encontrará a melhor coleção de grandes hotéis da cidade, principalmente pela Lexington Avenue e próximo ao parque no topo da Fifth. O prolongamento da **Fifth Avenue** a partir da Saks, na rua 49, se estendendo até a Apple Store, que fica aberta 24 horas, e a F.A.O. Schwarz, na rua 59, é lar das mais refinadas e caras lojas da cidade, incluindo a Tiffany & Co. Magníficos destaques arquitetônicos incluem o recém-reformado **Chrysler Building**, com suas gárgulas estilizadas encarando os transeuntes de cima; o tour de force das Belas Artes que é o **Grand Central Terminal; St. Patrick's Cathedral;** e o glorioso **Empire State Building.**

28　　CAPÍTULO 1 - PLANEJANDO SUA VIAGEM PARA NOVA YORK

Bem a leste, os presunçosos Sutton e Beekman são enclaves de belas residências, vidas de luxo e pequenos parques que olham para o East River. Nas margens do rio ficam as **Nações Unidas**, que não estão oficialmente em Nova York e nem nos Estados Unidos, mas em um terreno de domínio internacional que pertence às nações associadas.

Ocupando o território a leste da Madison Avenue, **Murray Hill** começa em algum lugar ao norte da rua 23 (a linha entre ela e o Gramercy Park é difusa), e é mais claramente reconhecível ao norte da rua 30, até a rua 42. Esta parte repleta de arenito pardo é essencialmente um tranquilo bairro residencial, mais notável pelos seus vários hotéis baratos e de preços médios, de qualidade.

Uptown

Upper West Side　A norte da rua 59, e abrangendo tudo a oeste do Central Park, o Upper West Side abriga o Lincoln Center, uma das principais casas de arte performática do mundo; o **Time Warner Center**, com suas lojas sofisticadas; **Jazz at the Lincoln Center;** o **Mandarin Oriental Hotel;** o **Whole Foods Market,** e a provavelmente mais cara praça de restaurantes do mundo, com restaurantes como o **Per Se** e o **Masa.** Você também encontrará o **American Museum of Natural History** aqui.

Duas grandes linhas de metrô atendem a área: a linha 1, 2 e 3 sobe a Broadway, enquanto as linhas B e C vão pelo Central Park West, parando no histórico prédio de apartamentos Dakota (onde John Lennon foi assassinado e onde ainda mora Yoko Ono), na rua 72, e no Museu de História Natural, na rua 81.

Upper East Side　Ao norte da rua 59, e a leste do Central Park, estão alguns dos imóveis residenciais mais caros da cidade. Este é o lado mais elitista de Nova York: caminhe pelas Fifth e Park Avenue, especialmente entre as ruas 60 e 80, e você certamente encontrará algumas das mais decadentes socialites WASP vestidas de Chanel que compõem a mais rarefeita população da cidade. A Madison Avenue, a partir da rua 60 até bem pela 80, é a principal faixa de lojas da multidão endinheirada, recentemente exaltada além da Causeway Bay, em Hong Kong, como a mais cara área de imóveis comerciais *do mundo* – portanto, leve seu cartão Platinum.

A principal atração deste bairro é o **Museum Mile**, a faixa da Fifth Avenue defronte ao Central Park que é lar de não menos que 10 ótimas instituições culturais, incluindo o **Guggenhein**, de Frank Lloyd Wright, e ancorado pelo mentalmente estimulante **Metropolitan Museum of Art.** Mas as elegantes linhas de residências referenciais valem, por si só, uma olhada: a East 70th Street, do oeste da Madison até a Lexington, é uma das ruas residenciais mais encantadoras do mundo. Se quiser ver onde as pessoas reais moram, dirija-se a leste da Third Avenue, e siga em frente; é onde restaurantes de preços possíveis e a vida ativa das ruas começam a surgir.

BAIRROS DE MANHATTAN EM RESUMO 29

O Upper East Side é atendido pela lotada linha da Lexington Avenue (4, 5 e 6), portanto use sapatos confortáveis (ou leve dinheiro para o táxi), se estiver indo explorar a área.

Harlem O Harlem se aproveitou de uma dramática recuperação de imagem e, com novos restaurantes, clubes e lojas, está se tornando um bairro cada vez mais procurado. O Harlem é, na verdade, vários bairros. O **Harlem mesmo** se estende de um rio a outro, começando na rua 125, no West Side, rua 96, na East Side, e na 110 ao norte do Central Park. A leste da Fifth Avenue, o **Spanish Harlem** (*El Barrio*) se estende às ruas East 100th e East 125th. O bairro está se beneficiando em muito da revitalização que varreu tantas áreas da cidade, com lojistas de renome internacional se mudando para lá, restaurantes e lugares noturnos da moda abrindo em todos os lugares e visitantes chegando para visitar lugares históricos relacionados à era dourada da cultura Afro-Americana.

Washington Heights & Inwood Na porta mais ao norte de Manhattan, Washington Heights (a área da rua 155 até a Dyckman St., com a adjacente Inwood indo um pouco mais adiante) é o lar de um grande segmento da comunidade latina de Manhattan, além de um número crescente de yuppies que não se importam em levar meia hora até o trabalho em troca de aluguéis mais baratos. **Fort Tryon Park** e **the Cloisters** são as duas grandes razões para os visitantes irem até lá. The Cloisters abriga a impressionante coleção medieval do Metropolitan Museum of Art, em um edifício empoleirado no topo de uma colina, com excelentes vistas para as Palisades, além do Hudson. Visitantes que apreciam lugares alternativos podem também visitar a **Dyckman Farmhouse**, uma joia histórica construída em 1783 e a única estrutura colonial holandesa que ainda resta em Manhattan.

8 Explorando

Francamente, os sistemas de transporte de Manhattan são uma maravilha. É um milagre que tantas pessoas possam se reunir nesta pequena ilha e se mover por ela. Na maior parte, você pode chegar aonde quer ir bem rápido e facilmente, usando alguma combinação de metrô, ônibus e táxis; esta seção lhe dirá como fazer isso.

Mas entre o trânsito travado e atrasos no metrô, às vezes você não consegue chegar aonde quer – a menos que você ande. Caminhar pode ser o modo mais fácil de percorrer a ilha. Durante o horário de pico, você facilmente vai mais rápido a pé do que de carro, já que táxis e ônibus param e lamentam nas esquinas paradas (nem mesmo *tente* cruzar a ilha em um táxi ou em um ônibus em Midtown ao meio-dia). Você também verá muito mais andando do que em um metrô ou voando em um

30   CAPÍTULO 1 - PLANEJANDO SUA VIAGEM PARA NOVA YORK

táxi. Portanto, calce seus sapatos mais confortáveis e enfrente a calçada – é o meio mais apropriado, mais barato e atraente de vivenciar a cidade.

DE METRÔ

Administrado pela **Metropolitan Transit Authority (MTA;** www.mta.info/nyct/subway), o sistema de metrô é o meio mais rápido de viajar por Nova York, especialmente durante o horário de pico. Cerca de 4,5 milhões de pessoas por dia parecem concordar comigo, já que o metrô é seu principal meio de transporte. O metrô é rápido, barato, relativamente seguro e eficiente, assim como é uma genuína experiência de Nova York.

O metrô funciona 24 horas por dia, 7 dias por semana. A lotação da hora de pico vai mais ou menos das 8h até 9h30min, e das 17h às 18h30min, nos dias úteis; no resto do tempo, os trens estão mais vazios.

Pagando Pelo Itinerário

A tarifa do metrô é de US$ 2 (metade para idosos e deficientes físicos); as crianças com menos de 1,12 metros viajam de graça (até três por adulto).

Os tokens já não estão mais disponíveis. As pessoas pagam com **MetroCard,** um cartão codificado magneticamente que debita a tarifa quando passado pela catraca (ou pelo leitor em qualquer ônibus urbano). Uma vez que você esteja no sistema, você pode fazer baldeação gratuitamente para qualquer linha de metrô que você queira usar sem sair de sua estação. Os MetroCards também permitem que se faça **transferências gratuitas** entre ônibus e metrô dentro de um período de 2 horas.

Os MetroCards podem ser comprados em cabines específicas, onde você paga apenas em dinheiro; ou em máquinas de venda parecidas com caixas eletrônicos, em todas as estações de metrô, que aceitam dinheiro, cartões de crédito e de débito; em revendedores MetroCard, como a maioria das farmácias Rite Aid; na Hudson News, na Penn Station e no Grand Central Terminal; ou na cabine de informação da MTA na **Timer Square Information Center**, 1560 Broadway, entre as ruas 46 e 47.

Os MetroCards apresentam algumas configurações diferentes:

Pay-Per-Ride MetroCards podem ser usados por até quatro pessoas ao passar até quatro vezes (leve toda a família). Você pode colocar qualquer valor entre US$ 4 (duas passagens) até US$ 80 em seu cartão. Cada vez que você puser US$ 7, ou mais, em seu Pay-Per-Ride MetroCard, são creditados automaticamente 15% - que é uma passagem grátis para cada US$ 15 gastos. Você pode comprar Pay-Per-Ride MetroCards em qualquer estação de metrô; a maioria delas tem máquinas dispensadoras automáticas, que permitem a compra de MetroCards usando os principais cartões de crédito ou de débito. MetroCards também estão disponíveis em muitas lojas e bancas de jornais em toda a cidade, com valores de US$ 10 e de US$ 20. Você pode recarregar seu cartão a qualquer momento até a data de validade do cartão, geralmente um ano após a data de compra, em qualquer estação.

Unlimited-Ride MetroCards, que não podem ser usados por mais de uma pessoa por vez ou, mais frequentemente, em intervalos menores que 18 minutos, estão disponíveis em quatro valores: o **daily Fun Pass**, que lhe permite um dia de viagens ilimitadas de ônibus e metrô por US$ 7,50; o **7-Day MetroCard**, por US$ 25; o **14-Day MetroCard**, por US$ 47; e o **30-Day MetroCard**, por US$ 81. Os MetroCard válidos por 7, 14 e 30 dias podem ser comprados em qualquer estação de metrô ou nos revendedores MetroCard. Os Fun Passes, porém, não podem ser comprados em bilheterias – estão disponíveis apenas em dispensadoras automáticas MetroCard; em revendendores MetroCard; ou na cabine de informação da MTA no Times Square Information Center. Unlimited-Ride MetroCards se tornam válidos na primeira vez em que você os usa – portanto, se você comprar um cartão na segunda-feira e não usá-lo até quarta, é na quarta que começa a contagem da validade de seu MetroCard.

Um Fun Pass é válido da primeira vez que você o utiliza até 3h da manhã do dia seguinte, enquanto os MetroCards válidos por 7 e 30 dias expiram à meia-noite do último dia. Estes MetroCards não podem ser recarregados (quando escrevia este livro, havia rumores de que as tarifas para os 7-Day Metro Card e 30-Day Metro Card poderiam subir).

Dicas para usar seu MetroCard: Os mecanismos de leitura nas catracas são fonte de muita confusão. Se você passar o cartão muito rápido, ou muito devagar, a catraca pode pedir que você passe novamente. Se isso ocorrer, ***não vá para outra catraca***, ou pode ser que você pague duas vezes.

Avisos de Interrupção de Serviço do Metrô

O serviço do metrô está sempre sujeito a mudança, por razões que variam desde um "passageiro doente" até construção regularmente agendada. Entre em contato com a **Metropolitan Transit Authority (MTA)** para saber mais no © 718/330-1234 ou **www.mta.nyc.ny.us**, onde você encontrará notícias atualizadas sobre o sistema que são completas, precisas e claras (você também pode se inscrever para receber avisos sobre o serviço por e-mail). Leia também os cartazes afixados nas plataformas ou os avisos escritos nos quadros brancos das bilheterias.

Se você tentou algumas vezes e realmente não consegue fazer seu MetroCard funcionar, procure um funcionário da bilheteria; porém, são boas as chances de que você consiga passar pela catraca depois de usar algumas vezes.

Se você não está muito certo sobre quanto dinheiro ainda resta em seu MetroCard, ou em que dia ele expira, use o MetroCard's Reader da estação em que você está, geralmente localizado próximo à entrada da estação ou na bilheteria (nos ônibus, o leitor lhe dará esta informação).

32 CAPÍTULO 1 - PLANEJANDO SUA VIAGEM PARA NOVA YORK

Para localizar o revendedor MetroCard mais próximo, ou para fazer qualquer pergunta sobre o cartão, ligue para ✆ **800/METROCARD** (fora de Nova York, apenas) ou 212/METROCARD (212/638-7622), de segunda a sexta-feira, das 7h às 23h, e aos sábados e domingos, das 9h às 17h. Ou acesse **www.mta.nyc.ny.us/metrocard**, que lhe dará uma lista completa de revendedores MetroCard em três estados.

Usando o Sistema

Como você pode ver no mapa com as linhas de metrô na capa interna desde livro, o sistema de metrô basicamente imita a disposição territorial acima do sistema, com a maioria das linhas em Manhattan correndo de norte a sul, como as avenidas, e algumas linhas de leste a oeste, como as ruas.

Para ir de cima a baixo pelo lado leste de Manhattan (e para o Bronx e Brooklyn), pegue as linhas 4, 5 e 6.

Para ir de cima a baixo pelo West Side (e para o Bronx e Brooklyn), pegue as linhas 1, 2 ou 3; as linhas A, C, E ou F; ou as B e D.

As linhas N, R, Q e W primeiro cortam diagonalmente a cidade de leste a oeste e, então, serpenteiam sob a Seventh Avenue antes de dispararem para Queens.

A linha S, que corta a cidade, chamada de Shuttle, corre entre a Times Square e o Grand Central Terminal. Mais para o centro, pela rua 14, a linha L opera sua mágica própria de atravessar a cidade.

As **linhas** têm cores nos mapas e nos trens – vermelho para a linha 1, 2 e 3; verde para os trens 4, 5 e 6; e assim por diante – mas ninguém as chama pela cor. Sempre se refira a elas pelo número ou pela letra quando fizer perguntas. Dentro de Manhattan, a distinção entre diferentes trens numerados que dividem a mesma linha é geralmente que alguns são expressos e outros, locais. **Trens expressos** geralmente pulam cerca de três estações para cada uma em que param; as estações expressas são indicadas nos mapas do metrô com um círculo branco (ao invés de pintado). As paradas locais geralmente têm distância de 9 quarteirões entre si.

As **direções** são quase sempre indicadas usando "uptown" (para o norte) e "downtown" (para o sul), portanto tenha certeza de saber para qual direção você quer ir. Os lados externos de algumas entradas do metrô têm indicações como UPTOWN ONLY ou DOWNTOWN ONLY; leia cuidadosamente, pois é fácil ir para a direção errada. Uma vez que você está na plataforma, verifique os sinais superiores para ter certeza de que o trem que você está esperando seguirá na direção certa. Se você errar, é uma boa ideia aguardar por uma estação expressa, tais como a rua 14 ou 42, para desembarcar e mudar para a outra direção sem pagar novamente.

Os dias dos trens pichados já se foram, mas as estações – e um número crescente de trens – não são tão limpos quanto deveriam ser. Os trens têm ar-condicionado (vá para o próximo vagão se o seu não tiver), embora durante os dias quentes de

EXPLORANDO 33

Dicas **Para Mais Informações sobre Ônibus & Metrô**

Para informações adicionais sobre os transportes, ligue para o **MTA/New York City Transit's Travel Information Center,** ✆ **718/330-1234**, operado pela Metropolitan Transit Authority. Informações automatizadas completas estão disponíveis neste número 24 horas por dia e agentes de viagem estão à mão para responder suas perguntas e fornecer instruções diariamente, das 6h às 21h. Os clientes que não falam inglês podem ligar para ✆ **718/330-4847**. Para informações online, sempre atualizadas, visite **www.mta.nyc.ny.us**.

Para solicitar mapas do sistema, ligue para **Map Request Line,** ✆ **718/330-3322** (compreenda, porém, que mudanças recentes no sistema podem não estar ainda nos mapas impressos). Passageiros com deficiências físicas devem direcionar suas perguntas para ✆ **718/596-8585**; passageiros com deficiências auditivas podem ligar para ✆ **718/596-8273**. Para informações sobre MetroCard, ligue para ✆ **212/METROCARD** (638-7622) nos dias úteis, das 7h às 23h; nos finais de semana, das 9h às 17h, ou acessar **www.mta.nyc.ny.us/metrocard**.

verão, as plataformas possam ser incandescentes. Em teoria, todos os vagões têm sistema de alto-falante, para que você ouça os avisos, mas eles nem sempre funcionam bem. É uma boa ideia mudar para um vagão com alto-falante que funcione, tendo em vista que mudanças repentinas sejam anunciadas e possam afetar seu itinerário.

DE ÔNIBUS

Mais baratos do que táxi e mais agradáveis do que o metrô (eles proporcionam uma janela móvel de observação de Manhattan), os ônibus da MTA são uma boa opção de transporte. Seu maior problema: podem ficar presos no trânsito, às vezes sendo mais rápido caminhar. Eles também param a cada par de quarteirões, ao invés dos oito ou nove que os trens do metrô em linhas locais atravessam entre cada parada. Portanto, para longas distâncias, o metrô é sua melhor opção; mas, para distâncias curtas ou para cruzar a cidade, tente o ônibus.

Pagando pelo Itinerário

Como a tarifa de metrô, a **tarifa de ônibus** é de US$ 2, metade do preço para idosos e passageiros com deficiência, e grátis para crianças com menos de 1,12 metros (até três por adulto). A tarifa pode ser paga com um **MetroCard** ou com **dinheiro exato**. Os motoristas dos ônibus não dão troco e as leitoras não aceitam notas ou moedas. Você não pode comprar MetroCards nos ônibus, portanto obtenha um antes de entrar; para mais informações sobre onde comprá-los, veja "Pagando pelo Itinerário" na seção "De Metrô", acima.

34 CAPÍTULO 1 - PLANEJANDO SUA VIAGEM PARA NOVA YORK

Se pagar com um MetroCard, você pode fazer transferência para outro ônibus gratuitamente em até 2 horas. Se pagar em dinheiro, você deve solicitar um cupom de **transferência gratuita** que lhe permite embarcar apenas em um ônibus que cruze o itinerário (os pontos de transferência estão listados no cupom) até depois de 1 hora da emissão do cupom. Os cupons de transferência não podem ser usados para entrar no metrô.

Usando o Sistema

Você não pode sinalizar para um ônibus parar em qualquer lugar – você tem de ir até uma parada de ônibus. As **paradas de ônibus** estão localizadas a cada duas ou três quadras ao lado direito da esquina da rua (em frente à direção do fluxo do tráfego). Elas são indicadas por um trecho do meio-fio pintado de amarelo e por um sinal azul e branco com um ícone de ônibus *e os números da rota, e geralmente um abrigo de ônibus de plástico com anúncios*. As caixas Guide-a-Ride, na maioria das paradas, exibem um mapa da rota e um cronograma histericamente otimista.

Praticamente quase toda avenida principal tem sua **própria rota**. Elas correm tanto para o norte quanto para o sul; downtown na Fifth, uptown na Madison, downtown na Lexington, uptown na Third e assim por diante. Há **ônibus que**

⌒Dicas   Passeie de Graça

A Downtown Alliance New York, **Downtown Connection**, oferece um serviço de ônibus gratuito que fornece acesso aos destinos ao sul da cidade, incluindo Battery Park City, World Financial Center e South Street Seaport. Os ônibus, que funcionam diariamente, a cada dez minutos, mais ou menos, das 10h às 17h30min, fazem paradas em uma rota de aproximadamente 8 quilômetros pela Chambers Street no West Side, até Beekman Street, no East Side. Para saber os horários e obter mais informações, ligue para o Downtown Connection no ℂ **212/566-6700**, ou visite **www.downtownny.com**.

---

cruzam a cidade em localizações estratégicas por toda a cidade: Rua 8 (para o leste); 9 (para o oeste); 14, 23, 34 e 42 (leste e oeste); 49 (leste); 50 (oeste); 57 (leste e oeste); 65 (leste pelo West Side, através do parque, e então norte na Madison, continuando a leste pela rua 68 até a York Avenue); 67 (leste pelo East Side até a Fifth Ave., e então sul pela Fifth, continuando a oeste pela rua 66, pelo parque e pelo West side até a West End Ave.); e 79, 86, 96, 116 e 125 (leste e oeste). Algumas rotas de ônibus, porém, são erráticas: a M104, por exemplo, começa no East River, vira na Eighth Avenue e vai pela Broadway. Os ônibus da linha da Fifth Avenue sobem a Madison ou a Sixth e seguem por várias rotas pela cidade.

A maioria das rotas opera 24 horas por dia, mas o serviço é intermitente à noite. Durante o horário de pico, as principais rotas têm ônibus "limitados", identificáveis pelo cartão vermelho na janela dianteira; eles param apenas nas principais esquinas.

Para ter certeza de que o ônibus que você tomou vai para o lugar correto, verifique o mapa no sinal que há em toda parada de ônibus, obtenha um mapa com as rotas ou **pergunte**. Os motoristas são prestativos, desde que você não os ocupe por muito tempo.

Enquanto viaja, olhe pela janela não apenas para apreciar a vista, mas também para acompanhar os cruzamentos para que você saiba quando descer. Sinalize que deseja descer ao puxar a corda ao lado ou acima das janelas e através dos suportes de metal, cerca de duas quadras antes de onde você quer desembarcar. Saia pelas portas pneumáticas traseiras (não as frontais) empurrando a faixa amarela; as portas abrem automaticamente. A maioria dos ônibus da cidade é equipada com ascensores para cadeira de rodas. Os ônibus também se "ajoelham", abaixando até o meio-fio para tornar o embarque mais fácil.

DE TÁXI

Se você não quer lidar com o transporte público, encontrar um endereço que esteja a alguns quarteirões de uma estação de metrô ou andar acompanhado de 3,5 milhões de pessoas, pegue um táxi. As maiores vantagens são, claro, que os táxis podem parar em qualquer rua (desde que você encontre um vazio – geralmente simples, mas em outros momentos, quase impossível) e vão lhe levar exatamente ao seu destino. Eu acho que são mais convenientes à noite, quando há pouco trânsito e quando o metrô pode ser um pouco assustador. Em Midtown, ao meio-dia, você pode, geralmente, ir mais rápido caminhando.

Os **táxis oficiais de Nova York**, licenciados pela Taxi and Limousine Commission (LTC), são amarelos, com as tarifas impressas na porta e uma luz com um número de identificação no teto. Você pode parar um táxi em qualquer rua. *Nunca* entre em um táxi que não seja um táxi amarelo oficial (carros fretados não têm autorização para pegar passageiros na rua, apesar do que o motorista lhe disser quando encostar para ver se pode lhe levar).

A tarifa inicial, ao entrar no táxi, é de US$ 2,50. O custo é de US$ 0,40 para cada 1/5 de milha (320 metros) ou US$ 0,40 por cada minuto de congestionamento ou em tráfego lento (ou tempo de espera). Não há custo extra para cada passageiro ou para bagagens. Porém, você pode pagar pedágios em pontes ou em túneis (algumas vezes, o motorista pagará o pedágio e acrescentará o custo ao valor que você deve pagar ao fim do trajeto; na maioria das vezes, porém, você paga o motorista antes do pedágio). Você pagará um custo adicional de US$ 1 entre 16h e 20h, e um adicional de US$ 0,50 após as 20h e antes das 6h. Uma gorjeta de 15% a 20% é o costume.

A maioria dos táxis são agora equipados com um dispositivo que permite pagamentos com cartão de crédito, embora alguns motoristas digam que a máquina

36   CAPÍTULO 1 - PLANEJANDO SUA VIAGEM PARA NOVA YORK

está quebrada (há uma taxa de transação para cartões de crédito que consome o ganho do motorista) e lhe peçam para pagar em dinheiro. Você pode escolher tanto acrescentar a gorjeta ao cartão de crédito ou pagá-la em dinheiro.

A TLC afixou uma **Lei dos Direitos do Passageiro de Táxi** em cada veículo. Os motoristas devem lhe levar a qualquer lugar nas cinco subprefeituras e aos condados de Nassau e Westchester, ou ao aeroporto em Newark. Espera-se que saibam como lhe levar a qualquer endereço em Manhattan e a todos os principais pontos nas outras subprefeituras. Também devem fornecer ar-condicionado e desligar o rádio; não podem fumar enquanto você estiver dentro do veículo e devem ser educados. Você pode determinar o caminho. É uma boa ideia consultar um mapa antes de entrar em um táxi. Os motoristas são conhecidos por inflar a tarifa dos visitantes que não conhecem bem a cidade ao pegar um caminho mais longo entre os pontos A e B.

Por outro lado, ouça os motoristas que propõem um caminho alternativo. Estes caras passam de 8 a 10 horas por dia nestas ruas e sabem onde está o pior tráfego, ou onde a companhia de luz escavou um cruzamento que deve ser evitado. Um motorista conhecedor irá saber como lhe levar ao seu destino rápido e eficientemente.

Outra dica importante: **Assegure-se sempre de que o taxímetro esteja ligado no começo da viagem**. Você verá um LED vermelho do leitor do taxímetro ligado nos iniciais US$ 2,50 e comece a calcular a tarifa enquanto segue. Já vi motoristas inescrupulosos levando inocentes visitantes pela cidade com o taxímetro desligado, e então cobrando quantias exorbitantes no momento do desembarque.

Sempre peça um recibo – ele será útil se precisar reclamar ou se esquecer algo no veículo.

Um motorista de táxi é obrigado a lhe levar ao seu destino. Se um motorista se recusar a lhe levar a seu destino desejado (o que acontece quando você quer ir a uma subprefeitura distante ou muito longe ao norte), pegue o nome e o número de identificação do motorista (em sua licença, na divisão entre os assentos da frente e de trás) e faça uma reclamação com a Taxi and Limousine Commission.

Para qualquer outra reclamação, inclusive a acima, e para reportar algo perdido, ligue **311** ou 212-NEWYORK (fora da área metropolitana). Para mais detalhes sobre como chegar ou partir dos aeroportos locais de táxi, consulte "De Avião", na seção "Chegando Lá", anteriormente neste capítulo. Para mais informações sobre táxis – incluindo uma lista completa de seus direitos como passageiro – acesse **www.ci.nyc.ny.us/taxi.**

DE CARRO

Nem pense em dirigir na cidade. Não vale a dor de cabeça. O tráfego é horrível, e você não conhece as regras das ruas (escritas ou não) ou as misteriosas regras de estacionamento do lado alternado da rua. Você não quer descobrir o preço de violar as regras de estacionamento ou ter de retirar seu carro do pátio, depois de ser guinchado.

Se chegar à Nova York de carro, estacione-o em uma garagem (espere pagar pelo menos de US$ 25 a US$ 45 por dia) e o deixe lá pela duração de sua estadia (em nosso capítulo sobre hotéis, indicamos se um hotel tem garagem ou se oferece descontos em estacionamentos e sua tarifa.) Se você dirige um carro alugado, devolva-o assim que chegar e alugue outro quando voltar.

2

Onde Ficar

É oficial: as tarifas de hotel em Nova York são as mais altas dos Estados Unidos. Isso dito, há ofertas por aí em cada nível de preço; mas uma oferta em Nova York pode ser o preço do resgate de um rei em St. Louis.

CATEGORIAS DE PREÇO & NÍVEIS DE TARIFAS   Os hotéis listados abaixo nos informaram suas melhores estimativas de tarifas para 2009, e todas as tarifas listadas eram corretas quando da impressão deste livro. Esteja ciente, porém, de que **tarifas podem mudar a qualquer momento.** As tarifas estão sempre sujeitas a disponibilidade, flutuações sazonais e, claro, aumentos de preço. É sábio esperar mudanças de preços, em qualquer direção, ao final de 2008 e por 2009.

1 Distrito Financeiro

MUITO CARO
Ritz-Carlton New York, Battery Park ✹✹✹   Perfeito em praticamente qualquer nível, o único problema com este Ritz-Carlton é sua remota localização no centro comercial da cidade. Mas esta localização, no extremo sul de Manhattan, é também uma de suas forças. Onde mais você pode conseguir, na maioria dos quartos, magníficas vistas do porto de Nova York do seu quarto – complete com um telescópio para ver de perto a Dama Liberdade? Onde mais você pode ter um coquetel no bar do hotel e observar o sol se pôr sobre o porto? E onde mais você pode sair para uma corrida matinal ao redor do litoral de Manhattan? Este arranha-céu moderno, influenciado pela Art Déco, difere da aparência interiorana inglesa da maioria dos edifícios Ritz-Carlton, incluindo seu hotel irmão no Central Park (p. 49). Você encontrará o cardápio completo de confortos e serviços típicos do Ritz-Carlton, desde colchões de penas vestidos de Frette até a assinatura do hotel, Bath Butler, que lhe levará um sal de banho perfumado em sua própria banheira. Se você não se importar com a localização e com a viagem até Midtown, você não encontrará uma opção mais luxuosa.

2 West St., New York, NY 10004. ou ✆ **212/344-0800**. Fax 212;344-3801.www.ritzcarlton.com. 298 quartos. Duplo, US$ 350-US$ 545; suítes a partir de US$ 750. Hóspede extra, acima de 12 anos, US$ 30 (a partir de US$ 100 no nível clube). Verifique o website para saber sobre pacotes promocionais de fim de semana. AE, DC, DISC, MC, V. Estacionamento com valet, US$ 60. Metrô: 4, 5 para Bowling Green. **Aminidades**: Restaurante; lounge no lobby (com assentos na área externa) para chá ao entardecer e coquetéis;

Onde Ficar em Downtown

40 CAPÍTULO 2 - ONDE FICAR

bar no 14º andar com jantar leve e assentos na área externa; academia de ginástica de primeira com vista; tratamentos de SPA; concierge por 24 horas; centro de negócios bem equipado com serviços de secretária 24 horas; serviço de quarto 24 horas; lavanderia; lavagem a seco; Ritz-Carlton Club Level com 5 apresentações de pratos diariamente; serviços de ajuda com tecnologia e banho. *No quarto:* A/C; TV com filmes pagos e vídeo games; Wi-Fi; Internet de alta velocidade; dataport; minibar; geladeira; secador de cabelo; cofre; CD player; DVD com som surround em suítes e quartos Club.

CAROS/MODERADOS

Exchange Hotel   Este hotel aconchegante é uma opção sólida e de preço médio se estiver procurando por um endereço na parte sul. A uma pequena caminhada de Wall Street, South Street Seaport, da Brooklyn Bridge e de Chinatown, o Exchange Hotel apresenta atendimento personalizado e alguns mimos, como conexão sem fio à Internet gratuita e um café da manhã continental sem custo. Recentemente renovado em um estilo ágil e contemporâneo, os quartos standard e deluxe são de tamanhos pequenos, mas são decorados elegantemente com televisões de plasma, minibar e forno micro-ondas. As suítes são espaçosas com uma sala separada, móveis de couro negro e uma cozinha de tamanho integral. Os banheiros são apertados, tanto nos quartos quanto nas suítes, e infelizmente apresentam estas pias de mármore modernas, que têm boa aparência, mas não deixam espaços para seus artigos de banheiro. Apesar deste pequeno defeito, o Exchange é uma adição bem-vinda a uma área tão carente de hotéis.

129 Front St. (entre Wall Street e Pine Street), Nova York, N.Y. 10005. © **212/742-0003**. Fax 212/742-0124. www.exchangehotel.com. 53 apartamentos. AE, DC, MC, V. US$ 299-US$ 389; suítes US$ 310-US$ 469. Estacionamento US$ 25. Metrô: 2, 3 para Wall St. **Amenidades**: Lounge; café da manhã continental sem custo; acesso à academia de ginástica próxima; serviço de estacionamento/lavanderia. *No quarto:* A/C; TV/Video cassete; wi-fi grátis; cozinhas integrais nas suítes; minibar; ferro de passar e tábua de passar; cofre; micro-ondas.

The Wall Street Inn ⭐ *(Dicas)*   Este hotel intimista é a melhor escolha para quem trabalha em Wall Street. Mas também é uma boa opção para os visitantes que não querem trabalhar. Este hotel intimista, de sete andares, é ideal para quem quer um endereço em Lower Manhattan sem a padronização corporativa. O hotel é quente, confortável e sereno, e a equipe amigável e profissional oferece o tipo de atendimento personalizado que você não obteria em uma cadeia de hotéis. Os quartos não são imensos, mas as camas são da melhor qualidade e todas as conveniências estão à mão. Os quartos que terminam em "01" são os menores; os quartos no sétimo andar são os melhores, pois os banheiros são maiores e possuem banheiras com hidromassagem.

9 S. William St. (altura da Broad St.), New York, NY 10004. © 800/747-1500 ou **212/747-1500**. Fax 212/747-1900. www.thewallstreetinn.com. 46 quartos. US$ 279-US$ 450 duplo. Tarifas incluem café da manhã continental. Consulte sobre descontos corporativos, de grupos e /ou tarifas de final de semana, com grande desconto (US$ 265, no momento de impressão deste livro). AE, DC, DISC, MC, V. Estacionamento US$ 36, fora do hotel. Metrô: 2, 3 para Wall St.; 4, 5 para Bowling

LOWER EAST SIDE & TRIBECA 41

Green. **Amenidades**: Sala de exercícios bem decorada, com sauna a vapor; concierge; centro de negócios; babá; serviço de lavanderia; limpeza a seco; cozinha comum, com micro-ondas; videoteca. *No quarto:* A/C; TV/videocassete; fax; Internet de alta velocidade; geladeira; secador de cabelo; ferro de passar; cofre.

2 Lower East Side & TriBeCa

CAROS

The Hotel on Rivington ★★ O contraste de uma luxuosa torre de vidro, com 21 andares, entre edifícios de aluguel construídos no meio do século 19 e no começo do século 20 no Lower East Side é impressionante, mas uma descrição exata do que o bairro se tornou. Das janelas que pegam todo o pé-direito de seu quarto, cercado por amenidades como televisões de tela plana, banheiras de imersão japonesas nos banheiros e colchões Tempur-Pedic, você tem não apenas incríveis vistas da cidade, mas também é possível olhar para baixo e ver antigos ícones de Lower East Side, como o sinal para a fábrica de vinhos Shapiro Kosher. Você se encontrará em um endereço onde os costumes e as instituições do velho mundo convivem com o novo e o superlegal. Juntamente com as panorâmicas, três em cada quatro quartos têm terraços, a opção de serviços de spa no quarto e pisos de ladrilho aquecidos nos grandes banheiros, onde você pode apreciar a vista da cidade enquanto se banha – o que também significa que alguém com binóculos pode lhe observar.

107 Rivington St. (entre as ruas Ludlow & Essex), Nova York, NY 10002. © **212/475-2600**. Fax 212/475-5959. www.hotelonrivington.com. 110 quartos. A partir de US$ 395, duplo. AE, DC, MC, V. Estacionamento US$ 50. Metrô: F até Delancey St. **Amenidades:** Restaurante; academia de ginástica; serviços de spa disponíveis no quarto; concierge; serviço de quarto 24 horas; serviço de lavanderia; limpeza a seco. *No quarto:* A/C; TV; Wi-Fi; dataport; geladeira; secador de cabelo; CD players e JBL.

MODERADO

Duane Street Hotel ★ *(Achados)* Este aconchegante hotel em TriBeCa foi inaugurado sem muito estardalhaço no fim de 2007. Mas você não precisa de agito para vender coisas boas, que é o que o hotel tem. Os quartos são pequenos e decorados com o estilo de mobília da IKEA, mas como os apartamentos lofts na vizinhança, as paredes são de madeira, o pé-direito é alto e as janelas, grandes, dando uma sensação de espaço. Os banheiros são espaçosos e bem decorados, com chuveiros equipados com distribuidores de água. Cada quarto possui uma mesa de bom tamanho e uma televisão HDTV de plasma com 32 polegadas. O melhor de tudo é a equipe, agradável e prestativa, que parece apreciar fazer alguns serviços extras. Esta é uma adição bem-vinda a um bairro vibrante, com opções limitadas de hotéis de preço médio.

130 Duane Street (altura da Church St.), Nova York, NY 10013. © **212/964-4600**. Fax 212/964-4800; www.duanestreethotel.com. 45 quartos. US$ 259-US$ 799 duplos. AE, DC, DISC, MC,

42 CAPÍTULO 2 - ONDE FICAR

V. Metrô: A, C, para Chambers Street. **Amenidades:** Restaurante; concierge; centro de negócios; academia de ginástica fora do hotel; serviços de spa no quarto. *No quarto:* A/C; TV; Wi-Fi grátis; secador de cabelo; cofre; CD player.

BARATO
Cosmopolitan Hotel – Tribeca ★ *Valor* Atrás de uma cobertura típica de TriBeCa e clara como baunilha, está uma das melhores relações custo-benefício dos hotéis de Manhattan para viajantes com pouco dinheiro que preferem banheiro privado. Tudo é estritamente limitado, mas bom. A mobília moderna, no estilo IKEA, inclui uma mesa de trabalho e um armário (alguns quartos têm, ao invés, uma cômoda e cabides); por mais alguns dólares, você pode conseguir uma cadeira, também. As camas são confortáveis, e os lençóis e as toalhas são de boa qualidade. Os quartos são pequenos, mas aproveitam ao máximo o espaço limitado, e o lugar todo é límpido. Os minilofts de dois níveis têm muita personalidade, mas você terá de se agachar no segundo nível. A gerência faz um grande trabalho para manter tudo novo. A localização em TriBeCa é segura, prestigiosa e conveniente para o metrô. Os serviços foram reduzidos ao mínimo, para manter os custos baixos.

95 W. Broadway (altura da Chambers St.), Nova York, NY 10007. © **888/895-9400** ou 212/566-1900. Fax 212/566-6909. www.cosmohotel.com. 105 quartos. US$ 200-US$ 270 duplo. AE, DC, MC, V. Metrô: 1, 2, 3, A, C para Chambers St. *No quarto:* A/C; TV; dataport; ventilador de teto.

3 SoHo

MUITO CARO
The Mercer ★★★ O melhor dos modernos hotéis de celebridades em downtown, o Mercer é o lugar onde mesmo aqueles que representam a antítese do estrelato podem se sentir em casa. Embora o SoHo possa ser um pouco exagerado com suas butiques sofisticadas, restaurantes inovadores e fashionistas muito sérios, ainda é um lugar excitante. E a esquina das ruas Mercer com a Prince é provavelmente o epicentro do SoHo. Ainda, uma vez dentro, há uma calma pronunciada – da biblioteca pós-moderna do lounge, com funcionários trajando Mizrahi até os enormes quartos à prova de som, parecidos com lofts; o hotel é um complemento perfeito para a cena lá fora. O Mercer é um dos poucos hotéis em Nova York com ventiladores de teto. Os banheiros de ladrilho e mármore têm um carrinho de aço para guardar coisas e um chuveiro gigante ou uma banheira para dois gigantes (faça sua opção durante a reserva).

147 Mercer St (com a Prince St), Nova York, NY 10012. © **888/918-6060** ou 212/966-6060. Fax 212/965-3838. www.mercerhotel.com. 75 quartos. US$ 600-US$ 700 duplo; US$ 800-US$ 900 studio; a partir de US$ 1.250, suite. AE, DC, DISC, MC, V. Estacionamento US$ 35, próximo. Metrô: N, R, até Prince St. **Amenidades:** Restaurante; lounge; serviço de comida e bebida no lobby; acesso livre à academia de ginástica Crunch, próxima; concierge 24 horas; serviços de secretária; serviço de quarto 24 horas; serviço de lavanderia; limpeza a seco; videotecas e coleção de DVD e CD. *No quarto:* A/C; TV/DVD; Wi-Fi; dataport; minibar; cofre; CD player; ventilador de teto.

GREENWICH VILLAGE, EAST VILLAGE & THE MEATPACKING DISTRICT

4 Greenwich Village, East Village & the Meatpacking District

Para localizar os hotéis nesta seção, consulte o mapa da página 39.

CAROS

The Bowery Hotel ✦✦   Apesar da história associada com seu nome e sua localização, o Bowery Hotel, aberto em 2007, está tão longe de um cortiço quanto você pode imaginar. No coração do NoHo, o hotel, embora novo, tem aquela aparência polida de madeira escura em seu interior, mais evidente no amplo lobby com uma lareira, tecidos e móveis de veludo, lambris antigos, azulejos marroquinos e uma área externa adjacente com amplas cadeiras de pelúcia. Os quartos, e não há dois iguais, são grandes e arejados pelos padrões de Nova York, com pé-direito alto, ventiladores de teto, muitos com terraços e todos com vistas espetaculares. O que o Gansevoort Hotel fez para o Meatpacking District, o Bowery Hotel está fazendo para o Bowery – transformando uma área, então desolada, em um local da moda.

335 Bowery (altura da rua 3), Nova York, NY 10003. ℂ **212/505-9100**. Fax 212/505-9700. www.theboweryhotel.com. 135 quartos. A partir de US$ 525, duplos; a partir de US$ 750, suítes. AE, DISC, MC, V. Estacionamento US$ 31, valet US$ 45. **Amenidades:** Restaurante; bar; concierge; serviço de quarto 24 horas; serviços de limpeza a seco e lavanderia. *No quarto:* A/C; HDTV/DVD; Wi-Fi; minibar; secador de cabelo; ferro de passar; cofre; iPod estéreo e sistema docking.

Hotel Gansevoort ✦✦   Construído integralmente pelo hoteleiro Henry Kallan (do Hotel Giraffe e The Library, em Nova York), o Gansevoort foi o primeiro grande hotel no Meatpacking District. E agora, esta torre cor de zinco de 14 andares, com seu lobby aberto e espaçoso, o popular restaurante **Ono,** e o bar e piscina, interno e externo, sobre o teto são a âncora simbólica do distrito. O Gansevoort oferece um serviço excelente e agradável. Os quartos têm bom tamanho, com móveis confortáveis em tons suaves e amenidades de alta tecnologia, como televisores de plasma e Wi-Fi. As suítes têm uma sala de estar e quartos separados, e alguns têm ainda pequenas varandas e amplas janelas. As suítes nas esquinas dos corredores oferecem salas adjuntas para visitantes. Os banheiros de tamanho generoso são decorados em cerâmica, aço inoxidável e mármore e são arrumados impecavelmente. Em todos os quartos e por todo o hotel, são exibidos quadros originais de artistas nova-iorquinos.

18 Ninth Ave. (altura da rua 13), Nova York, NY, 10014. ℂ **877/426-7386** ou 212/206-6700. Fax 212/255-5858. www.hotelgansevoort.com. 187 quartos. A partir de US$ 435, duplo; a partir de US$ 675, suíte. Estacionamento US$ 40. Metrô: A, C, E até rua 14. Andares específicos para animais. **Amenidades:** Restaurante, bar e lounge sobre o teto; piscina interna e externa; centro de spa e fitness; concierge; centro de negócios; serviço de quarto 24 horas; serviço de lavanderia; limpeza a seco; jardim sobre o teto. *No quarto:* A/C; TV; Wi-Fi; Internet de alta velocidade; dataport; minibar; secador de cabelo; ferro de passar; cofre; telefone de 2 linhas; voice mail.

44   CAPÍTULO 2 - ONDE FICAR

Muitos Quartos na Estalagem

Quando você pensa nos hotéis de Nova York, o que vem à sua cabeça são enormes monólitos com centenas de quartos. Você não pensa em curiosas hospedarias ou pousadas onde um café da manhã caseiro é servido. Mas Nova York é uma cidade diversa, e esta diversidade pode ser encontrada em suas acomodações, também. Portanto, se quiser uma alternativa ao hotel mais complexo de Nova York, e preferir um gosto de vida doméstica urbana, eis algumas opções.

Caro, mas que vale a pena se você gostar de um autêntico romance Vitoriano do século 19, é o **Inn at Irving Place** ⊼⊼. Acomodado em uma casa com 170 anos, suas tarifas variam de US$ 445 a US$ 645. Os quartos são mobiliados no estilo Golden Age New York, de Edith Wharton.

O café da manhã, sem custo, é servido a cada manhã na sala de Lady Mendl, onde, se o clima estiver frio, você encontrará uma reconfortante lareira acesa.

Um café da manhã preparado por estudantes de culinária da New School é um dos destaques do **Inn on 23rd Street** ⊼⊼⊼. Cada um dos 14 quartos da pousada, que varia em preço de US$ 219 a US$ 359 por noite, foi decorado pelos proprietários, Annette e Barry Fisherman, com itens colecionados durante suas viagens. Veja, na página 45, uma resenha completa.

BARATO

Larchmont Hotel ⊼⊼ *(Valor)*   Se desejar dividir um banheiro, é difícil conseguir algo melhor do que este maravilhoso hotel em estilo europeu. Cada quarto brilhante é, com muito bom gosto, decorado em rattan e mobiliado com uma mesa de escrever, uma pequena biblioteca, um relógio despertador, uma bacia de água e alguns extras pelos quais você normalmente teria de pagar muito dinheiro, como roupas de banho de algodão, chinelos e ventiladores de teto. Cada andar tem dois banheiros compartilhados (com secadores de cabelo) e uma cozinha pequena e simples. A gerência está constantemente renovando, portanto tudo está sempre limpo e novo. E mais, aqueles procurando por um ponto de partida para a moda em downtown, não poderiam estar mais bem situados, já que algumas das melhores lojas, restaurantes e atrações da cidade – além de muitas linhas de metrô – estão a uma pequena caminhada. Este hotel tem seguidores devotados, que o recomendam a todos os seus amigos, portanto reserve com *bastante* antecedência (a gerência sugere entre seis a sete semanas.)

27 W. 11th St. (entre Fifth e Sixth Avenue), Nova York, NY 10011. ℭ **212/989-9333**. Fax 212/989-9496. www.larchmonthotel.com. 62 quartos, todos com banheiros divididos.

CHELSEA 45

O primeiro lar do Gay Men's Health Crisis, uma casa de arenito preto em Chelsea, é o **Colonial House Inn**, 318 W. 22nd Street, entre a Eighth Avenue e a Ninth Avenue (© **800/689-3779** ou 212/243-9669; www.colonialhouseinn. com). Este prédio sem elevador, com 20 quartos em 4 andares, atrai uma clientela mais GLS, mas todos são bem-vindos. Alguns quartos têm banheiro compartilhado; os quartos deluxe têm banheiros privativos e alguns têm lareiras que funcionam. Há um deck no telhado com uma área opcional para roupas. O café da manhã está incluído e as tarifas variam de US$ 85 a US$ 150 para banheiros compartilhados, ou US$ 110 até US$ 130 para um quarto deluxe, com banheiro privativo.

No popular, porém ainda residencial, Upper West Side, está o apropriadamente chamado **Country Inn the City** ⊛, 270 W. 77th St., entre a Broadway e a West End Avenue (© **212/580-4183;** www.countryinnthecity.com). Esta residência de 1891 tem apenas quatro quartos, mas são todos espaçosos, curiosamente decorados e equipados com cozinhas completas. As tarifas variam de US$ 210 até US$ 350 e incluem artigos para o café da manhã em sua geladeira. Mas não há nenhum funcionário na pousada e uma empregada limpa seu quarto com intervalos de dias.

US$ 80-US$ 99 single; US$ 109- US$ 120 double. Tarifas incluem café da manhã continental. AE, MC, V. Estacionamento US$ 25, próximo. Metrô: A, B, C, D, E, F, V para rua 4 (use a saída da rua 8); F até a rua 14. **Amenidades:** Serviço de excursão; serviço de quarto (das 10h às 18h); cozinha comum. *No quarto:* A/C; TV; secador de cabelo; cofre; ventilador de teto.

5 Chelsea

MODERADO
Inn on 23rd Street ⊛⊛⊛ *(Achados* Por trás de uma entrada despretensiosa no meio da pulsante rua 23 está um dos tesouros hoteleiros de Nova York: um bed-and-breakfast verdadeiramente urbano, com o toque mais pessoal que você encontrará. Todos os 14 quartos são espaçosos. Cada um tem uma cama king size ou queen size com colchões, travesseiros e roupa de cama de boa qualidade, TV por satélite, um grande banheiro privativo com toalhas turcas e um closet espaçoso. Os quartos têm temas baseados em como foram planejados; há o Rosewood Room, com seus detalhes anos 60; o Asian Bamboo Room; e Ken's Cabin, um quarto semelhante a

Onde ficar em Midtown, Chelsea & Gramercy Park

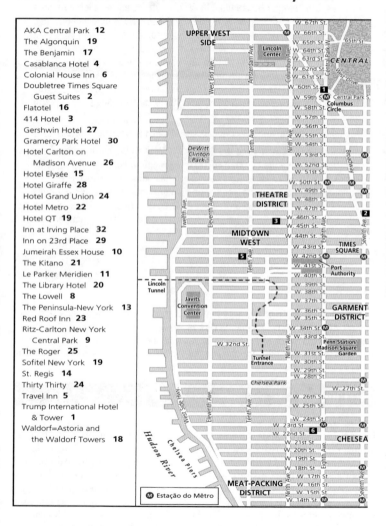

AKA Central Park 12
The Algonquin 19
The Benjamin 17
Casablanca Hotel 4
Colonial House Inn 6
Doubletree Times Square
  Guest Suites 2
Flatotel 16
414 Hotel 3
Gershwin Hotel 27
Gramercy Park Hotel 30
Hotel Carlton on
  Madison Avenue 26
Hotel Elysée 15
Hotel Giraffe 28
Hotel Grand Union 24
Hotel Metro 22
Hotel QT 7
Inn at Irving Place 32
Inn on 23rd Place 29
Jumeirah Essex House 10
The Kitano 21
Le Parker Meridien 11
The Library Hotel 20
The Lowell 8
The Peninsula-New York 13
Red Roof Inn 23
Ritz-Carlton New York
  Central Park 9
The Roger 25
Sofitel New York 19
St. Regis 14
Thirty Thirty 24
Travel Inn 5
Trump International Hotel
  & Tower 1
Waldorf=Astoria and
  the Waldorf Towers 18

Ⓜ Estação do Mêtro

46

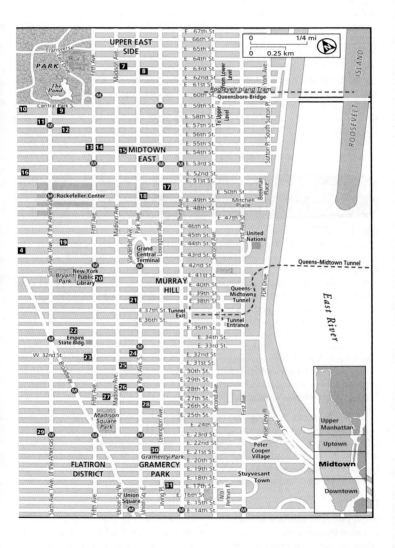

48   CAPÍTULO 2 - ONDE FICAR

uma pousada com mobília de couro confortável e bem feita, além de relíquias típicas dos Estados Unidos. Eu fiquei na suíte Victorian, onde a decoração incluía ferramentas dos dentistas da Era Vitoriana. A pousada oferece uma biblioteca, onde o café da manhã incluso no preço é servido e onde há também um bar de honra. Outros mimos incluem Internet de alta velocidade gratuita nos quartos, Wi-Fi na biblioteca, e vinho e queijo, servidos na sexta e no sábado.

131 W. 23rd St. (entre a Sixth Avenue e a Seventh Avenue), Nova York, NY 10011. ℂ **877/387-2323** ou 212/463-0330. Fax 212/463-0302. www.innon23rd.com. 14 quartos, US$ 219-US$ 2559 duplo; US$ 359 suíte. As tarifas incluem café continental. Pessoa extra, US$ 25-US$ 50. Crianças de 12 anos ou menos ficam de graça no quarto dos pais. AE, DC, DISC, MC, V. Estacionamento US$ 20, próximo. Metrô: F, 1 até a rua 23. **Amenidades:** Serviço de fax e de cópias; aconchegante biblioteca com sistema de som e videocassete. **No quarto:** A/C; dataport; secador de cabelo; ferro de passar; acesso à Internet de alta velocidade.

6   Union Square, Flatiron District & Gramercy Park

MUITO CARO

Gramercy Park Hotel 🌸🌸🌸   Esta lenda, construída em 1925, bordejando o Gramercy Park foi impressionantemente reconstruída pelo famoso hotelier Ian Schrager. Começando pelo lobby, com seu mix eclético de arte: lâmpadas desenhadas por Julian Schnabel, duas lareiras italianas de 3 metros, azulejos marroquinos, mesas de bronze e um candelabro veneziano de vidro. O que foi, uma vez, um hotel com mais de 500 quartos, agora possui 185; onde a primeira versão tinha quartos bem pequenos, agora há espaço. Mais da metade dos quartos são suítes, algumas com visão para o Gramercy Park, e todas têm gabinetes ingleses de mogno, onde o minibar e o DVD estão escondidos, uma certa variação da super estufada cadeira de sala de estar, e um retrato do amigo de Schnabel, o finado Andy Warhol. As camas são acolchoadas com veludo, as mesas apresentam tampão de couro e fotos de famosos fotojornalistas adornam as paredes. Os banheiros são grandes, com paredes recobertas de madeira. Se quiser deixar seu quarto, o magnífico **Rose Bar**, no hotel, é onde você deve se aventurar primeiro (página 185).

2 Lexington Ave (altura da rua 21), Nova York, NY 10010. ℂ **212/920-3300**. Fax 212/673-5890. www. gramercyparkhotel.com. 185 quartos. A partir de US$ 595, duplo; a partir de US$ 700, suíte. AE, DC, DISC, MC, V. Estacionamento, US$ 55. Metrô: 6 até a rua 23. **Amenidades:** Restaurante; 2 bares, academia de ginástica e spa; serviço de quarto 24 horas; serviço de lavanderia; limpeza a seco; concierge 24 horas. *No quarto:* A/C; TV/DVD; Wi-Fi; Internet de alta velocidade; dataport; minibar; secador de cabelo; cofre; CD player; iPod e docking station.

CARO

Carlton Hotel on Madison Avenue🌸🌸   Este hotel estilo Belas Artes, de 1904, estava desgastando nas beiradas quando foi resgatado pelo arquiteto David Rockwell e foi magnificamente reformado. O destaque da reforma de US$ 60 milhões é o lobby principal, com-

UNION SQUARE, FLATIRON DISTRICT & GRAMERCY PARK 49

pleto com uma escada curva de mármore e um teto alto como o de uma catedral. Embora o **Roger** (página 60), alguns quarteirões acima, também reformado recentemente, tenha se transformado em um hotel de aparência tropical, moderno e ágil, o Hotel Carlton tentou recapturar a glória do passado, mesclada com acenos aos novos tempos, como móveis contemporâneos no lobby, juntamente com uma borbulhante queda d'água de dois andares. Os quartos têm tamanho generoso e mantêm o motivo Belas Artes, com a adição de amenidades modernas como Wi-Fi e rádio-relógios iPod. Os banheiros de mármore oferecem muito espaço; alguns quartos têm banheiras, enquanto outros, apenas chuveiros.

88 Madison Ave. (entre as ruas 28 e 29), Nova York, NY 10016. ℂ 800/601-8500 ou 212/532-4100. Fax 212/889-8683. www.carltonhotelny.com. 316 quartos. US$ 329 standard; a partir de US$ 450, suíte. AE, DC, DISC, MC, V. Valet parking US$ 40. Metrô: 6 até a rua 28/Lexington Ave. **Amenidades:** Restaurante; concierge; centro de negócios; serviço de quarto limitado; limpeza a seco. *No quarto:* A/C; TV; Wi-Fi; ferro e tábua de passar roupa; cofre; rádio-relógio iPod.

Hotel Giraffe ✿✿   Na cada vez mais moderna área do Madison Park, este hotel é um encanto verdadeiro, com um sentimento calmo e intimista. Os quartos têm muito estilo, evocando um ar urbano europeu, com pé-direito alto, cadeiras estofadas de veludo e fotografias em preto e branco dos anos 20 e 30. Todos os quartos têm bons tamanhos, com pé-direito alto, enquanto os quartos deluxe e as suítes apresentam portas francesas que levam a pequenas varandas com grandes janelas e persianas controladas remotamente. Os banheiros são espaçosos, com grandes pias de mármore e portas de vidro canelado, e todos os quartos têm escrivaninhas com tampa de mármore. Mas o que realmente diferencia este hotel de tantos outros é o seu serviço: um café da manhã continental está incluído na tarifa e é servido no lobby do hotel, onde café, cookies e chá estão disponíveis por toda tarde, e vinho, queijo e música ao piano são oferecidos a cada noite. Há também um encantador jardim sobre o teto.

365 Park Ave. South (altura da rua 26), Nova York, NY 10016. ℂ 877/296-0009 ou 212/685-7700. Fax 212/685-7771. www.hotelgiraffe.com. 73 quartos. US$ 409- US$ 559 desde US$ 650 suítes de 1 ou 2 dormitórios; a partir de US$ 2.500, suíte na cobertura. Tarifas incluem café da manhã continental, e vinho e queijo à noite, acompanhados por música ao piano. Acesse o website ou pergunte sobre descontos (US$ 299 no momento de impressão). AE, DC, MC, V. Estacionamento US$ 28. Metrô: 6 até a rua 28. **Amenidades:** Restaurante: 2 bares; acesso a academia de ginástica próxima incluído na tarifa; concierge; serviços de negócios; serviço de quarto limitado; serviço de lavanderia; jardim no teto; acervo de vídeos e de CD. *No quarto:* A/C; TV/Videocassete; Wi-Fi; dataport; minibar; secador de cabelo; ferro de passar roupa; cofre e CD player.

BARATO

Gershwin Hotel ✿ (*Crianças*   Este hotel criativo, à maneira de Warhol, atrai tipos artísticos emergentes – e nomes bem estabelecidos com olho para bons preços – com sua sólida coleção de arte moderna e estilo selvagem. O lobby foi recentemente reformado, e

50 **CAPÍTULO 2 - ONDE FICAR**

juntamente com um novo bar, **Gallery at the Gershwin**, muito da arte original permanece. Os quartos standard são limpos e iluminados, com murais estilo Picasso na parede e takes estilo Phillippe Starck na mobília do hotel. Os quartos superiores são os melhores, já que foram reformados recentemente, e valem os US$ 10 a mais; todos têm cama queen size, duas de solteiro, ou de casal, mais um banheiro privativo novo com azulejos bonitos e coloridos. Se estiver trazendo a prole, suítes de dois quartos, ou Family Rooms, são uma boa opção. Para o viajante com *pouquíssimos* recursos, o Gershwin também oferece acomodações ao estilo albergue, por US$ 33 em quartos com muitas camas.

7 E. 27th St. (entre Fifth Avenue e Madison Avenue), Nova York, NY 10016. ✆ 212/545-8000. Fax 212/684-5546. www.gershwinhotel.com. 150 quartos. US$ 109-US$ 285 duplo; US$ 239-US$ 385 quartos familiars. Pessoa extra, US$ 20. Verifique o website para descontos ou pacotes de valor agregado. Para os quartos de albergue, use este website: www.gershwinhostel.com. AE, MC, V. Estacionamento US$ 25, a 3 quadras de distância. Metrô: N, R, 6 até rua 28. **Amenidades:** Bar; Serviço de excursão; babá; serviço de lavanderia; limpeza a seco; acesso à Internet. *No quarto:* A/C; TV; Wi-Fi; dataport; secador de cabelo; ferro de passar roupa.

7 Times Square & Midtown West

MUITO CARO
Ritz-Carlton New York, Central Park 🐨🐨🐨 *Crianças* Há muito o que gostar neste hotel – desde sua localização, vendo o Central Park de cima, até o serviço impecável – mas o que eu mais gosto é que este hotel de luxo consegue manter uma elegância de casa e não lhe intimida com uma superabundância de estilo. Os quartos são espaçosos e decorados em estilo interiorano inglês. As suítes são maiores do que a maioria dos apartamentos de Nova York. Os quartos de frente para o Central Park têm telescópios, e todos têm TVs de tela plana com DVD players; o hotel tem até mesmo um acervo de filmes vencedores do Oscar disponível aos hóspedes. Os banheiros de mármore são enormes e têm muita opção de roupas de banho. Para as famílias que podem pagar os preços altos, o hotel é extremamente apropriado para as crianças. As suítes têm sofás-cama, e camas rolantes e berços podem ser levados aos quartos. As crianças recebem biscoitos e leite no quarto. Os adultos podem ser mimados no spa de origem suíça La Prairie ou jantar no restaurante do hotel, **BLT Market** (página 89).

50 Central Park South (altura da Sixth Avenue), Nova York,m NY 10019. ✆ **212/308-9100.** Fax 212/207-8831. www.ritzcarlton.com. 259 quartos. US$ 650- US$ 1.295 duplo; a partir de US$ 995, suíte. Taxas de pacote e para finais de semana disponíveis. AE, DC, DISC, MC, V. Estacionamento US$ 50. Metrô: N, R, W até a 5th Ave e F até a rua 57. Animais com menos de 27 quilos são aceitos. **Amenidades:** Restaurante; bar; lounge no lobby para chá e coquetéis; academia de ginástica; spa La Prairie e centro facial; concierge; serviço de limusine Bentley incluso na tarifa; centro de negócios; serviço de quarto 24 horas; babá; lavanderia à noite; limpeza a seco; mordomo de tecnologia e mordomo para serviços de banho. *No quarto:* A/C; TV/DVD; Internet de alta velocidade; dataport; minibar; secador de cabelo; ferro de passar; cofre; telescópios nos quartos com vista para o parque.

CAROS

AKA Central Park ⋆ Em 2007, a AKA abriu quatro residências de estadia longa com amenidades iguais as de hotel em Times Square, Sutton Place, na área perto das Nações Unidas e do Central Park. Considerando que as propriedades AKA operam como uma combinação de apartamento/hotel; sua estadia pode ser tão breve quanto uma noite. Os quartos, todos eles espaçosos estúdios, com até dois dormitórios, possuem modernas cozinhas completas, banheiros de mármore, dois televisores e serviços como concierge, academia de ginástica, Internet sem fio e café da manha nos dias úteis, incluso no preço. Eu acho o endereço do Central Park, a um quarteirão de Central Park South, o mais aconchegante. É uma alternativa atraente e calma à histeria dos hotéis próximos.

42 W. 58th St. (entre Fifth Avenue e Sixth Avenue) New York, NY, 10019. ☎ 212/753-3500. Fax 646/744-3120; www.stayaka.com. 134 quartos. Tarifas a partir de US$ 395. AE, DC, MC, V. Estacionamento US$ 50 por dia. Metrô: N, R, Q, W até a rua 57. **Amenidades:** café da manhã incluso no preço (dias úteis); serviços de spa e academia de ginástica; concierge; centro de negócios; serviço de quarto; serviço de lavanderia; limpeza a seco. *No quarto:* A/C; 2 TVs; Wi-Fi; cozinha completa; secador de cabelo/ferro de passar roupa; cofre; 2 linhas de telefone sem fio com serviços de telefonia local inclusos no preço; CD/DVD player.

The Algonquin ⋆⋆ A atmosfera neste prédio de referência histórica, construído em 1902, é tão fundada no folclore literário que você se sentirá culpado em ligar a televisão ao invés de ler a última edição do *The New Yorker*, que é fornecido nos quartos. Estes podem ser apertados, mas são equipados com possivelmente as mais confortáveis e convidativas camas na cidade, assim como com a tecnologia do século 21, como Internet de alta velocidade e televisores de tela plana. Se você tem tendência à claustrofobia, vá ao pomposo lobby, onde você pode se sentar em confortáveis cadeiras, saborear deliciosos (e caros) coquetéis, comer uns salgadinhos ou apenas ler ou brincar com seu laptop (o lobby é equipado com Wi-Fi). Para ostentar, fique em uma das amplas suítes de um dormitório, onde tudo o que falta para você continuar naquele romance com que você está brincando é uma máquina de escrever manual Smith Corona.

As refeições são servidas no celebrado **Round Table Room**, enquanto o **Oak Room** (página 182) é um dos principais cabarés da cidade, apresentado queridos talentos como Andrea Marcovici e Julie Wilson.

59 W. 44th St. (entre as avenidas Fifth e Sixth), New York, NY 10036. ☎ 888/304-2047 ou 212/840-6800. Fax 212/944-1419. www.algonquinhotel.com. 174 quartos. US$ 399-US$ 699 duplo; a partir de US$ 349 suíte. Verifique o site ou pergunte sobre tarifas com desconto ou pacotes especiais. AE, DC, DISC, MC, V. Estacionamento US$ 28, do outro lado da rua. Metrô: B, D, F, V até a rua 42. **Amenidades:** 2 restaurantes; lounge; bar; sala de exercícios; concierge; serviço de quarto limitado; serviço de lavanderia; limpeza a seco. *No quarto:* A/C; TV com filmes pagos; Internet de alta velocidade; dataport; secador de cabelo; ferro de passar roupa; cofre.

Doubletree Guest Suites Times Square ⋆ *(Crianças* Doubletree de 43 andares, no coração da escuridão conhecida como Times Square, onde as ruas são conges-

52   CAPÍTULO 2 - ONDE FICAR

tionadas, o neón abre buracos em seus olhos e o barulho é ensurdecedor, pode oferecer uma experiência mais parecida com Las Vegas do que uma verdadeiramente nova-iorquina. Mas, às vezes, todos nós nos sacrificamos pelos nossos filhos, e este Doubletree é perfeito para eles. Desde os cookies de chocolate bem frescos, servidos na chegada, às suítes espaçosas e a preços razoáveis de tamanho suficiente para crianças de cinco anos brincarem de esconde-esconde (como os meus fizeram), o menu de serviço de quarto para crianças disponível o dia todo, a proximidade com a gigantesca Toys "R" Us e com outras atrações infantis da Times Square, este Doubletree é imbatível para as famílias. Os banheiros têm duas entradas, para que as crianças não precisem perambular pelos quartos dos pais.

1568 Brooklyn Ave (altura da rua 47 com a Seventh Ave.), New York, NY, 10036. ℂ **800/222-TREE** ou 212/719-1600. Fax 212/921-5212. www.doubletree.com. 460 quartos. Desde US$ 349 suíte. Pessoa extra US$ 20. Crianças com menos de 18 anos ficam de graça no quarto dos pais. Pergunte sobre descontos para idosos, empresas e AAA, além de promoções especiais. AE, DC, DISC, MC, V. Estacionamento US$ 35. Metrô: N, R até a rua 49. **Amenidades:** Restaurante; lounge; academia de ginástica; concierge; serviço de quarto limitado; babá; serviço de lavanderia; limpeza a seco. *No quarto:* A/C; 2 TVs com filmes pagos e video games; Internet de alta velocidade; dataport; minibar; geladeira; bar com máquina de café; secador de cabelo; ferro de passar roupa; cofre e micro-ondas.

Flatotel ✯✯ (Crianças (Achados   No coração de Midtown, e cercado por Sheratons e outros hotéis de marca, o Flatotel (Flat, como um apartamento em Londres combinado com amenidades de hotel) oferece algo que estas marcas não têm: espaço. Todos os reluzentes quartos, parecidos com apartamentos, especialmente as suítes, são grandes pelos padrões de Nova York e todos possuem refrigeradores e micro-ondas, enquanto as suítes têm cozinhas pequenas ou completas, dois televisores de tela plana e mesas generosas. Os banheiros de mármore são espaçosos e bem equipados. O hotel possui 60 suítes familiares, de 1 a 3 dormitórios, com áreas de jantar e cozinhas completas em cada uma. Em algumas suítes nos andares mais altos - o hotel tem 47 andares – você tem vistas espetaculares de rio a rio. Embora o hotel tenha a aparência de um refúgio corporativo, com seus tons escuros de mármore e metal, seus serviços são amigáveis e mais parecidos com uma butique do que com o monólito em Midtown, que parece ser.

132 West 52nd St. (entre as avenidas Sixth e Seventh), New York, NY, 10019. ℂ **800/FLATOTEL** ou 212/887-9400. Fax 212/887-9795. www.flatotel.com. 288 quartos. Desde US$ 399 duplos; a partir de US$ 549 suítes. AE, DC, DISC, MC, V. Estacionamento US$ 30, valet US$ 47. Metrô: B, D, E, até Seventh Ave. **Amenidades:** Restaurante; bar; academia de ginástica; centro de negócios; concierge; serviço de quarto; limpeza a seco. *No quarto:* A/C; TV; Internet de alta velocidade; dataport; geladeira; micro-ondas; máquina de café/chá; ferro/tábua de passar roupa; secador de cabelo; cofre; CD player.

Jumeirah Essex House ✯✯✯   Em 2006, o grupo hoteleiro de Dubai Jumeirah assumiu a gerência do hotel histórico de 76 anos, com vista para o Central Park, que estava em

TIMES SQUARE & MIDTOWN WEST 53

decadência. Depois de uma reforma de US$ 90 milhões, o hotel foi reaberto e os resultados são impressionantes. O lobby foi arrumado, mas mantém a aparência Art Déco, com seu mármore preto e branco no chão, banquetas brancas onde o chá da tarde é agora servido, e fotos históricas de Nova York adornando os corredores. Os quartos foram atualizados com móveis de madeira aconchegantes de parede a parede, espelhos emoldurados em couro e persianas que imitam os padrões de folhas que você pode ver pela rua através do parque. Tecnologia de ponta, tais como "luzes automáticas" sob as mesas de cabeceira, foram acrescentadas como parte das reformas. Você não encontrará quartos apertados aqui, nem deveria; as suítes são magníficas, especialmente as com vista para o parque.

160 Central Park South (entre avenidas Sixth e Seventh), New York, NY, 10019. © **888/645-5697** ou 212/247-0300. Fax 212/315-1839. www.jumeirahessexhouse.com. 515 quartos. A partir de US$ 709 duplos; desde US$ 959 suítes. Estacionamento com manobrista US$ 55. AE, DC, DISC, MC, V. Metrô: N, R, W, Q até rua 57. **Amenidades:** Restaurante; bar; lounge no lobby; chá da tarde; academia de ginástica, limpeza a seco. *No quarto:* A/C; TV; Wi-Fi; minibar; secador de cabelo; ferro de passar; cofre; fones portáteis para telefone.

Le Parker Meridien ⭐⭐ *(Crianças* Nem todos os hotéis em Nova York podem rivalizar com os atributos deste hotel: sua localização na rua 57, não muito longe de Times Square e a uma pequena caminhada do Central Park e das lojas na Fifth Avenue, é praticamente perfeita; sua academia de ginástica, com 5.100 metros quadrados, chamado de Gravity, apresenta quadras de basquete e de racquetball, um spa e uma piscina no teto; três excelentes restaurantes, incluindo o **Norma's** (página 92), para café da manhã, e o apropriadamente chamado **Burger Joint**, considerado por muitos como o melhor hambúrguer da cidade; um belo lobby; e elevadores com televisores que mostram *Tom e Jerry* e curtas de Charles Chaplin. Os espaçosos quartos do hotel, embora um pouco ao estilo IKEA, têm um quê divertido, com gavetas escondidas e plataformas giratórias de televisão, explorando inventivamente o uso econômico de espaço. Os quartos têm camas com plataformas de madeira com colchões de penas e recursos que incluem grandes mesas de trabalho, cadeiras de estilo Aeron, Internet de alta velocidade grátis e televisores de tela plana com 32 polegadas com videocassete, CD e DVD players. Os banheiros de ardósia com calcário são grandes, mas infelizmente, têm apenas chuveiros.

118 W. 57th St. (entre avenidas Sixty e Seventh), New York, NY 10019. © **800/543-4300** ou 212/245-5000. Fax 212/307-1776. www.parkmeridien.com. 731 quartos. US$ 600-US$ 800 duplo; a partir de US$ 780 suíte. Pessoa extra US$ 30. Pacotes excelentes e taxas com desconto geralmente estão disponíveis (tão baixo quanto US$ 225, no momento de impressão). AE, DC, DISC, MC, V. Estacionamento US$ 45. Metrô: F, N, Q, R até rua 57. Animais de estimação aceitos. **Amenidades:** 3 restaurantes; piscina no teto; fantásticas academia de ginástica e spa; concierge (2 com a medalha Clefs d'Or); carro de cortesia até Wall St., apenas nas manhãs dos dias úteis; centro de negócios completo; serviço de quarto 24 horas; serviço de lavanderia; limpeza a seco. *No quarto:* A/C; televisores de 32 polegadas com DVD e CD player; Internet de alta velocidade; dataport; minibar; secador de cabelo; ferro de passar roupa; cofre e engraxate noturno; incluído no preço.

54 **CAPÍTULO 2 - ONDE FICAR**

Sofitel New York ✹✹✹ (*Achados*)   Há muitos hotéis finos na rua 44, entre as avenidas Fifth e Sixth, mas o melhor, na minha opinião, é o altivo Sofitel. Ao entrar no hotel e pelo quente e convidativo lobby com o balcão de check-in jogado para o lado, você não pensaria que entraria em um hotel tão novo, que é uma das razões pelas quais este hotel é tão especial. Os designers uniram amenidades modernas do novo mundo com a elegância do velho mundo europeu. Os quartos são espaçosos e confortáveis, enfeitados com arte. A iluminação é suave e romântica, as paredes e as janelas à prova de som. As suítes têm camas king size, dois televisores e portas balcão separando o dormitório de uma sala de estar. Os banheiros, em todos os quartos, são magníficos, com chuveiros e banheiras separados.

45 W 44th. St. (entre a Fifth e a Sixth), New York, NY 10036. ✆ **212/354-8844.** Fax 212/354-2480. www.sofitel.com. 398 quartos. US$ 299-US$ 599 duplo; a partir de US$ 439 suíte. 1 criança se hospeda grátis no quarto dos pais. AE, DC, MC, V. Estacionamento US$ 45. Metrô: B, D, F, V até rua 42. Animais de estimação aceitos. **Amenidades:** Restaurante; bar; sala de exercícios; concierge; serviço de quarto 24 horas; serviço de lavanderia; limpeza a seco. *No quarto:* A/C; TV com filmes pagos e acesso à Internet; acesso à Internet de alta velocidade; dataport; minibar; secador de cabelo; ferro de passar; cofre; CD player.

MODERADO

Casablanca Hotel ✹✹ (*Valor*)   Perto da Broadway, no meio da Times Square, o Casablanca Hotel é um oásis. Onde, no **Rick's Café**, o aconchegante lounge para hóspedes do hotel, você pode sentar ao lado de uma lareira, ler um jornal, acessar seus emails, ver TV em uma grande tela ou saborear um cappuccino de uma máquina de autosserviço. Se os dias ou as noites estiverem agradáveis, você pode se espreguiçar no deck sobre o telhado ou no pátio que fica no segundo andar. Os quartos podem não ser os maiores, mas são bem equipados, com ventilador de teto, garrafas de água grátis e banheiros belissimamente ladrilhados, onde, se quiser, você pode abrir a janela e deixar os sons de fora lhe recordar onde você realmente está. O Casablanca é da rede HK e, como os demais hotéis da marca, o serviço é de primeira. Por causa da sua localização, preços moderados e tamanho (apenas 48 quartos), o Casablanca é muito procurado, portanto reserve com antecedência.

147 W 43rd. St. (logo ao leste da Broadway), New York, NY 10036. ✆ **888/922-7225.** Fax 212/869-1212. www.casablancahotel.com. 48 quartos. US$ 249-US$ 299 duplo; a partir de US$ 399 suíte. Tarifas incluem café da manhã continental, cappuccino todo o dia e vinho e queijo nos dias úteis. AE, DC, MC, V. Estacionamento US$ 25, ao lado. Metrô: N, R, 1, 2 3 até rua 43/ Times Sq. **Amenidades:** Cyber lounge; acesso grátis ao New York Sports Club; concierge; centro de negócios; serviço de quarto limitado; serviço de lavanderia; limpeza a seco; videoteca. *No quarto:* A/C; TV com videocassete; acesso à Internet de alta velocidade; dataport; minibar; secador de cabelo; CD player; ventilador de teto.

414 Hotel ✹ (*Achados*)   A um quarteirão de Times Square e perto da atraente Hell's Kitchen, este lugar oferece televisores de tela plana com 37 polegadas em todos os

TIMES SQUARE & MIDTOWN WEST 55

quartos e banheiros bem equipados e espaçosos; água mineral, café da manhã e Wi-Fi inclusos na tarifa; refrigeradores no quarto; e um pátio encantador. Tudo isso soa muito bem para um hotel de preço baixo. Mas, se você quiser tudo isso sem pagar nada perto do que hotéis com muito menos estão cobrando, então você tem de suportar as paredes finas do 414; se ruídos acima de você forem um problema, peça um quarto no último andar, que pode significar que você terá de subir quatro andares de escada; o hotel não tem elevador. Apesar destas inconveniências, o 414 Hotel tem quartos confortáveis e limpos, e os benefícios o fazem uma boa escolha de preço médio em Midtown.

414 W. 46th St. (entre avenidas Ninth e Tenth), New York, Ny 10036. ✆ **866/414-HOTEL** ou 212/399-0006. Fax 212/957-8710. www.hotel414.com. 22 quartos. US$ 169-US4 259 duplo. Metrô: A, C, E, 7, rua 42. **Amenidades:** Café da manhã continental, incluso no preço; máquinas de café, suco e chá; concierge; limpeza a seco (sob pedido); serviços de negócios (sob pedido). *No quarto:* A/C; TV; Wi-Fi; dataport; geladeira; secador de cabelo; cofre.

Hotel Metro 𝕉𝕉 *(Crianças)* O Metro é a escolha, em Midtown, para aqueles que não querem sacrificar estilo ou conforto pelo preço. Esta joia em estilo Art Déco tem quartos maiores do que você esperaria pelo preço. Eles são equipados com mobília retrô, tecidos divertidos, travesseiros fofos, banheiros pequenos, porém bem arrumados e rádio-relógio. Cerca de metade dos banheiros tem banheiras, mas os demais têm chuveiros grandes o suficiente para dois (suítes Júnior têm banheira com hidromassagem). O "quarto familiar" é uma suíte com dois ambientes com um segundo dormitório no lugar da sala de estar. A confortável área da biblioteca/lounge fora do lobby (onde o café da manhã em bufê, incluído no preço, é servido, e o café fica a disposição todo o dia) é um local de encontro popular. O atendimento é atencioso; e o terraço superior oferece uma vista impactante do Empire State Building, o que torna o lugar ótimo para solicitar serviço de quarto do **Metro Grill.**

45 W. 35th St. (entre avenidas Fifth e Sixty), New York, NY 10001. ✆ **800/356-3870** ou 212/947-2500. Fax 212/279-1310. www.hotelmetronyc.com. 179 quartos. US$ 250-US$ 365 duplo; US$ 245-US$ 420 triplo ou quádruplo; US$ 255-US$ 425 quarto familiar; US$ 275-US$ 475 suíte. Pessoa extra US$ 25. 1 criança com menos de 13 anos se hospeda de graça no quarto dos pais. Taxas incluem café da manhã continental. Verifique com companhias aéreas e outros operadores de pacotes por descontos. AE, DC, MC, V. Estacionamento US$ 20, próximo. Metrô: B, D, F, V, N, R até rua 34. **Amenidades:** Restaurante; bar ao ar livre no terraço, no verão; boa academia de ginástica; salão; serviço de quarto limitado; serviço de lavanderia; limpeza a seco. *No quarto:* A/C; TV; Internet de alta velocidade; dataport; geladeira; secador de cabelo; ferro de passar.

Hotel QT 𝕉𝕉 *(Valor)* De propriedade de Andre Balazs, do **Mercer** (página 42), o Hotel QT oferece muito do estilo do Mercer sem as altas tarifas. Desde sua invejável localização em Midtown aos seus extras, como uma piscina no lobby, sala de vapor e sauna, acesso grátis à Internet de alta velocidade, café da manhã continental incluído no preço e quartos de bom tamanho, incluindo alguns com beliche, o

56 CAPÍTULO 2 - ONDE FICAR

Hotel QT é uma das melhores opções de preço médio na área de Times Square. Você faz o check-in em um quiosque/recepção onde é possível escolher jornais ou coisas para o minibar. Indo para os elevadores, você pode ver hóspedes nadando na piscina do lobby ou bebendo no bar dentro da piscina, uma visão nada usual na Big Apple. Os quartos são esparsos em tom, mas as camas de plataforma king size e queen size são suntuosas e cobertas com lençóis de algodão egípcio. A maior desvantagem é o banheiro: não há portas – portas de correr ocultam os chuveiros (nenhum deles tem banheiras) e o toilette.

125 W. 45th St. (entre a Sixty Avenue e a Brodway), New York, NY 10036. ℂ **212/354-2323.** Fax 212/302-8585. www.hotelqt.com. 140 quartos. US$ 199-US$ 350 duplo. AE, DC, MC, V. Estacionamento US$ 25, próximo. Metrô: B, D, F, V até rua 47. **Amenidades:** Bar; piscina; academia de ginástica; sauna; sala de vapor; café da manhã continental incluído no preço. *No quarto:* A/C; TV; Wi-Fi grátis; Internet de alta velocidade grátis; minigeladeira; secador de cabelo; ferro e tábua de passar; CD player; DVD player; 2 linhas telefônicas com chamadas locais grátis.

BARATO
Red Roof Inn ⚔ *(Valor*   O primeiro e único Red Roof Inn de Manhattan alivia a cara cena hoteleira de Midtown. O hotel ocupa um antigo edifício de escritórios que foi destruído e reconstruído novamente, permitindo quartos e banheiros mais espaçosos do que você geralmente encontraria nesta categoria. O lobby é esperto, e os elevadores são quietos e eficientes. Amenidades no quarto – incluindo máquinas de café e TVs com acesso à Internet na tela – são melhores do que as da maioria dos concorrentes, e a mobília é nova e confortável. Wi-Fi está disponível em todo o prédio. A localização – em uma quadra cheia de bons hotéis e restaurantes coreanos de bom preço, a um passo do Empire State Building – é excelente. Assegure-se de comparar as tarifas oferecidas pela linha de reservas da Apple Core Hotel com aquelas fornecidas pela linha nacional de reservas e pelo site da Red Roof, já que podem variar significativamente. O café da manhã continental, incluído na tarifa, agrega mais valor.

6 W. 32nd St. (entre a Brodway e a Fifth Avenue), New York, NY 10001. ℂ **800/755-3194,** 800/RED-ROOF ou 212/643-7100. Fax 212/643-7101. www.applecorehotels.com ou www. redroof.com. 171 quartos. US$ 89-US$ 329 duplo (geralmente menos do que US$ 189). Tarifas incluem café continental. Crianças com menos de 13 anos de idade se hospedam gratuitamente no quarto dos pais. AE, DC, DISC, MC, V. Estacionamento US$ 26. Metrô: B, D, F, N, R e V até rua 34. **Amenidades:** Sala de desjejum; lounge com vinho e queijo; sala de exercícios; concierge; serviço de lavanderia; limpeza a seco. **No quarto:** A/C; TV com filmes pagos e acesso à Internet; Wi-Fi; dataport; geladeira; máquina de café; secador de cabelo; ferro de passar; videogames.

Travel Inn *(Crianças (Valor*   Extras, como uma grande piscina externa e deck, uma sala de ginástica ensolarada e atualizada e estacionamento grátis (com privilégios de entrada e saída!) fazem do Travel Inn um grande negócio. O Travel Inn pode não ser carregado de personalidade, mas oferece a regularidade brilhante e limpa de uma boa cadeia de hotéis – um negócio atrativo em uma cidade onde

MIDTOWN EAST & MURRAY HILL 57

"esquisito" é o chamariz dos hotéis mais baratos. Os quartos são bem grandes e confortavelmente mobiliados, com camas extrafirmes e mesas de trabalho; mesmo o menor duplo é de bom tamanho e tem um amplo banheiro, e duplo/duplos fazem grandes diferenças financeiras para as famílias.Uma reforma total nos últimos dois anos fez tudo cheirar a novo, mesmo os banheiros de belos azulejos. Embora um pouco fora de mão, os teatros Off-Broadway e restaurantes de bons preços estão ao lado, e o hotel está a 10 minutos caminhando até o Theater District.

515 W. 42nd St. (bem a oeste da Tenth Avenue), New York, NY 10036 .℃ **888/HOTEL58,** 800/869-4630 ou 212/695-7171. Fax 212/695-5025. www.thetravelinnhotel.com. 160 quartos. US$ 105-US$ 250 duplo. Pessoa extra US$ 10. Crianças com menos de 16 anos de idade se hospedam gratuitamente no quarto dos pais. Descontos AAA disponíveis; verifique o website para descontos especiais pela Internet. AE, DC, DISC, MC, V. Estacionamento grátis. Metrô: A, C e E até rua 42/Port Authority. **Amenidades:** Loja de café; excelente piscina externa com cadeiras no deck e salva-vidas; sala de exercícios; guichê de turismo Gray Line; serviço de quarto 24 horas. *No quarto:* A/C; TV; dataport; secador de cabelo; ferro de passar.

8 Midtown East & Murray Hill

Para encontrar os hotéis nesta seção, veja o mapa nas páginas 46 e 47. Considere também a maior das damas, o **Plaza**, na Fifth Avenue e Central Park South (℃ **212/759-3000;** www.fairmont.com/thePlaza) que, no momento da impressão deste livro, estava reinaugurando. Depois de uma reforma de 2 anos, que custou US$ 400 milhões, o Plaza é agora parte condomínio e parte hotel. Há 282 quartos, variando de espaçosos 145 metros quadrados a suítes de quase 450 metros quadrados, alguns com terraços e todos com mordomos. O famoso **Palm Court** está novamente aberto para um (caro) chá, e o **Oak Room** e o **Oak Bar** para coquetéis e jantar. Novos no Plaza são o **Champagne Bar**, no lobby, e o **Rose Club,** sobre o lobby e uma academia de ginástica capitaneada pelo treinador das estrelas, Radu. As tarifas começam em US$ 1.000 (gulp) por noite. O que Eloise acharia disso?

MUITO CARO

The Peninsula-New York 𝒢𝒢𝒢   Instalado em um belo edifício histórico em estilo Beaux Arts, o Peninsula é a perfeita combinação de encanto do velho mundo e a tecnologia mais avançada. Os quartos são imensos, com muitos armários e espaço para armazenamento, mas o melhor de tudo é o painel de controle ao lado da cama, que lhe permite regular iluminação, televisão, o som, ar-condicionado e o sinal de NÃO PERTURBE em sua porta. Embora você não tenha de deixar o conforto da sua cama, eventualmente você terá de ir ao banheiro, e quando for, você encontrará enormes banheiros de mármore com banheiras espaçosas e outro painel de controle bem à mão, incluindo controles para, na maioria dos quartos, uma televisão, que você pode

58   CAPÍTULO 2 - ONDE FICAR

assistir enquanto toma seu banho de sais (isso que é um excesso feliz). O Peninsula também possui uma das melhores e maiores academias de ginástica e spas dos hotéis de Nova York, o **Pen-Top Bar**, no topo do edifício, e concierges impecáveis.

700 Fifth Avenue (altura da rua 55), New York, NY 10019. ℂ **800/262-9467**, ou 212/956-2888. Fax 212/903-3949. www.peninsula.com. 239 quartos. US$ 775-US$ 1125 duplo; a partir de US$ 1.125 suíte. Pessoa extra US$ 12. Crianças com menos de 12 anos de idade se hospedam gratuitamente no quarto dos pais. Pacotes de inverno para o final de semana a partir de US$ 585 no momento de impressão deste livro. AE, DC, DISC, MC, V. Estacionamento com manobrista US$ 55. Metrô: E e V até Fifth Avenue. Animais de estimação aceitos. **Amenidades:** Restaurante; bar no teto; academia de ginástica e spa, com salas de tratamento, de três níveis no teto; piscina; aulas de exercícios; hidromassagem; sauna e deck para banho de sol; concierge 24 horas; centro de negócios; serviço de quarto 24 horas; massagem no quarto; babá; serviço de lavanderia; limpeza a seco. *No quarto:* A/C; TV com filmes pagos; fax; Wi-Fi; Internet de alta velocidade; secador de cabelo; cofre; água no bar inclusa no preço; com opção de cinco marcas.

St. Regis 𝒞𝒞𝒞   Quando John Jacob Astor construiu o St. Regis em 1904, ele planejava construir um hotel que refletiria a elegância e o luxo dos grandes hotéis da Europa. Mais de cem anos depois, o St. Regis, um marco de Nova York, ainda representa este esplendor. Este clássico Beaux Arts é uma maravilha: móveis antigos, candelabros de cristal, cortinas de seda e piso de mármore adornam os espaços públicos e os quartos arejados e de pé-direito alto. As suítes são particularmente ornadas, algumas com portas francesas, camas de quatro folhas e lareiras decorativas. Os banheiros de mármore são espaçosos e apresentam chuveiros e banheiras separados. Em um cumprimento ao futuro, televisores de plasma foram recentemente acrescentados a todos os quartos, junto com telas de LCD nos banheiros. O atendimento usa luvas brancas e todo hóspede recebe um mordomo de terno, disponível 24 horas para atender qualquer pedido razoável. **O chá da tarde** é servido diariamente no Astor Court e o Chief Alain Ducasse obteve o antigo espaço do Lespinasse para seu novo **Adour.**

2 E 55ᵗʰ St. (altura da Fifth Avenue), New York, NY 10022. ℂ **212/753-4500**. Fax 212/787-3447. www. stregis.com. 256 quartos. US$ 695-US$ 995 duplo; a partir de US$ 1.125 suíte. Verifique o website para tarifas especiais de até US$ 400, no momento da impressão deste livro. AE, DC, DISC, MC, V. Estacionamento US$ 55. Metrô: E e V até Fifth Ave. **Amenidades:** Restaurante; bar histórico; lounge para chá; academia de ginástica e spa; concierge; serviço de quarto 24 horas; babá; serviço de lavanderia; serviço de mordomo 24 horas; serviço de manobrista. *No quarto:* A/C; TV; Internet de alta velocidade; minibar; secador de cabelo; cofre; DVD/CD player.

CARO

The Benjamin 𝒞𝒞𝒞   Desde o sinal e o relógio retrô na Lexington Avenue ao lobby de mármore, com pé-direito alto, quando você entra pelo The Benjamin, é como se você tivesse passado para a Nova York da Era do Jazz. Mas, uma vez dentro de seu espaçoso quarto você irá perceber as amenidades de alta tecnologia, tais como rádios Bose Wave, navegadores e videogames para as TVs, acesso de alta velocidade à Internet, máquinas de fax, cadeiras ergométricas e estações de trabalho móveis, en-

MIDTOWN EAST & MURRAY HILL 59

tão você saberá que está no século 21. Todos os quartos são amplos, mas os estúdios deluxe e as suítes de um dormitório são muito maiores. Quantos hotéis podem se orgulhar de um "concierge para o sono" ou *garantir* uma boa noite de sono? E não se esqueça do menu de travesseiros, com 11 opções, incluindo fagópiro e Swedish Memory, cuja espuma, projetada pela NASA, reage à temperatura de seu corpo. Se você tem sono leve, reserve um quarto longe da Lexington Avenue, que pode ficar cheia (isto é, barulhenta) na maioria das noites e manhãs dos dias úteis. Os banheiros oferecem robes Frette, caixas de som para TV e pressão de água dos chuveiros forte o bastante para você pensar que está recebendo uma massagem.

125 E 50th St. (altura da Lexington Avenue), New York, NY 10022 . ✆ **888/4-BENJAMIN**, 212/320-8002 ou 212/715-2500. Fax 212/715-2525. www.thebenjamin.com. 209 quartos. A partir de US$ 459, duplo superior; a partir de US$ 499, studio deluxe; a partir de US$ 559 suíte. Ligue ou verifique o website para tarifas especiais de fim de semana. AE, DC, DISC, MC, V. Estacionamento US$ 45. Metrô: 6 até rua 51; E, F até Lexington Ave. Animais de estimação aceitos. **Amenidades:** Restaurante; lounge para coquetéis; academia de ginástica moderna; spa com serviço completo; concierge; concierge para sono; serviços para negócios; serviço de quarto 24 horas; limpeza a seco; serviço de manobrista. *No quarto:* A/C; TV com filmes pagos/videogames/acesso à Internet; fax/copiadora/impressora; dataport; pequena cozinha; minibar; máquina de café; cofre do tamanho de laptop; porcelana; conexão à Internet de alta velocidade; micro-ondas.

Hotel Elysée 🐵🐵   Esta joia romântica de hotel, no coração de Midtown, pode ser fácil de passar despercebida: está no meio de modernas torres de vidro. Mas ser tão discreto é parte do apelo romântico do Elysée. Construído em 1926, o hotel tem um passado variado, como endereço preferido para artistas e escritores, incluindo Tennessee Williams, Jimmy Breslin, Maria Callas e Vladimir Horowitz (que doou um Steinway, ainda na Suíte Piano), John Barrymore e Marlon Brando. O hotel mantém o ar sexy e discreto e agora é administrado pela HK Hotels (The Giraffe, The Gansevoort e The Library). Os quartos foram recentemente reformados e têm muitos recursos curiosos; alguns têm lareiras, outros cozinhas ou solários e todos são decorados com mobília interiorana francesa. Banheiros de bom tamanho são feitos em mármore italiano e bem decorados. Fora do belo lobby com piso de mármore preto e branco está o **Monkey Bar.** No segundo andar está o Club Room, onde um café da manhã continental gratuito é oferecido diariamente, com vinho e queijo, inclusos na diária, oferecido nas noites dos dias úteis.

60 E 54th St. (entre as avenidas Park e Madison), New York, NY 10022. ✆ **800/535-9733** ou 212/753-1066. Fax 212/980-9278. www.elyseehotel.com. 101 quartos. A partir de US$ 295 duplo; a partir de US$ 425 suíte. Verifique o website para tarifas especiais de temporada. Tarifas incluem café da manhã continental, e vinho e queijo nas noites dos dias úteis. AE, DC, DISC, MC, V. Estacionamento US$ 30. Metrô: E e V até Fifth Ave. **Amenidades:** Restaurante; bar; acesso grátis à academia de ginástica próxima; concierge; serviço de quarto limitado; serviço de lavanderia; limpeza a seco. *No quarto:* A/C; TV/videocassete; dataport; minibar; secador de cabelo; ferro de passar; cofre; Wi-Fi.

60 CAPÍTULO 2 - ONDE FICAR

The Kitano New York ☆☆☆ (*Achados*   De propriedade do Kitano Group, do Japão, esta elegante joia em Murray Hill oferece um mix único de sensibilidades oriental e ocidental. O lobby de mármore e mogno, com sua escada em forma de Y e um bronze de Botero, *Dog*, é um dos mais atraentes em Nova York. O hotel foi primeiro inaugurado em 1973; no meio dos anos 90, juntamente com a aquisição de uma residência histórica de 1896 ao lado, o Kitano foi inteiramente renovado. Se você for um indivíduo de sorte (e dinheiro), você terá a oportunidade de ficar em uma das três suítes de um dormitório da residência, cada uma com salas de estar rebaixadas, janelas amplas e arte original e eclética. O hotel também oferece uma suíte Tatame, com tatames, telas de papel arroz e uma sala Japanese Tea Ceremony. A maior parte dos quartos não é muito luxuosa ou exclusiva, mas todos incluem móveis de bom gosto em mogno, janelas à prova de som e, para ter um gosto verdadeiro do Japão, chá verde na chegada; os banheiros de mármore são grandes e têm cabides com toalhas aquecidas e chuveiros com tampas removíveis. No mezanino, há um bar, que nas noites de quarta-feira a sábado oferece o aclamado **Jazz at the Kitano.**

66 Park Avenue (altura da rua 38), New York, NY 10016 . 800/548-2666 ou ☎ **212/885-7000.** Fax 212/885-7100. www.kitano.com. 149 quartos. US$ 480-US$ 605 duplo; a partir de US$ 715 suíte. Verifique o website para tarifas especiais (algumas a US$ 239, no momento da impressão deste livro). AE, DC, DISC, MC, V. Estacionamento US$ 40. Metrô: 4, 5, 6, 7, S até Grand Central. **Amenidades:** 2 restaurantes; bar com jazz ao vivo; acesso à academia de ginástica próxima; concierge; serviço de limusine incluído na tarifa até Wall St., nos dias úteis; serviço de quarto limitado; serviço de lavanderia; limpeza a seco. **No quarto:** A/C; TV; fax; Internet de alta velocidade; dataport; secador de cabelo; ferro de passar roupa; chá incluído na tarifa.

The Library Hotel ☆☆ (*Achados*   Apenas a um quarteirão da New York Public Library, cada um dos dez andares do Library Hotel é dedicado a uma das 10 principais categorias do Sistema Decimal de Dewey. Quando visitei o hotel, fui apropriadamente alocado em um quarto "Geography and Travel". Acima de tudo, o hotel tem um clima agradável e informal. Os quartos, com três categorias – petite (muito pequeno), deluxe e suítes Júnior – têm estantes de mogno, mesas generosas e banheiros de mármore imaculados; tudo é extremamente confortável. Os espaços coletivos do The Library – uma sala de leitura onde vinho e queijo são servidos nos dias úteis, além de um café da manhã continental incluso na tarifa, e de um recanto de escritor, com uma lareira e um televisor de tela plana, e um terraço no topo – tudo ajuda a fazer do The Library um refúgio bem-vindo no coração da cidade.

299 Madison Ave (altura da rua 41), New York, NY 10017. ☎ **877/793-7323** ou 212/983-4500. Fax 212/499-9099. www.libraryhotel.com. 60 quartos. US$ 345-US$ 435 duplo; US$ 525 Love Room ou suíte júnior; US$ 960 suíte familiar com 2 dormitórios. Taxas incluem bufê de café da manhã continental, salgadinhos por todo o dia e vinho e queijo servidos nos dias úteis. Pergunte sobre tarifas corporativas, promocionais e de final de semana (que chegam a até US$ 329, no momento da impressão deste livro). AE, DC, MC, V. Estacionamento US$ 30, próximo. Metrô:

MIDTOWN EAST & MURRAY HILL 61

4, 5, 6, 7 e S até rua 42/Grand Central. **Amenidades:** Restaurante; acesso grátis à academia de ginástica próxima; centro de negócios; serviço de quarto 24 horas; serviço de lavanderia; limpeza a seco; videoteca com os 100 principais filmes da American Film Institute. *No quarto:* A/C; TV/videocassete; Internet de alta velocidade; dataport; minibar; secador de cabelo; ferro de passar; cofre para laptop; CD player.

The Roger ✦✦ O homenageado pelo nome do hotel, Roger Willians, em tempo abandonou suas raízes puritanas para se tornar um líder secular. Começando pelo receptivo lobby com sua esquisita coleção de assentos modernos, ainda que confortáveis, onde grupos de jazz tocam 3 noites por semana, até as diferentes variedades de quartos – alguns pequenos, outros generosos, alguns com terraços panorâmicos, outros com vistas para o Empire State Building; todos com impressionantes amenidades, como edredons, televisores de tela plana, Internet sem fio e de alta velocidade incluída na tarifa e banheiros de mármore – o Roger é uma das melhores opções em um local tranquilo, porém conveniente. Uma escada flutuante de granito leva do lobby a um lounge no mezanino, onde você pode desfrutar do café da manhã no começo do dia e de coquetéis à luz de velas, à noite.

131 Madison Ave. (altura da E. 31 St.), Nova York, NY 10016. ✆ **888/448-7788** ou 212/448-7000. Fax 212/448-7007.www.hotelrogerwilliams.com. 200 quartos. A partir de US$ 289 a diária, no momento da impressão deste livro. AE, DC, DISC, MC, V. Metrô: 6 até Rua 28/Lexington Ave. **Amenidades:** Lounge; academia de ginástica; concierge; serviço de lavanderia; limpeza a seco; Wi-Fi incluso no preço; suíte de conferências. *No quarto:* A/C; TV de tela plana; Wi-Fi; Internet de alta velocidade; minibar; ferro/tábua de passar roupa; cofre.

Waldorf=Astoria e Waldorf Towers ✦✦ Se estiver procurando pelo ápice da elegância dos velhos tempos, não há lugar melhor que o Waldorf=Astoria. Esta massiva obra-prima de um quarteirão não é apenas um ícone da hotelaria, mas um genuíno marco da cidade de Nova York. Aqui, você encontrará um lobby tão grande e grandioso, reminiscente da Grand Central Station, inclusive com seu próprio relógio. Com mais de 1.000 quartos, o ritmo pode ser frenético, e às vezes as filas para o check-in podem lhe lembrar dos correios. E que quartos: nenhum é igual ao outro, e ainda, todos são arejados, com pé-direito alto, decoração tradicional, camas e lençóis confortáveis e espaçosos banheiros de mármore, junto com máquinas de fax e acesso à Internet de alta velocidade. Se quiser ainda mais opulência, tente uma suíte no **Waldorf Towers**, onde a maioria dos quartos são maiores do que a maioria dos apartamentos de Nova York.

Peacock Alley, além do lobby principal, está também aberto para café da manhã, almoço e jantar, porém é mais famoso pelo suntuoso brunch de domingo.

301 Park Ave. (entre as ruas 49 e 50), Nova York, NY 10022. ✆ **800/WALDORF**, 800/774-1500 ou 212/355-3000. Fax 212/872-7272 (Astoria) ou 212/872-4875 (Towers). www.waldorfastoria.com ou www.waldorf-towers.com. 1.245 quartos (180 no Towers). Waldorf=Astoria US$ 229-US$ 585 duplo; a partir de US$ 549 suíte. Waldorf-Towers US$ 549-US$ 959 duplo; a partir de US$ 799 suíte. Pessoa extra: US$ 35. Crianças com menos de 18 no quarto dos pais não pagam tarifa.

62 CAPÍTULO 2 - ONDE FICAR

Descontos corporativos, para idosos, de temporada e de fim de semana podem estar disponíveis (chegam até a US$ 189, no momento de impressão deste livro), assim como atraentes pacotes. AE, DC, DISC, MC, V. Estacionamento US$ 55. Metrô: 6 até a rua 51. **Amenidades:** 4 restaurantes; 4 bares; academia de ginástica e spa de 900 metros quadrados; concierge e guichê de teatros; centro de negócios 24 horas; salão; serviço de quarto 24 horas; serviço de lavanderia; limpeza a seco; quartos nível executivo. Quartos no Towers incluem serviços de mordomo e concierge Clef's d'Or. *No quarto:* A/C; TV com filmes pagos; Internet de alta velocidade (em quartos executivos e suítes); dataport; minibar; cafeteira; secador de cabelo; ferro de passar. Suítes no Waldorf Towers incluem pequena cozinha ou bar com geladeira; cofre.

BARATO

Hotel Grand Union ⎛*Valor*⎞ Este hotel localizado no centro é o favorito de viajantes internacionais que não querem gastar muito. Um lobby branco sobre branco leva a quartos limpos e espaçosos com amenidades legais e incomuns para esta categoria de preço, tais como secadores de cabelo e HBO grátis. Iluminação superior fluorescente, móveis de estilo colonial nada atraentes e extrema falta de luz natural derrubam o ânimo – mas, considerando o espaço, baixas tarifas e localização perto de tudo, o Grand Union é um bom negócio. O quarto 309, um quádruplo bem configurado com dois beliches e uma cama queen size em uma alcova separada, é ótimo para famílias. A maioria dos banheiros foi revestida em granito ou em azulejo; peça por um recém-reformado. O atendimento é amigável e há uma sala de estar agradável além do lobby, e uma cafeteria adjacente para o café da manhã ou um rápido hambúrguer.

34 E. 32nd St. (entre Madison Ave. e Park Ave), Nova York, NY 10016. ☏ **212/683-5890.** Fax 212/689-7397. www.hotelgrandunion.com. 95 quartos. US$ 175-US$ 300 solteiro ou duplo. US$ 215-US$ 325 twin ou triplo; US$ 255-US$ 375 quádruplo. Ligue ou acesse o website para tarifas especiais (que podem chegar a US$ 90, no momento de impressão deste livro). AE, DC, DISC, MC, V. Estacionamento US$ 22 próximo. Metrô: 6 até rua 33. **Amenidades:** Cafeteria; guichê para excursões; serviço de fax; Wi-Fi. *No quarto:* A/C; TV; dataport; geladeira; secador de cabelo.

Hotel Thirty Thirty ⭑ ⎛*Valor*⎞ Thirty Thirty é a opção para viajantes em busca de descontos, procurando por um jorro de estilo a um preço acessível. O tom cuidadoso com o estilo é definido pelo lobby, industrial-moderno, parecido com loft. Os quartos são pequenos, mas cumprem a função para quem deseja passar os dias pela cidade, e não, enfurnados aqui. As configurações se dividem em twin/twins (ótimo para amigos), queens e queen/queens (ideal para três pessoas, grupos de quatro que não querem gastar muito ou quem deseja mais espaço). Os bons recursos incluem cabeceiras acolchoadas; colchões firmes; telefones com duas linhas; armários embutidos e banheiros espaçosos e com bonitos azulejos. Algumas unidades maiores têm pequenas cozinhas, o que é ótimo se for ficar por mais tempo, pois você apreciará o quarto extra e a geladeira. Não há serviço de quarto, mas há serviço de entrega de refeições nos restaurantes próximos.

30 E. 30th St. (entre Madison Ave. e Park Ave.), Nova York, NY 10016. ☏ **800/804-4480** ou 212/689-1900. Fax 212/689-0023. www.thirtythirty-nyc.com. 243 quartos. US$ 249-US$ 349 duplo; US$ 279-US$ 399 duplo com pequena cozinha; US$ 399-US$ 499 quádruplo. Ligue para se informar sobre descontos de ocasião ou verifique o website para promoções especiais (que

UPPER WEST SIDE 63

podem chegar a US$ 99 no momento de impressão deste livro). AE, DC, DISC, MC, V. Estacionamento US$ 30 a um quarteirão de distância. Metrô: 6 até rua 28. Animais de estimação sujeitos a aprovação. **Amenidades:** Restaurante; concierge; serviço de lavanderia; limpeza a seco. *No quarto:* A/C; TV; dataport; secador de cabelo.

9 Upper West Side

MUITO CARO
Trump International Hotel & Tower ✦✦✦   Do lado de fora, é outro monólito alto e escuro, pairando sobre Columbus Circle e o Central Park. Mas entre e passe uma noite ou duas, experimente serviços como seu próprio "Trump Attaché", um concierge pessoal que lhe fornecerá amplos serviços; aproveite de instalações de primeira classe como a academia de ginástica de 1.800 metros quadrados, com piscina para exercícios e spa completo; ou peça serviço de quarto do principal restaurante do hotel, o quatro estrelas **Jean-Georges.**

Os quartos de hóspedes são inesperadamente subestimados, com pé-direito alto e janelas do chão ao teto, algumas com incríveis vistas para o Central Park e todos com telescópios para aproveitar melhor a paisagem, e banheiros de mármore com banheiras Jacuzzi. Mas, se isso não for o suficiente – certamente foi para mim – você também tem duas garrafas de água Trump, inclusas no preço, inclusive com a foto de Donald em cada uma. Para um hotel tão bem gerenciado como este, você pode perdoar o cara pelos seus excessos.

1 Central Park (altura da rua 60), Nova York NY 10023. ✆ **212/299-1000.** Fax 212/299-1150. www. trumpintl.com. 167 quartos. A partir de US$ 765, duplo; a partir de US$ 1.200, suítes de 1 ou 2 dormitórios. Crianças não pagam tarifa se ficarem no quarto dos pais. Verifique o website para tarifas especiais e pacotes; verifique também www.travelweb.com para tarifas com desconto. AE, DC, DISC, MC, V. Estacionamento US$ 48. Metrô: A, B, C, D, 1 até a rua 59/Columbus Circle. **Amenidades:** Restaurante; spa e academia de ginástica com vapor, sauna e piscina; concierge Clefs d'Or; centro de negócios com funcionários e serviços de secretária; serviço de quarto 24 horas; massagem no quarto; babá; serviço de lavanderia; limpeza a seco; mordomo (attaché pessoal); CDteca. *No quarto:* A/C; TV/videocassete com filmes pagos e videogames; fax/copiadora/impressora; Internet de alta velocidade; dataport; minibar; cafeteira; secador de cabelo; ferro de passar; cofre para laptop; CD/DVD player.

MODERADO
Hotel Beacon ✦✦ *(Crianças (Valor*   Para famílias, você não encontrará melhor lugar – ou preço. Perto do Central Park e do Riverside Park, do Museum of Natural History e das principais linhas de metrô, o endereço do Beacon é ideal. Os quartos têm tamanhos generosos e possuem pequena cozinha, um espaçoso armário e um banheiro de mármore. Praticamente todos os quartos standard têm duas camas duplas, e são grandes o suficiente para uma família dormir sem pagar muito. As suítes de um e dois dormitórios tem uns dos melhores preços na cidade; cada um tem dois armários e um sofá cama na sala de estar. Os dois dormitórios têm um segundo banheiro, o que faz deles bem convenientes para hospedar um pequeno exército - inclusive o meu próprio. Não há serviço de quarto, mas há muitas opções

Onde ficar em Uptown

Affinia Gardens 8
The Carlyle 6
Country Inn the City 3
Hotel Beacon 4
Hotel Newton 1
Hotel Plaza Athénée 7
The Lowell 9
The Lucerne 2
Trump International Hotel & Tower 5

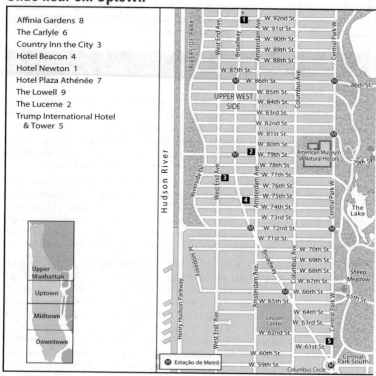

baratas de jantar com entrega o que, junto com alguns excelentes mercados, tornam o Beacon mais que um lar longe do lar.

2130 Broadway (altura da rua 75), Nova York, NY 10023. © **800/572-4969** ou 212/787-1100. Fax 212/724-0839. www.beaconhotel.com. 236 quartos. US$ 210- US$ 325 solteiro ou duplo; a partir de US$ 295, suítes de 1 ou 2 dormitórios. Pessoa extra US$ 15. Crianças com menos de 17 anos não pagam tarifa se ficarem no quarto dos pais. Verifique o website para promoções (duplos a partir de US$ 145; suítes de 1 dormitório a partir de US$ 195, no momento de impressão deste livro). AE, DC, DISC, MC, V. Estacionamento US$ 41 a um quarteirão de distância. Metrô: 1, 2, 3 até a rua 72.
Amenidades: Cafeteria perto; acesso à academia de ginástica no edifício; concierge; serviço de lavanderia; limpeza a seco; lavanderia paga; serviço de fax e de cópias; lan house. *No quarto:* A/C; TV com filmes pagos; pequena cozinha; secador de cabelo; ferro de passar; cofre para laptop.

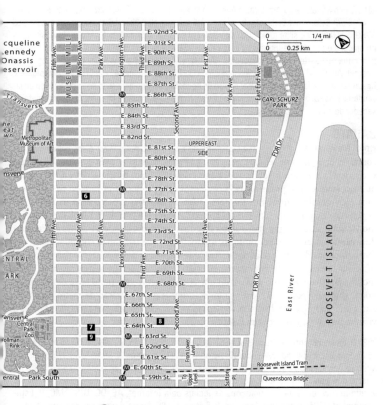

The Lucerne 🌟🌟 *Dicas* Como um residente há um bom tempo do Upper West Side, posso dizer tranquilamente que o Lucerne, em um edifício histórico de 1903, captura melhor o ar deste bairro. O atendimento é impecável, especialmente para um hotel de preço moderado, e tudo é novo e imaculado. Os quartos são confortáveis e grandes o suficientes para camas king size, queen size e duas camas duplas, com banheiros atraentes. Alguns dos quartos têm vistas para o Hudson River. As suítes são extraespecial e incluem pequenas cozinhas, minibares abastecidos, forno micro-ondas e salas de estar com sofás e TVs extras. O altamente apreciado **Nice Matin** oferece serviço de quarto para café da manhã, almoço e jantar. Mas, caso você não queira jantar ali, é possível provar um pouco da comida da vizinhança no Zabar ou H&H Bagels, que ficam perto.

66 CAPÍTULO 2 - ONDE FICAR

201 W. 79th St. (altura da Amsterdam Ave.), Nova York, NY 10024. ☎ **800/492-8122** ou 212/875-1000. Fax 212/579-2408. www.thelucernehotel.com. 216 quartos. US$ 330-US$ 460 duplo ou queen; US$ 380-US$ 500 king ou suíte júnior; US$ 420-US$ 710 suíte de 1 dormitório (verifique o website para promoções e pacotes de Internet). Pessoa extra US$ 20. Crianças com menos de 16 anos não pagam tarifa no quarto dos pais; descontos AAA oferecidos; verifique o website para promoções de Internet. AE, DC, DISC, MC, V. Estacionamento US$ 29 próximo. Metrô: 1 até rua 79. **Amenidades:** Restaurante; academia de ginástica; centro de negócios; serviço de quarto limitado; serviço de lavanderia; limpeza a seco. *No quarto:* A/C; TV com Nintendo e acesso à Internet; dataport; cafeteira; secador de cabelo; ferro de passar.

BARATO
Hotel Newton ☆ *Valor* Na extremidade norte do Upper West Side, o Newton, ao contrário de muitos de seus semelhantes, não grita "barato" a cada esquina. Assim que você adentra pelo bonito lobby, você é cumprimentado por funcionários uniformizados que são atenciosos e profissionais. Os quartos são grandes, com camas boas e firmes, uma escrivaninha e um banheiro novo, além de armários espaçosos na maioria deles (alguns dos mais baratos têm cabides apenas). Alguns são grandes o suficiente para acomodar famílias, com duas camas duplas ou duas camas queen size. As suítes apresentam duas camas queen size no dormitório, um sofá na sala de estar, mais comodidades como forno micro-ondas, minigeladeira e ferro, que valem a pena os dólares a mais. Os quartos maiores e as suítes foram melhorados com móveis de cerejeira, mas mesmo a velha mobília laminada é muito melhor do que eu geralmente vejo nesta faixa de preços. O hotel, aprovado pela AAA, tem manutenção impecável. A estação de metrô da rua 96 está a um quarteirão de distância, fornecendo acesso conveniente ao resto da cidade, e o vizinho Key West Dinner é um favorito para grandes e baratos cafés da manhã.

2528 Broadway (entre as ruas 94 e a 95), Nova York, NY 10025. ☎ **888/HOTEL58** ou 212/678-6500. Fax 212/678-6758. www.hotelnewton.com. 110 quartos. US$ 95-US$ 175 duplo ou suíte júnior. Pessoa extra US$ 25. Crianças com menos de 15 anos não pagam tarifa no quarto dos pais. Tarifas AAA, corporativas, para idosos e para grupos estão disponíveis; verifique o website para promoções especiais pela Internet. AE, DC, DISC, MC, V. Estacionamento US$ 27 próximo. Metrô: 1, 2, 3 até a rua 96. **Amenidades:** serviço de quarto 24 horas. *No quarto:* A/C; TV; Wi-Fi; secador de cabelo.

10   Upper East Side

Para encontrar os hotéis descritos nesta seção, veja a página 64.

MUITO CARO
The Carlyle, A Rosewood Hotel ☆☆☆ Este prédio *grande dame* de 34 andares está majestosamente sobre a Madison Avenue, resumindo perfeitamente a vizinhança endinheirada e tradicional. O atendimento é de luvas brancas (literalmente) e os porteiros usam chapéus de feltro; muitas celebridades e famosos, alguns com os rostos escondidos por cachecóis de seda, saboreiam chá no aconchegante Gallery. Os

UPPER EAST SIDE 67

quartos de hóspedes variam de singles até suítes de sete cômodos, alguns com terraços e salas de jantar completas. Todos têm banheiros de mármore com banheiras de hidromassagem e todas as comodidades que você esperaria de um hotel deste calibre. A decoração estilo mansão inglesa é luxuosa, mas não exagerada, criando o ambiente confortavelmente elegante de um apartamento no Upper West Side. Muitas suítes têm vistas tanto do centro de Manhattan ou do West Side e do Central Park.

O lobby de piso de mármore, com murais e estampas, é uma beleza. O clube de jantar do hotel, **Café Carlyle** (página 182) é o lugar para um cabaré de primeira classe. O encantador **Bemelmans Bar**, citando o nome do ilustrador Ludwig Bemelmans, que criou os livros da Madeline e pintou o mural do hotel, é um grande lugar para coquetéis.

35 E. 76th St. (altura da Madison Ave.), Nova York, NY 10021. ✆ **800/227-5737** ou 212/744-1600. Fax 212/717-4682. www.thecarlyle.com. 180 quartos. US$ 650-US$ 950 duplo; a partir de US$ 950 suítes de 1 ou 2 dormitórios. AE, DC, DISC, MC, V. Estacionamento US$ 48. Metrô: 6 até a rua 77. Animais de estimação com menos de 11,25 quilos aceitos. **Amenidades:** 3 restaurantes (incluindo um dos melhores cabarés da cidade); sala de chá; bar; academia de ginástica de alta tecnologia com sauna, Jacuzzi, e serviços de spa; concierge; serviço de quarto 24 horas; serviço de lavanderia; limpeza a seco; videoteca. *No quarto:* A/C; TV/videocassete; fax/copiadora/impressora; Internet de alta velocidade; dataport; copa ou pequena cozinha completa com minibar; secador de cabelo; cofre; CD player.

Hotel Plaza Athénée ✦✦✦   Este refúgio no bairro mais elegante de Nova York (a extensão da Madison Ave., depois da rua 60) é elegante, luxuoso e espargindo sofisticação. Com móveis antigos, murais pintados à mão e o piso de mármore italiano que adorna o lobby, o Plaza Athénée tem um ar europeu. Nesta tradição, o atendimento é o melhor possível, com check-in personalizado e funcionários atenciosos. Os quartos têm uma variedade de formas e tamanhos, e são todos com pé-direito alto e espaçosos; os foyers de entrada dão aos quartos um ar residencial. São todos decorados com belos tecidos e cores quentes que ajudam a dar um tom que faz você desejar descansar em seu quarto mais do que deveria. Muitas das suítes têm terraços grandes o suficiente para jantar. Os banheiros de mármore português são equipados com grossos robes feitos para o hotel. O lounge de piso de couro é chamado de **Bar Seine** e é um lugar receptivo para um coquetel antes do jantar. O restaurante, **Arabelle**, é muito elogiado pelo seu brunch de fim de semana.

37 E. 64th St. (entre as avenidas Madison e Park), Nova York, NY 10021. ✆ **800/447-8800** ou 212/734-9100. Fax 212/772-0958. www.plaza-athenee.com. 149 quartos. US$ 755-US$ 825 duplo; a partir de US$ 1.620 suíte. Verifique pacotes e descontos sazonais (que podem chegar a US$ 495 no momento de impressão deste livro). AE, DC, DISC, MC, V. Estacionamento US$ 53. Metrô: F até Lexington Ave. **Amenidades:** Restaurante; bar; academia de ginástica; concierges Clef d'Or; centro de negócios; serviço de quarto 24 horas; serviço de lavanderia; limpeza a seco. *No quarto:* A/C; TV; fax; Internet de alta velocidade; dataport; minibar; secador de cabelo; cofre.

The Lowell ✦✦✦ *(Crianças*   O estilo de luxo do Lowell é mais bem descrito como a opulência do século 20, elegante e sofisticado. O hotel tem o ar de uma

68   CAPÍTULO 2 - ONDE FICAR

residência; o lobby é pequeno e amigável, com atendimento de primeira classe ao estilo europeu do velho mundo. Os quartos são os verdadeiros tesouros; cada um é único e todos têm bom tamanho. Cerca de dois terços são suítes com pequenas cozinhas, ou cozinhas completas; alguns têm terraços e a maioria tem lareira funcionando. Nos quartos, você também encontrará boas poltronas, grandes e confortáveis, muito couro, obra de arte interessante e figurinos de porcelana espalhados por eles. Os banheiros têm mármore italiano e são equipados com amenidades Bulgari. Em uma rua tranquila e arborizada, a um quarteirão do Central Park e bem no meio das lojas da Madison Avenue, a localização do Lowell é ideal para aqueles que querem (e podem pagar) um retiro urbano longe da loucura de Midtown.

28 E. 63rd St. (entre Madison Ave. e Park Ave.), Nova York, NY 10021. ☏ 212/838-1400. Fax 212/319-4230. www.lowellhotel.com. 70 quartos. A partir de US$ 735 duplos; a partir de US$ 935 suítes. Pergunte sobre pacotes e tarifas de fim de semana e de temporada. AE, DC, DISC, MC, V. Estacionamento US$ 49. Metrô: F até Lexington Ave. Animais de estimação com menos de 6,75 quilos são aceitos. **Amenidades:** 2 restaurantes; sala de chá; academia de ginástica bem equipada; concierge 24 horas; serviço de limusine; serviços de secretária; serviço de quarto 24 horas; babá; serviço de lavanderia; limpeza a seco; videoteca. *No quarto:* A/C; TV/videocassete/DVD player; fax/copiadora; Wi-Fi; dataport; minibar; secador de cabelo; CD player.

CARO

Affinia Gardens 🐾 *(Achados)*   Um dos membros mais novos do grupo hoteleiro Affinia (o Benjamin, na página 58, Dumont, Affinia Manhattan), este edifício no Upper East Side tem um ar residencial que está em linha com a vizinhança. Affinia transformou o hotel em um oásis de tranquilidade. Além do lobby há o lounge, apropriadamente chamado de "Serenity", uma zona tranquila 24 horas onde você pode se sentar confortavelmente, bebericar chá e relaxar. Se escolher descansar em seu quarto, você pode pedir, sem custo, um "kit tranquilidade". Ou você pode apenas se recostar na cama muito confortável da Affinia e tirar um cochilo ao som de oceanos, riachos, vento ou floresta que estão no rádio-relógio/CD player. Este é um hotel apenas com suítes e os quartos variam de suítes Júnior até dois dormitórios; todos têm espaços generosos e cozinhas completas. Os banheiros, proporcionalmente, são bem pequenos, mas bem equipados. Embora esteja em um bairro de Nova York altamente desejado, o hotel está um pouco fora de mão do centro das coisas. Porém, isso pode ser um bônus se o que você busca for tranquilidade.

215 E. 64th St. (entre Second Ave. e Third Ave.), Nova York, NY 10021. ☏ 866/AFFINIA ou 212/355-1230. Fax 212/758-7858. www.affinia.com. 136 quartos. Tarifas a partir de US$ 399, todas suítes. Verifique o website para tarifas especiais e de Internet. Estacionamento com valet, US$ 32. AE, DC, DISC, MC, V. Metrô: 6 até rua 68 — Lexington Ave. **Amenidades:** Academia de ginástica; pequeno centro de negócios; serviço de quarto limitado; lavanderia paga. *No quarto:* A/C; TV/DVD player; Internet de alta velocidade; dataport; cozinha; ferro de passar; cofre; CD player/rádio-relógio.

Onde Jantar

3

Atenção, comensais: bem-vindo à sua Meca. Nova York é a melhor cidade para restaurantes dos Estados Unidos, e uma das melhores do mundo. Outras cidades podem ter especialidades particulares, mas nenhuma outra capital culinária cobre todo o mundo com tanto sucesso quanto a Big Apple.

RESERVAS

Reservar é sempre uma boa ideia, e uma necessidade virtual se seu grupo for maior que dois. Faça um favor para você mesmo e ligue antecipadamente, para não ficar frustrado. Se estiver reservando um jantar em uma noite de fim de semana, é uma boa ideia ligar com alguns dias de antecedência, se puder.

Mas e se eles não *aceitarem* reservas? Muitos restaurantes, especialmente os mais baratos, não aceitam reservas. Um dos meios pelos quais estes restaurantes mantêm os preços baixos é apertar as pessoas o mais rápido possível. Por isso, os melhores restaurantes baratos e de preço médio geralmente têm fila de espera. Sua melhor opção é chegar cedo. Geralmente, você se senta mais rápido em uma noite de dia útil. Ou vá, apenas, sabendo que você terá de esperar se for a um lugar popular; entrincheire-se no bar com um coquetel e aprecie as festividades ao seu redor.

1 Distrito Financeiro & TriBeCa

MUITO CARO

Chanterelle ✿✿✿ FRANCÊS CONTEMPORÂNEO   Um dos melhores restaurantes para "ocasiões especiais" em Nova York, principalmente porque, bem, eles lhe tratam especialmente. O salão é um encanto, com amostras florais e uma interessante coleção de arte moderna. As mesas são bem distantes uma das outras para dar aos comensais muita intimidade, algo raro em muitos restaurantes de Nova York nos dias de hoje. Seu garçom lhe ajudará nas escolhas, indicando os itens que mais combinam. O menu de tema francês é sazonal e muda em poucas semanas, mas um prato característico aparece em quase todo menu: uma maravilhosa linguiça grelhada de frutos do mar. A carta de vinhos é superlativa, mas cara. Porém, você não veio ao Chanterelle para poupar – você veio para celebrar.

2 Harrison St. (altura da Hudson St.). ☎ **212/966-6960**. www.chanterellenyc.com. Recomenda-se reservar com muita antecedência. Almoço de preço fixo US$ 42,

Onde Jantar em Downtown

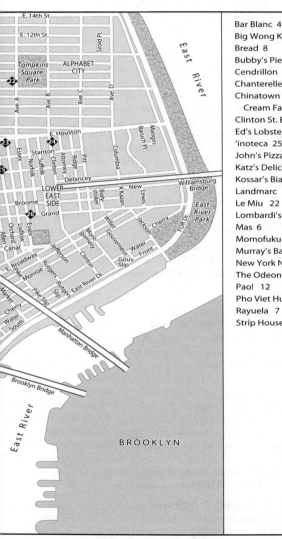

Bar Blanc 4
Big Wong King 16
Bread 8
Bubby's Pie Company 14
Cendrillon 13
Chanterelle 20
Chinatown Ice
  Cream Factory 17
Clinton St. Baking Co. 24
Ed's Lobster Bar 10
'inoteca 25
John's Pizza 5
Katz's Delicatessen 23
Kossar's Bialys 26
Landmarc 19
Le Miu 22
Lombardi's Pizza 9
Mas 6
Momofuku Noodle Bar 3
Murray's Bagels 1
New York Noodletown 18
The Odeon 21
Pao! 12
Pho Viet Huong 15
Rayuela 7
Strip House 2

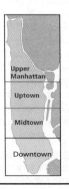

72 **CAPÍTULO 3 - ONDE JANTAR**

almoço a la carte US$ 22-US$ 30; jantar de três pratos a preço fixo US$ 95; menu de degustação US$ 125. AE, DISC, MC, V. De segunda à quarta, das 17h30min às 22h30min; de segunda a sábado, do meio-dia até 14h30min; de quinta a sábado, das 17h30min às 23h; domingo, das 17h às 22h. Metrô: 1 até Franklin St.

CARO

Landmarc ★★ *Achados* MEDITERRÂNEO Este restaurante aconchegante e intimista em TriBeCa é muito bom para ser considerado um restaurante comum de bairro. O chef/proprietário Marc Murphy colocou sua própria mão nesta rendição franco-italiana de um bistrô. Você encontrará excelentes panquecas de mussarela e ricota defumadas junto com bordelaise de escargô. Estará com você a decisão de se imaginar em uma trattoria na Toscana ou em um bistrô Provençal. Ou você pode mesclar e seguir em frente. Experimente a massa do dia acompanhada de mexilhão e molho à escolha – Provençal, Dijonnaise ou uma mistura de chalotas, salsa e vinho branco. Bifes e costeletas são cozidos em fogo aberto e os bifes são oferecidos com uma variedade de molhos; pedi o hanger com uma bordelaise de chalotas que complementou a carne com perfeição. O que mantém os vizinhos entrando, além da comida, é a carta de vinhos vendidos não em taças, mas em garrafa ou meia garrafa. As sobremesas são simples, pequenas e de preço proporcional, nunca passando de US$ 3.

179 W. Broadway (entre a ruas Leonard e Worth). ✆ **212/343-3883**. www.anvilny.com. Recomenda-se reservar. Pratos principais US$ 15-US$ 34. AE, DC, DISC, MC, V. De segunda a sexta, do meio-dia às 14h; sábado e domingo, das 9h às 16h e das 17h30min às 2h. Metrô: 1 até Franklin St.

MODERADO

Bubby's Pie Company ★ NORTE-AMERICANO Você teria de pegar uma fila para comer no Bubby's. Você pode ser apertado em uma mesa perigosamente próxima de outro casal. E você teria de conversar em voz alta com sua companheira de mesa. Mas seu nível de desconforto cederia ao começar a comer a confortável refeição do Bubby's. Seja um lento churrasco de carne de porco, um bolo de carne mais leve que o ar, ou meio frango cozido em leite de manteiga, com acompanhamentos de repolhos verdes, espinafre sautée, macarrão com queijo ou feijões assados, os pratos do Bubby's definem o conforto. Siga o conselho do Bubby's e deixe espaço para a sobremesa, especialmente as tortas feitas em casa; o sabor da torta de chocolate com manteiga de amendoim trouxe felizes reminiscências da infância. O café da manhã do lugar é ótimo e dura até a metade do dia. Nos finais de semana, porém, a espera pelo brunch pode ser longa. O Bubby's também oferece um brunch do outro lado do rio, no bairro DUMBO, no Brooklyn.

120 Hudson St. (altura da N. Moore St.). ✆ **212/219-0666**. www.bubbys.com. Recomenda-se reservar para o jantar (não aceita reservas para o brunch). Pratos principais US$ 10-US$ 15 para o café da manhã, brunch e almoço; US$ 10-US$ 21 jantar. DC, DISC, MC, V. De segunda

CHINATOWN 73

a quinta, das 8h até 23h; sexta, das 8h até a meia-noite; sábados, das 9h até 16h30min e das 18h até meia-noite; domingo, das 9h até 22h; Metrô: 1 até Franklin St. Bubby's Brooklin: 1 Main St. (altura da Water St.). Metrô: A, C até High St.; F até York St.

The Odeon ✿ BRASSERIE AMERICANA   Por mais de duas décadas, o Odeon tem sido um símbolo da sensibilidade de TriBeCa; na verdade, o restaurante pode reclamar crédito pelo cachê do bairro – foi o primeiro a atrair artistas, atores, escritores e modelos para a área abaixo da Canal Street antes que recebesse seu apelido. Eles vinham beber, fofocar e apreciar a vigorosa e sincera gororoba da brasserie tais como a salada country frisee com bacon, queijo Roquefort e vinagrete de pêra; ovos escaldados com trufas; *moules frites* (mexilhões com fritas); e bacalhau sautée. Embora o restaurante não seja o ímã de celebridades que era em seu auge nos anos 80, a comida, a bebida e seu salão convidativo, amplo e de estilo Déco passaram pelo teste do tempo e se mantiveram modernos para clamar o status de instituição nova-iorquina.

145 W. Broadway (altura da Thomas St.). ☎ **212/233-0507**. www.theodeonrestaurant.com. Recomenda-se reservar. Pratos principais US$ 13-US$ 35 no almoço; US$ 19-US$ 35 no jantar (a maioria menos que US$ 21). Almoço com preço fixo US$ 27. AE, DC, DISC, MC, V. De segunda a sexta, do meio-dia às 23h; sábado, das 10h à meia-noite; domingo, das 10h às 23h. Metrô: 1, 2, 3 até Chambers St.

2 Chinatown

Para encontrar os restaurantes resenhados abaixo, consulte o mapa da página 71.

BARATO
Big Wong King ✿ CANTONÊS   Por mais de 30 anos, o Big Wong tem sido uma instituição para empregados do fórum próximo e das famílias chinesas que vêm se deliciar com o *congee* (mingau de arroz) e roscas torcidas fritas no café da manhã. Eles também aparecem para as excelentes carnes assadas, os porcos e os patos vistos suspensos pela janela, as reconfortantes sopas de macarrão e as deliciosas costelas na brasa. Esta é a simples e caseira comida cantonesa – lo mein, chow fun, bok choy com molho de ostra – encantadoramente preparados e muito barato. Se você não se importa em dividir a mesa, o Big Wong é obrigatório em qualquer horário do dia.

67 Mott St. (entre as ruas Canal e Bayard). ☎ **212/964-0540**. Entradas US$ 1,50-US$5; congee US$ 1,50-US$ 6; sopas US$ 3-US$ 5; macarrão cantons US$ 5,25-US$ 11. Não aceita cartões de crédito. Diariamente, das 8h30min até 21h. Metrô: N, R.

New York Noodletown ✿✿ CHINÊS/FRUTOS DO MAR   E daí se o restaurante tem a ambiência de uma cantina escolar? Fico desconfiado com salões exageradamente enfeitados em Chinatown; quanto mais simples, melhor. E o New York Noodletown é simples, mas a comida é o que interessa. As sopas de macarrão com

74 **CAPÍTULO 3 - ONDE JANTAR**

frutos do mar são espetaculares, assim como a bandeja de carne de porco assada talhada. Estes dois itens bastariam para me fazer feliz. Mas sou ambicioso e não

---

> ⌒*Dicas* **Um Doce Agrado em Chinatown**
>
> Quando estiver em Chinatown, depois de um banquete astronômico ou uma sopa rápida de macarrão, pule a frágil oferta de sobremesas e vá para uma de minhas sorveterias preferidas na cidade, a **Chinatown Ice Cream Factory** ⍟, 65 Bayard St., entre as ruas Mott e Elizabeth ☏ **212/608-4170**. Os sorvetes têm sabores típicos da Ásia, como cookie de amêndoas, lichia e um incrível chá verde.

---

deixaria o restaurante sem provar um de seus pratos com camarão, especialmente o camarão assado no sal. Se seu hotel tem uma geladeira de bom tamanho, leve o que sobrou – eles se tornarão bons aperitivos no dia seguinte. O New Yorl Noodletown funciona até altas horas, o que faz dele uma das melhores opções da madrugada no bairro, também.

28 ½ Bowery (altura da Bayard St.). ☏ **212/349-0923**. Aceitareservas. Pratos princi-pais US\$ 4-US\$ 15. Não aceita cartões de crédito. Diariamente, das 9h às 3h30min. Metrô: N, R, 6 até Canal St.

Pho Viet Huong ⍟ ⌒*Valor* VIETNAMITA   Chinatown tem seu próprio enclave de restaurantes vietnamitas, e o melhor deles é Pho Viet Huong. O menu é vasto e exige leitura intensa, mas seu garçom ajudará a fazer as escolhas. Os vietnamitas fazem sopas bem, e *pho*, uma sopa com carne servida com muitos ingredientes, é a mais famosa, mas a sopa quente e amarga *canh*, com camarão ou peixe, é o destaque. A versão pequena é mais do que suficiente para dois e a maior, dá para uma família. A estranha combinação de carne na brasa envolta com folhas de uva é outra especialidade do restaurante e não deve ser ignorada, enquanto o *bun*, várias carnes e vegetais servidos sobre vermicelli de arroz é simples, vigoroso e barato. Você também encontrará sanduíches do Vietnã aqui: pão francês com presunto, frango, ovos, cordeiro e mesmo patê. Todos os pratos acima descem melhor com uma geladíssima cerveja de Saigon.

73 Mulberry St. (entre as ruas Bayard e Canal). ☏ **212/233-8988**. Entradas US\$ 3-US\$ 8,50; sopas US\$ 6-US\$ 7; pratos principais US\$ 10-US\$ 25. AE, MC, V. De domingo a quinta, das 10h às 22h; sexta e sábado, das 10h às 23h; Metrô: 6, N, R, Q até Canal St.

3   Lower East Side

CARO

Rayuela ⍟⍟ NOVO LATINO   O Rayuela classifica sua cozinha como *estilo libre Latino*, ou seja, Latino estilo livre. Assim, o menu oferece uma variedade de

LOWER EAST SIDE 75

comida latina; um pouco da cozinha peruana aqui, uma borrifada de cozinha mexicana ali, talvez um monte de cozinha cubana com uma novidade da Espanha. Como tantos outros restaurantes, você pode fazer sua refeição com vários pratos pequenos, e o Rayuela não é uma exceção: a entrada de *camarones con chorizo*, camarão em um molho picante com *fufu*, um tubérculo, e mandioca frita, é um valioso meneio à cozinha da República Dominicana e um digno complemento ao ceviche. Apesar da abundância de pratos pequenos, é difícil ignorar as entradas do Rayuela, especialmente o *surena*, um cozido de frutos de mar equatoriano com mexilhões, mariscos, camarão, polvo e vieiras em um caldo temperado com coco e alho. No bairro do Lower East Side, agora cheio de restaurantes, o Rayuela oferece dois níveis: um agitado lounge inferior, com porções, onde há uma oliveira, e um salão de jantar mais intimista, acima. Nos dois andares, a comida do Rayuela não desapontará.

165 Allen St. (entre as ruas Rivington e Stanton). ☎ 212/253-8840. www.rayuelanyc.com. Recomenda-se reservar. Ceviches US$ 12-US$ 17; pratos principais: US$ 22-US$ 31. AE, DC, DISC, MC, V. De domingo a quinta, das 17h30min às 23h; sexta e sábado, das 17h30min à meia-noite; brunch sábado e domingo, das 10h às 17h. Metrô: F, V até Second Avenue.

MODERATE
'inoteca ★★ *Descobertas* PEQUENAS PORÇÕES ITALIANO   O Lower East Side foi uma vez o lar de muitas vinícolas kosher, mas você encontrará apenas vinhos italianos no aconchegante 'inoteca. A carta traz mais de 250 garrafas, mas ainda melhores são os pequenos pratos, belissimamente preparados, que complementam o vinho. Embora o menu, em italiano, seja um desafio, os garçons são prestativos. O panini se destaca em seu frescor e delicadeza, com o *coppa* (um presunto curado e picante) com pimenta e rúcula sendo o principal. O *tramezzini*, um sanduíche sem casca, não é nada parecido com os sanduíches sem casca servidos ao chá. Aqui, entre outras coisas, você pode ter o seu estufado com atum e ervilhas pequenas ou com *pollo alla diavola*, pedaços picantes de carne de frango. A seção "Fritto" inclui uma maravilhosa muzzarela *in corroza*, pão com mussarela recheado com um saboroso molho de anchova e levemente frito. Peça o que for, mas não se apresse: o 'inoteca é o lugar para ir devagar e saborear a comida e o vinho.

98 Rivington St. (altura da Ludlow St.). ☎ 212/614-0473. www.inotecanyc.com. Aceita reservas para grupos de 6 pessoas ou mais. Panini US$ 8-US$ 17; *piatti* (pequenas porções) US$ 8-US$ 11. AE, MC, V. Diariamente, do meio-dia às 3h; brunch sábado e domingo, das 10h às 16h. Metrô: F, J, M, Z até Delancey St.

BARATO
Clinton St. Baking Company ★ *Achados*   NORTE-AMERICANO   Embora fique aberto o dia inteiro, o desjejum e as sobremesas são os destaques aqui. As panquecas de *blueberry* com manteiga de bordo e o sanduíche de ovos com biscoitos de manteiga são de arrasar, enquanto as sobremesas, todas caseiras e cobertas

76 CAPÍTULO 3 - ONDE JANTAR

com uma ou duas bolas de sorvete, da Brooklyn Ice Cream Factory, são boas a qualquer hora do dia.

4 Clinton St. (altura da Houston St). ℂ 646/602-6263. Prato principal US$ 8- US$ 14. Não aceita cartões de crédito. De segunda a sexta, das 8h às 23 (fechado das 16h às 18h); sábado, das 10h às 23h; domingo, das 10h às 16h. Metrô: F ou V até a Second Avenue.

Katz's Delicatessen *✦✦ (Valor* DELICATESSEN JUDIA   Esta é, indiscutivelmente, a melhor delicatessen judia da cidade. O lema é "Não Há Nada Mais Nova York do que o Katz's", e é exato. Fundada em 1888, este lugar enorme e bem iluminado é adequadamente Noo Yawk, com pickles com aneto, biscoitos Dr. Brown e a velha atitude do velho mundo, de sobra. Mas cuidado: o Katz's se tornou um forte destino para turistas, portanto, se você vir um ônibus de turismo estacionado defronte, pode ser preciso enfrentar uma longa fila (e lembre-se de dar gorjeta ao cortador, que lhe dará um prato com uma amostra de pastrami ou bife conservado enquanto prepara seu sanduíche!).

205 E. Houston St. (altura da Ludlow St.). ℂ 212/254-2246. Não aceita reservas. Sanduíches US$ 3-US$ 10; outros pratos principais US$ 5-US$ 18. AE, DC, DISC, MC, V (mínimo de US$ 20). Segundas e terças, das 8h às 22h; quarta, das 8h às 23h. Quinta, das 8h à meia-noite; sexta e sábado, das 8h às 3h. Metrô: F até Second Avenue.

4   SoHo & Nolita

Para localizar os restaurantes resenhados abaixo, consulte o mapa na página 70.

CARO

Fiamma *✦* ITALIANO MODERNO   De Stephen Hanson (Blue Water Grill, Ruby Foo's, Dos Caminos), o Steven Spielberg dos restaurantes, vem este empreendimento de arte que conquista todos os prêmios. O restaurante é belissimamente decorado em estilo nortista italiano, com espelhos, paredes vermelhas, cadeiras de couro e um elevador panorâmico que lhe deixa em qualquer um dos quatro andares. O novo chef, Fabio Trabocchi, acrescentou algumas imaginativas e exclusivas criações ao menu, como o calamari picante grelhado com vieiras, uma compota de cebola de entrada e robalo fatiado com erva-doce, ostras e mariscos. Algumas de suas criações são exigentes, mas os sabores são sempre interessantes. O Fiamma, sob a liderança de Trabocchi, é agora qualquer coisa menos um restaurante tradicional italiano. O jantar é um acontecimento, portanto não espere intimidade; mas o almoço, com um cardápio similar, é uma opção muito mais tranquila.

206 Spring St. (entre Sixth Ave. e Sullivan St.). ℂ 212/653-0100. www.brguestrestaurants.com. Recomenda-se reservar. Massas US$ 22-US$ 26; pratos principais US$ 29-US$ 44. AE, DISC, MC, V. Terças e quintas, das 18h às 23h; sexta, das 18h à meia-noite; sábado, das 17h30min à meia-noite. Metrô: C, E até Spring St.

SOHO & NOLITA 77

MODERADO
Cendrillon ★★ *(Achados)* FILIPINO/ASIÁTICO O Cendrillon apresenta um cardápio filipino autêntico, ainda que inovador, em um cenário confortável com tijolos expostos, luz natural no principal salão de jantar e cabines aconchegantes na frente. Como autêntico? Experimente um pouco de *lambagong*, também conhecido como "grapa de coco". É uma bebida potente, destilada da seiva da folha do coqueiro e misturada com garapa, e, até onde eu sei, o Cendrillon é o único restaurante a servi-la. A bebida acenderá seu apetite para os sabores que se seguem, como a sopa de abóbora com almôndegas de caranguejo ou a fresca *lumpia*, com molho de tamarindo e amendoim (vegetais asiáticos envolvidos em uma massa de inhame e arroz). O adobo de frango do Cendrillon (frango cozido em uma marinada de vinagre, soja, pimenta e alho) torna a ave tão tenra e saborosa como você pode imaginar, enquanto Romy (chef/proprietário) prepara as costeletas de porco, marinadas em vinho de arroz e alho, esfregado com temperos, e cozidas em forno chinês, que são tão boas quanto as que preparei em uma churrasqueira texana. Deixe espaço para as exóticas sobremesas como a torta Buko, feita com coco e coberta com sorvete de baunilha, ou para o *halo halo*, um parfait recheado com sorvetes com sabores de abacate, jaca e inhame.

45 Mercer St. (entre as ruas Broome e Grand). ℂ 212/343-9012. www.cendrillon.com. Pratos principais US$ 15-US$ 24. AE, DISC, MC, V.Domingo, das 11h às 22h; terças aos sábados, das 11h às 22h. Metrô: N/R até Prince St. 6 até Spring St; 1, A, C, E até Canal St.

Ed's Lobster Bar ★★ FRUTOS DO MAR Você pode estar longe, em distância (e preço) de uma cabana de beira de estrada no Maine quando jantar no Ed's, mas sente-se na bancada de mármore branco e afunde os dentes no rolinho de lagosta característico do bar (preparado a frio, com maionese) e você só pensará de que é a pedregosa encosta do Atlântico à janela, ao invés da agitada Lafayette Street, no meio do NoHo. Depois de provar o rolinho bem recheado de lagosta, se ainda houver espaço, experimente as ostras, cruas ou delicadamente fritas. Ou os mariscos de Ipswich fritos... ou os frutos do mar ao vapor... ou a sopa de peixe... realmente, não há muito o que você não quererá provar. Ainda que bem despretensioso, Ed's é fruto do mar diretamente da Nova Inglaterra servido em um salão e um bar imaculado, relaxado e casual. Eles também têm babador de papel, pickles caseiros e cerveja de lagosta Belfast Bay na torneira. O que mais você quer, de fato, em uma "cabana" de frutos do mar em Nova York downtown?

222 Lafayette St (entre ruas Spring e Kenmare). ℂ 212/343-3236. www.lobsterbarnyc.com. Pratos principais: US$ 15-US$ 30 (lagosta e ostras a preço de Mercado). Terças e quintas, do meio-dia às 15h; sábado, do meio-dia às 21h; terças e quintas, das 17h às 23h; sextas e sábados, das 17h à meia-noite. Metrô: 6 até Spring St.

Pao! ★ PORTUGUÊS Nova York tem múltiplos restaurantes de quase todos os países, mas há uma escassez de lugares portugueses. Dos poucos, este encanto

78   CAPÍTULO 3 - ONDE JANTAR

aconchegante é o melhor. Pao!, que quer dizer "pão", é simples, e os resultados são puros e autênticos. Comece com o *caldo verde*, sopa portuguesa com couve, batatas e paio. A salada de polvo assado, tenro e imerso em um vinagrete de alho e coentro, rivaliza com qualquer outra que comi em vários restaurantes gregos, e as tortas de bacalhau, outra marca registrada portuguesa, são leves e não muito salgadas. A combinação de porco com frutos do mar pode parecer esquisita, mas é comum em Portugal; a combinação de porco e mariscos do Pao! é um gosto que se adquire – e eu o adquiri. O bacalhau salgado está para Portugal como o hambúrguer para os EUA, e eu comeria o forte *bacalhau a Braz* – bacalhau salgado com ovos, cebola e batata palha – mais do que hambúrguer na maioria dos dias. Para complementar a refeição, fique com um delicioso vinho português, dos quais há muitas opções. As sobremesas são baseadas em ovos, e delicadas; o sonho é divino.

322 Spring St. (altura da Greenwich St.). ☎ **212/334-5465**. Recomenda-se reservar. AE, DC, MC, V. Almoço US$ 12-US$ 24; Jantar, US$ 17-US$ 20. De segunda a sexta, do meio-dia às 14h30min; diariamente, das 18h às 23h. Metrô: C, E até Spring St.

BARATO

Lombardi's Pizza fica na 32 Spring St., entre a as ruas Mott e Mulberry (☎ **212/941-7994;** ver "Pizza, Estilo Nova York" na página 94).

Bread ☎ ITALIANO   O pão, no Bread, vem da Balthazar Bakery, mais abaixo da rua, mas é o que fazem com ele que torna este restaurante tão especial. Por exemplo, eles pegam um rústico pão ciabatta, despejam sardinhas sicilianas, maionese tailandesa, tomates e alface e então o colocam no forno de panini. O resultado é uma convergência gosmenta de sabores que você tentará engolir graciosamente. O sanduíche se *desmontará*, mas não importa; alguém logo virá com mais guardanapos. Além do espetacular sanduíche de sardinha, o atum italiano com cama de folhas e tomates com molho de limão, e a fontina com abobrinha, berinjela, rúcula e tomates grelhados em vinagrete balsâmico também são destaques. De fato, não há nada negativo no menu do Bread, que também inclui saladas, massas e "pratos".

20 Spring St. (entre as ruas Mott e Elizabeth). ☎ **212/334-1015**. Não aceita reservas. Pães US$ 7- US$ 9,50; pratos US$ 6-US$ 16. AE, DC, DISC, MC, V. De domingo a quinta, das 10h30min à meia-noite; sexta e sábado, das 10h30min às 1h. Metrô: 6 até Spring St.

5   The East Village & NoHo

Para localizar os restaurantes resenhados abaixo, consulte o mapa na página 70.

CARO

Le Miu ☆☆ *Achados* JAPONÊS   O que acontece quando quatro celebrados chefs japoneses, de restaurantes famosos (Nobu 57 e Megu, para mencionar dois) abrem seu próprio negócio? Em alguns casos, o resultado poderia ser caótico, mas no caso

THE EAST VILLAGE & NOHO 79

do Le Miu, boas coisas aconteceram. O restaurante, um espaço pequeno e austero enfiado em um quarteirão agitado do East Village, é um refúgio para quem procura típicos sushis, frescos e delicadamente preparados, junto com algumas interessantes inovações. O tartar Le Miu: atum, solha amarela e salmão, coberto com caviar, uma bem-vinda abertura, seguida de sardinha com ceviche de gengibre. O misoshiru Saikyo com bacalhau marinado em um revestimento de algas e a perna de caranguejo com um molho de leite e curry são revelações. Os preços, bons para sushi, são difíceis de bater. O Le Miu tem também uma carta impressionante de saquês quentes e frios.

107 Ave A (entre as ruas 6 e 7). ✆ 212/473-3100. www.lemiusushi.com. Recomenda-se reservar. Preço fixo US$ 55-US$ 75; pratos principais US$ 14-US$ 28. AE, DC, MC, V. Terças aos domingos, das 17h30min até a meia-noite. Metrô: F, V até Second Ave.

MODERADO
Momofuku Noodle Bar ✿ ASIÁTICO   Em 2007, este popular destino de apreciação de macarrão se mudou de um espaço minúsculo para outro ainda pequeno, a alguns quarteirões acima, na mesma rua. Agora, há algumas mesas de uso comum perto de um bar maior. Com a mudança, veio um novo menu. Ao invés de apenas macarrão, no praticamente inclassificável Momofuku, você encontrará itens como pâncreas de vitela fritos, tripas picantes de favos de mel, língua de boi grelhada, castanhas com presunto e carne picada, e aveia com camarão – isso em um suposto bar de macarrão asiático. Porém, apesar do aparentemente contraditório menu, o combo de macarrão de estilo sul-asiático funciona. No entanto, a menos que você tenha uma queda por entranhas, vá ao Momofuku pelo macarrão; o ramen, em particular. E, no Momofuku Ramen, uma grande tigela cheia até a borda de brotos deliciosos, macarrão, carne de porco fumegante em pedaços e um ovo escaldado, você pode de fato saborear o gosto do sul asiático, e da Ásia em geral, em uma única tigela. Dos pratos quentes, as couves de Bruxelas assadas com purê de kimchee, bacon e cenouras é uma revelação, enquanto o bolo de carne de porco cozido no vapor é recheado com um lado do lombo de porco. O atendimento é ligeiro, mas tente chegar ao Momofuku cedo ou para o almoço, antes que as filas comecem a se formar.

171 First Ave. (entre ruas 10 e 11). ✆ 212/777-7773. Não aceita reservas. Pratos principais: US$ 10-US$ 17. AE, DISC, MC, V. Diariamente, do meio-dia às 16h; domingos a quintas, das 17h30min às 23h; sexta e sábado, das 17h30min a meia-noite. Metrô: L, na Third Ave.

6   Greenwich Village & the Meatpacking District

CARO
Bar Blanc ✿ NORTE-AMERICANO CONTEMPORÂNEO   Não estou certo com o que os três proprietários, que são todos alunos dos restaurantes de David Bouley, querem dizer quando falam que o Bar Blanc é um bar antes de ser um restaurante. O espaço estreito e o ar despojado se emprestam perfeitamente ao

80   CAPÍTULO 3 - ONDE JANTAR

nome, e a *caipiroska*, a versão com vodka da caipirinha, foi tão boa quanto a que provei em qualquer outro bar, mas não há dúvidas de que a comida é o principal aqui. O menu é tão esparso quanto a decoração, e em nenhum dos dois casos isso é ruim. Não se trata de quantidade, e sim, de qualidade. Uma entrada de duas vieiras tamanho jumbo tostadas na frigideira e envoltas em um gordo pedaço de lombo de porco defumado pode não parecer muito, mas cada mordida foi memorável. As entradas não são muito mais formidáveis do que os aperitivos, mas tão deliciosas quanto: o saboroso porcelet alimentado a leite (um modo elegante de descrever carne de porco), temperado com chanterelles e couves de Bruxelas assadas, e o filé em tira, grelhado sobre carvão japonês e acompanhadas por um molho de mocotó. Se puder, peça por uma mesa ao fundo, longe do bar, onde você poderá ter uma conversa tranquila.

142 W. 10th St. (altura da Waverly St.). ℂ **212/255-2330**. www.barblanc.com. Recomenda-se reservar. Pratos principais: US$ 29-US$ 36; AE, DISC, MC,V. Terças aos domingos, das 17h30min às 23h. Metrô: A, B, C, D, E, F, V até W. 4th St.

Mas 𝄢𝄢 ⟮*Achados*⟯   FRANCÊS   Nunca tive o prazer de jantar em uma casa de fazenda francesa, mas se a experiência no Mas for um pouco parecida, agora sei o que estou perdendo. Esta "casa de fazenda" está no West Village, embora haja menções ao rústico na decoração, há também uma atmosfera de sofisticação. Uma adega de vidro é visível do pequeno salão de jantar, o restaurante fecha tarde e você encontrará jovens de jeans e camisetas, assim como gente de terno, comendo aqui. E é esta combinação, junto com o criativo menu, que faz o Mas ser tão especial. Os pratos são inovadores e os ingredientes, frescos, muitos deles fornecidos pelas sofisticadas fazendas de Nova York. O tenro e perfeitamente preparado lombo de porco, cozido em sua gordura, da Flying Pig Farm, é servido com polenta e um cozido de escargô e grãos de lima; e o peito de pato, da Stone Church Farm, se funde magicamente com o purê de maçã e couves de Bruxelas sautée. O serviço é despojado mas atencioso, e as cadeiras, embora um pouco apertadas, não são o suficiente para obscurecer a aura romântica.

39 Downing St. (entre as ruas Bedford e Varick). ℂ **212/255-1790**. www.masfarmhouse. com. Recomenda-se reservar. Menu de degustação com 4 pratos US$ 68; 6 pratos, US$ 95; pratos principais, US$ 32-US$ 36. AE, DC, DISC, MC, V. De segunda a sábado, das 18h às 4h (menu de degustação de pratos pequenos após 23h30min). Metrô: 1 até Houston St.

Strip House 𝄢𝄢 CARNE   Com fotos de atrizes burlescas seminuas decorando as paredes de veludo vermelho, banquetas burgundy e uma sucessão incessante de lounge music e você pode, como eu fiz uma vez, se referir ao Strip House como Strip Club. Porém, apesar do falso ar de *Playboy*, a decadência aqui está nas gigantescas porções de carne vermelha, perfeitamente assadas e temperadas, especificamente, o contra filé. Comi uma vez um contra filé com osso do qual ainda me lembro com paixão. O filé mignon é impecavelmente preparado com simplicidade, e o bife para

CHELSEA **81**

dois, cortado na sua mesa, está na liga de Peter Luger. Os acompanhamentos são variações do padrão: creme de espinafre com trufas negras, batatas fritas com ervas e alho e, o melhor de todos, batatas crocantes com gordura de ganso. Gordura de ganso faz bem ou não? Apenas um nutricionista pode saber. As sobremesas são monumentais, especialmente a torta com múltiplas camadas de chocolate, portanto peça garfos extras. Com a exceção das banquetas, os assentos são apertados.

13 E. 12th St. (entre avenidas University Place e Fifth). ☾ **212/328-000**. www.striphouse. net. Recomenda-se reservar. Pratos principais US$ 28-US$ 51. AE, DC, DISC, MC, V. De segunda a quinta, e domingo, das 17h às 23h; sexta e sábado, das 17h à meia-noite. Metrô: L, N, R, Q, 4, 5, 6 até rua 14/Union Sq.

BARATO

A original **John's Pizzeria** fica na 278 Bleecker St., perto da Seventh Avenue (☾ **212/243-1680;** ver "Pizza ao Estilo Nova York" na página 94). Você também encontrará **Murray's Bagels** no 500 Sixth Ave., entre as ruas 12 e 13 (☾ **212/466-2830;** ver "A Verdade Sagrada: os Melhores Bagels de Nova York", na página 88).

7   Chelsea

Para localizar os restaurantes nesta seção, consulte o mapa da página 82.

CARO

Buddakan ✿ ASIÁTICO   Minhas expectativas sobre o Buddakan eram as de uma danceteria barulhenta em um espaço de dois andares de 4.800 metros quadrados, onde a comida seria vistosa, mas sem sabor. Eu estava certo sobre o barulho, sobre a cena, mas errado sobre a comida. A "Brasserie" é o principal salão de jantar, no piso inferior, e os degraus podem parecer íngremes de alguns coquetéis no lounge superior, tais como o característico *Heat*, uma combinação de tequila, Cointreau e pepino grelhado. Para se fortificar depois destes coquetéis, não hesite em pedir alguma das excelentes entradas do Buddakan, como brotos de soja, fritadas de caranguejo e milho, além da crocante salada de lula cozida. Na verdade, você pode jantar apenas com estas entradas – o amplo menu funciona melhor para grupos grandes e para a agora obrigatória mesa "comum". Mas, se você pedir uma entrada, que seja a fervente costeleta; tenra e removida do osso em cima de uma cama de cogumelos.

75 Ninth Ave. (altura da rua 16). ☾ **212/989-6699**. www.buddakannyc.com. Dim Sum e entradas US$ 9-US$ 13; pratos principais US$ 17-US$ 35. AE, DC, MC, V. Horário: de segunda a quarta-feira, das 17h30min à meia-noite; quinta a sábado, das 17h30min às 1h. Metrô: A, C, E até a rua 14.

Cookshop ✿✿ NORTE-AMERICANO   Na longínqua Tenth Avenue, com uma visão privilegiada de uma garagem do outro lado da rua, o Cookshop é ro-

Onde jantar em Midtown

Anthos 31
Aquavit 33
A Voce 23
Becco 6
BLT Market 35
BLT Steak 36
Brgr 11
Buddakan 15
Burger Joint 34
Carmine's 9
Carnegie Deli 2
Chola 38
City Bakery 17
Cookshop 14
Country 24
Ess-A-Bagel 19,30
Frankie & Johnny's 7, 28
Hill Country 22
Keens Steakhouse 27
La Nacional 16
La Pizza Fresca
 Ristorante 18
Mia Dona 37
Murray's Bagels 13
New York Burger Co. 20
Nizza 8
Norma's 34
Oyster Bar & Restaurant 29
P.J. Clarke's 32
Rare Bar & Grill 26
RUB 12
Sapporo 5
Second Avenue Deli 25
Shake Shack 21
Stage Deli 3
Virgil's BBQ 10
Wondee Siam 4

82

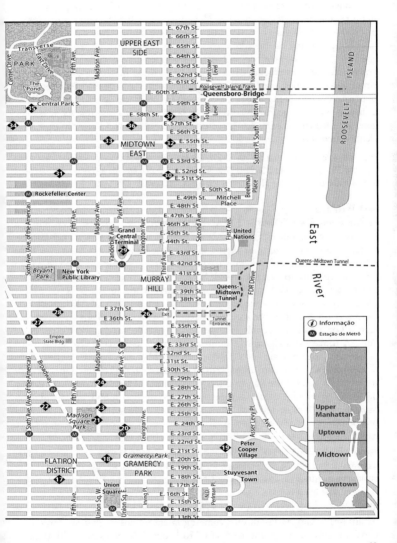

84 **CAPÍTULO 3 - ONDE JANTAR**

busto e impetuoso em relação à comida. Os assentos podem ser apertados e você pode ouvir a conversa do vizinho se não fosse tão alta no restaurante. Mas não importa, aprecie as criações do chef. Uma pizza com grandes cogumelos de ostras e queijo stracchino, ou a lula Montauk grelhada em molho verde são boas entradas para complementar os inovadores coquetéis do restaurante. Ou combine alguns aperitivos, como os grãos de milhos fritos temperados ou os tacos de carne de porco defumada, como entradas à mesa. O Cookshop oferece opções de entrada em quatro categorias: sauté, grelhado, preparado em forno de madeira e rotisserie. O peixe completo, com cabeça e tudo, assado em um forno de madeira, é molhado e cheio de sabor, enquanto as costeletas de boi com chili à casserole servidas sobre gotas de cheddar, na parte sauté, são extremamente tenras. O atendimento é eficiente e atencioso.

156 Tenth Avenue (altura da rua 20). ℂ **212/924-4440**. www.cookshopny.com. Recomenda-se reservar. Pratos principais US$ 21-US$ 36. AE, DC, MC, V. De segunda a sábado, das 17h30min à meia-noite; domingo, das 11h30min às 15h e das 17h30min às 22h. Metrô: C, E até a rua 23.

MODERADO
La Nacional ⭑⭑ *Achados* ESPANHOL/TAPAS Não é fácil encontrar o mais velho restaurante espanhol em Nova York: na verdade, a procura por este restaurante sem identificação, na West 14th St., pode ser um pouco frustrante. Uma vez que você o encontre, porém, a recompensa virá. Fundado em 1868 como um ponto de encontro para a Benevolent Spanish Society, La Nacional, um clube social, é uma joia oculta. Uma vez, a comida foi secundária em relação à companhia de expatriados espanhóis que se juntavam aqui, enchendo a sala de fumaça e de conversas em voz alta sobre a política espanhola e futebol. Foi aqui que Federico Garcia Lorca passou incontáveis horas documentando sua experiência em Nova York. A fumaça dos cigarros foi substituída pela fumaça da grelha, que produz saborosas tapas como sardinhas, polvo e camarão. Há uma sala de jantar um pouco formal na frente, enquanto atrás, perto da cozinha aberta, há algumas mesas e aparelhos de TV geralmente transmitindo jogos de futebol. Venha dividir uma garrafa de vinho espanhol e comer as tapas – as *albondigas* (almôndegas espanholas), os *boquerones* (filés de anchovas brancas) e o polvo acima mencionado, são meus prediletos – ou peça a excelente paella. Em um salão no segundo andar, o clube patrocina apresentações de flamenco e lições de dança.

239 W. 14th St. (entre as avenidas Seventh e Eighth). ℂ **212/243-9308**. www.lanacionaltapas.com. Tapas US$ 7-US$ 9; pratos principais US$ 16-US$ 18. AE, DC, DISC, MC, V. De domingo a quarta-feira, do meio-dia às 23h; quinta a sábado, do meio-dia às 23h. Metrô: A, C, E, 1, 2, 3 até a rua 14.

RUB ⭑⭑ CHURRASCARIA RUB é a sigla de Righteous Urban Barbecue (Churrascaria Urbana Justa), uma contradição em termos, se pudesse haver uma. Um dos sócios é o mestre dos espetos Paul Kirk, que já ganhou sete World Barbecue

UNION SQUARE, FLATIRON DISTRICT & GRAMERCY PARK 85

Championships e é membro do Barbecue Hall of Fame, e a chegada do RUB à Nova York foi muito esperada pelos fãs de churrasco que conhecem o Barbecue Hall of Fame. Poderia o chef Kirk reproduzir sua culinária em Nova York, onde fumantes poluentes são ilegais? A resposta é não. Você nunca conseguirá aquele verdadeiro sabor de defumado sem criar muita fumaça, mas isso não quer dizer que o que você terá no RUB seja ruim. Ao contrário, o peru defumado e a galinha na brasa são os melhores que já comi; úmidas por dentro com um característico sabor de defumado, e as costelas, ao estilo St. Louis, estavam delicadas e crocantes, ainda ternas e cheias de carne. As "pontas queimadas", a parte com mais gordura do peito, porém, estavam um pouco duras. O restaurante é apertado e alto, com preços urbanos (ou seja, altos), mas a comida do RUB lhe dará todo o conforto que você precisa.

208 W. 23rd St. (entre as avernidas Seventh e Eighth). ✆ **212/524-4300**. www.rubbbq. net. Sanduíches US$ 9-US$ 12; porções US$ 15- US$ 23; Taste of Baron US$ 46. AE, MC, V. De terça a quinta, do meio-dia às 23h; sexta e sábado, do meio-dia à meia-noite. Metrô: 1 até a rua 23.

8 Union Square, Flatiron District & Gramercy Park

CARO

A Voce 𝄢𝄢 ITALIANO MODERNO   O tipo de comida servido no A Voce, italiano rústico em sua maior parte, com acenos excepcionais à inovação, parece um pouco fora de lugar no salão de jantar pós-moderno e barulhento que fica em um reluzente arranha-céu à beira do Madison Park. No A Voce, você pode começar com algo bem simples, como Sardinian Sample, a sofisticada e natural *branzini tártara* (perca do mar do Mediterrâneo) – algo que ninguém simples comeria. E embora minha avó nunca tenha feito ravióli de carne – a do chef é tão boa que certamente *não* era enlatada ou, continuando no tema rústico, a "tripa Toscana ao estilo do interior", com feijões barlotti, tomates, ovos fritos de pato e pão ciabatta grelhado, que (com exceção do ovo de pato) teria feito meu, normalmente circunspecto, avô calabrês feliz. A Voce oferece pratos especiais diariamente, chamados *"del mercatto"*, que apresentam as criações mais diferentes do chef, como uma "terrina de coelho", com *foie-gras* curado no sal. Você não errará se experimentar tanto o rústico quanto o moderno. O tiramisu cítrico, de limpar o paladar, é a conclusão perfeita.

41 Madison Avenue (altura da rua 26). ✆ **212/545-8555**. www.avocerestaurant.com. AE, DC, MC, V. Pratos principais: US$ 18-US$ 39. De segunda a sexta, das 11h45min às 14h30min; das 17h30min às 23h; sábado e domingo, das 17h30min às 23h. Metrô: N, R, W até a rua 23.

Primehouse 𝄢 CARNE   Há muitos significados para a palavra "prime" e, no caso do Primehouse, o mais novo restaurante (2007) do restaurateur Stephen Han-

86 CAPÍTULO 3 - ONDE JANTAR

son (Fiamma, Dos Caminos, Ocean Grill e por aí vai), isso quer dizer carne de primeira, da qual há muitos cortes no Primehouse. O espaço é gigantesco; e, às vezes, achei que o atendimento seria pouco mais rápido se os garçons usassem skate para vencer o longo caminho da cozinha à mesa. Uma vez que a comida chega, tudo foi perdoado. A combinação de frutos do mar crus e carne é, tradicionalmente, natural. No Primehouse, as ostras, tanto da costa Oeste quanto da Leste (ou você pode experimentar uma amostra de ambas) estavam frescas e salgadas. A salada de alface, tomates, cebola e queijo azul Maytag estava crocante, mesmo quando sufocada pelo saboroso molho de queijo azul, mas não vá tentar fazer isso – ela lhe encherá antes de sua carne chegar, e isso seria um erro, especialmente se você exagerou e pediu um dos cortes especiais, envelhecido no "Himalayan Salt Room" do restaurante. Eu experimentei o filé Kansas City, envelhecido por 35 dias, com a costela envelhecida por 40 dias; e, seja o que elas fizeram neste período, funcionou.

381 Park Ave. S. (altura da rua 27). ✆ **212/824-2600**. www.brguestrestaurants.com. Recomenda-se reservar. Pratos principais: US$ 24-US$ 62. AE, DC, DISC, MC, V. De segunda a sexta-feira, das 11h30min às 16h; sábado e domingo, das 11h às 16h; segunda à quarta, das 17h30min às 23h; de quintas aos sábados, das 17h à meia-noite; domingo, das 17h às 22h. Metrô: N, R, Q, 6 até a rua 28.

MODERADO

Hill Country ✵ CHURRASCARIA   Em um mercado competitivo, e o mundo do churrasco é *muito* competitivo, todos precisam de uma vantagem. O Hill Country é de estilo do Texas. E, no Texas, o bife reina, portanto não é surpreendente que os destaques sejam os bifes na grelha, especificamente o peito, servido úmido ou magro (prefira o úmido) e as gigantescas costelas de boi, revestidas de um molho seco picante. Se não resistir a uma dose de porco, a linguiça do mercado Kruez, importada do Texas, é o grande negócio. No Hill Country, ao sentar em uma das mesas de piquenique no salão de jantar barulhenta e grande como o Texas, você recebe um cartão. Siga, depois, ao balcão de carne ou de acompanhamentos, onde você faz seu pedido: pelo peso da carne ou pelo tamanho do recipiente dos acompanhamentos. Seja qual for seu pedido, bebidas e sobremesas incluídas, serão marcadas, na sua saída, pelo caixa. O sistema é um pouco artificial e incômodo, mas tudo é perdoado quando você começar a comer e a gordura começar a empapar o papel de açougueiro marrom debaixo de sua comida. O Hill Country é a Meca para os amantes da carne, mas não ignore estes acompanhamentos: a porção de cheddar e queijo, feijões malhados crescidos na cerveja e os pudins de milho branco são obrigatórios.

30 W. 26th St. (entre a Broadway e a 6th Ave). ✆ **212/255-4544**. www.hillcountryny.com. Carne US$ 6,50-US$ 20 por libra (455 gramas); acompanhamentos US$ 4,50-US$ 16. AE, DISC, MC, V. De domingo a quarta-feira, do meio-dia às 22h; das quintas aos sábados, do meio-dia às 23h. Metrô: F, V até a rua 23.

UNION SQUARE, FLATIRON DISTRICT & GRAMERCY PARK 87

La Pizza Fresca Ristorante ★★ *(Achados* PIZZARIA/ITALIANO Quando comparar as principais pizzarias de Nova York, raramente você ouvirá alguém mencionar o La Pizza Fresca Ristorante. E isso é um erro. Aqueles que já experimentaram a genuína pizza Napolitana (uma das somente duas pizzarias em Nova York com autenticidade certificada pela organização italiana *Associazione Vera Pizza Napoletana*) garantem a qualidade do La Pizza Fresca. Para obter a certificação, há uma série de exigências; um forno de madeira, tomates San Marzano, mussarela de búfala, massa apertada à mão e todos os ingredientes devem ser assados com a pizza no forno. O resultado é uma pizza (quase) tão boa quanto você encontraria em Nápoles e tão boa quanto qualquer outra em Nova York. Você pode ter sua pizza de muitos modos diferentes, incluindo a deliciosa *Quattro formaggi*, uma combinação de quatro queijos e alguma coisa de panceta (bacon italiano); mas, se quiser o intacto sabor napolitano, experimente a simples torta de tomate, mussarela de búfala e manjericão. Também é impressionante a carta de vinhos do La Pizza Fresca, com mais de 800 rótulos. O restaurante é confortável e aconchegante, com iluminação suave, tijolos expostos e o fulgor constante do forno de pizza.

31 E 20th St. (entre a Park Ave. e a Broadway). ✆ **212/598-0141**. www.lapizzafresca.com. Reservas não são aceitas. Pizza US$ 9-US$ 19; pratos principais: US$ 12-US4 28. AE, DC, DISC, MC, V.De segunda a sábado, do meio-dia às 15h30min; segunda a sábado, das 17h30min às 23h; domingo, das 17h às 23h. Metrô: 6 até a rua 23.

BARATO

Considere também o **Shake Shack**, de Danny Meyer, no Madison Square Park (✆ **212/889-6600).** Para vigorosos hambúrgueres, experimente tanto o quiosque do **New York Burger Co.**, 303 Park Ave. South, entre as ruas 23 e 24 (✆ **212/254-2727),** e 678 Sixth Ave., entre as ruas 21 e 22 (✆ **212/229-1404).** Para um hambúrguer com carne de qualidade de butique, experimente o **Brgr,** 287 Seventh Ave., altura da rua 26 (✆ **212/488-7500).**

88 CAPÍTULO 3 - ONDE JANTAR

A Verdade Sagrada: Os Melhores Bagels de NY

Não há muitas coisas que são mais Nova York do que um bagel, e os nova-iorquinos são leais aos seus favoritos abastecedores, que incluem:

Absolute Bagels, 2708 Broadway, entre as ruas 107 e 108 (📞 **212/932-2052**).Seus bagels de ovo, quentes ao saírem do forno, derretem em sua boca, e sua salada de peixe branco é perfeitamente defumada, embora não imponente.

Ess-A-Bagel, 359 First Ave., altura da rua 21 (📞 **212/260-2252**; www.ess--a-bagel.com). Quando se trata de tamanho, os bagels do Ess-A-Bagel são os melhores entre os maiores: gordos, cheios e ah-tão-gostoso. Também na 831 Third Ave., entre as ruas 50 e 51 (📞 **212/980-1010**).

H&H Bagels, 2239 Broadway, altura da rua 80 (📞 **212/595-8003**; www.handhbagel.com). O H&H faz o que há muito é conhecido como o melhor bagel de Nova York — um bagel ao preço salgado de US$ 1. Os bagels estão sempre frescos e quentes, o pré-requisito do fã do bagel. Também na 639 W. 46th St., altura da Twelfth Avenue Apenas para viagem.

Kossar's Bialys, 367 Grand St., altura da Essex Street (📞 **877/4-BIALYS**; www.kossarbialys.com). Conhecemos seus bialys, mas não se esqueça dos bagels. Também enrolados à mão, o resultado é um exterior levemente crocante, com um interior tenro e úmido. Você veio pelos bialys, mas não saia sem os dois.

Murray's Bagels, 500 Sixth Ave., entre as ruas 12 e 13 (📞 **212/462-2830**) e 242 Eighth Ave., altura da rua 23 (📞 **646/638-1334**). Não há nada como um bagel suave e quente para começar o dia, e o Murray's os faz belissimamente. Seu peixe defumado combina perfeitamente com seus bagels.

City Bakery *Crianças* NORTE-AMERICANO ORGÂNICO O City Bakery oferece confortável comida que consegue ser deliciosa, nutritiva *e* amiga do meio ambiente. Seu *salad bar* é inigualável na cidade, onde a integridade dos ingredientes é tão importante quanto o sabor. Esta é uma comida saudável, tudo bem – beterraba assada com castanhas, folhas sautée, berinjela alfazema afundada no misoshiru – mas com alma e coração, oferecendo clássicos favoritos como torradas francesas com bacon artesanal, macarrão com queijo, frango frito, tortillas, até mesmo salmão defumado com todos os cortes do domingo. Há muita variedade de sobremesas pecaminosas; as crianças amam a roda gigante de chocolate e os marshmellows caseiros. **Uma ressalva:** O *salad bar* é um pouco caro, mas ah, que boa comida.

TIMES SQUARE & MIDTOWN WEST 89

3 W. 18th. St. (entre as avenidas Fifth e Sixth). ✆ **212/366-1414**. Salad bar US$ 12 por lb (455 gramas); sopas US$ 4-US$ 7; sanduíches US$ 5-US$ 10. AE, MC, V. De segunda a sexta, das 7h30min às 19h; sábado, das 7h30min às 18h30min; domingo, das 9h às 18h. Metrô: N, R, Q, 4, 5, 6 até Union Sq.

9 Times Square & Midtown West

Para localizar os restaurantes desta seção, consulte o mapa da página 82.

MUITO CARO

Anthos ⚜⚜ GREGO INOVADOR   Com uma das sócias e hostess Donatella Arpaia (Mia Dona, página 101), o chef Michael Psilakis (Kefi, página 105) tem um grande, embora esperto, palco sobre o qual exibir seus imensos talentos. As únicas menções para a tradicional cozinha grega são o polvo grelhado, a salada grega, e o acompanhamento da moussaka que vêm com o perfeitamente preparado lombo cortado de cordeiro. O característico prato grego de Psilakis, o "crudo", ou *mezes* cru, solha amarela, escalopes de diver e atum, é uma entrada popular. O escabeche de sardinha, uma fileira de sardinhas convenientemente salgadas e frescas, cada uma em uma fatia de pepino com sopa *skorkalia*, de batatas e alho, que na verdade não é uma sopa, e o polvo acima mencionado é mais que suficiente para uma refeição. Mas, se quiser uma refeição apenas de mezes, você perderá entradas como *loup de mer*, que vem inteiro e grelhado, servido com espinhos, mas com a cabeça incluída, ou o notável rodovalho crocante com purê de berinjela. As sobremesas são irresistíveis; não perca o sorvete de gergelim dentro de uma concha de halva. O atendimento é de primeira linha, concernente ao endereço e ao preço que você está pagando.

36 W. 52nd St. (entre as avenidas Fifth e Sixth). ✆ **212/582-6900**. www.anthosnyc.com. Recomenda-se reservar. Prato principal: US$ 26-US$ 45. AE, DC, DISC, MC, V. De segunda a sexta, do meio-dia às 14h45min; de segunda à quinta, das 17h às 22h30min; sexta e sábado, das 17h às 23h. Metrô: B, D, F, V, até à ruas 47 e 50, ou Rockefeller Center.

BLT Market ⚜⚜ NORTE-AMERICANO   O mais novo (aberto em 2007) do império de restaurantes BLT (Bistro Laurent Tourondel) faz do Ritz-Carlton Central Park seu lar. E é o cenário perfeito, ao lado do verde do Central Park, para a cozinha de "mercado" que é servida aqui. Outros restaurantes aderiram à comida fresca de mercado, mas poucos podem fazê-lo tão bem quanto o BLT. Os ingredientes mudam conforme a estação, algumas vezes diariamente, dependendo do que estiver fresco no mercado. A cada mês, o menu lista o que está no pico naquela estação em particular. Quando visitei o restaurante, em novembro, tupinambos, abóboras, bacalhau negro, pêra selvagem, pinhões e uma variedade de cogumelos eram alguns dos produtos frescos usados nos pratos preparados naquele dia. O cogumelo Matsutake e os tupinambos, por exemplo, podiam ser encontrados na entrada langostim assado, enquanto a surpreendentemente escamosa e úmida de

90 CAPÍTULO 3 - ONDE JANTAR

bacalhau negro estava sobre um delicioso purê de raiz de aipo. A pêra selvagem foi usada em uma torta perfeita para a sobremesa, enquanto os pinhões foram encontrados em ilha flutuante acompanhada por madelenas de flor de laranja. O atendimento, como em todos os restaurantes BLT, é profissional e atencioso, e o salão tenta recriar um ambiente semelhante à fazenda, rústico, com água servida em garrafas de leite e um velho arado à entrada.

1430 Avenue of Americas (altura da rua 59, no Ritz-Carlton Central Park). ✆ 212/521-6125. www.bltmarket.com. Recomenda-se reservar. Pratos principais: US$ 32-US$ 45. AE, DC, DISC, MC, V. Diariamente, das 11h45min às 14h e das 17h30min às 22h. Metrô: N, Q, R, W até a rua 57.

CARO

Frankie & Johnnie's 🌟🌟 CARNE   Quando restaurantes abrem filiais, as luzes de alarme se acendem. Isso significa que se tornaram uma rede e sua qualidade decaiu ao nível de comida de restaurante de rede? No caso do Frankie & Johnnie's, o lendário Theater District (antigo antro de bebida ilegal transformado em restaurante, que abriu outra casa na residência de dois andares que já foi propriedade de John Barrymore), dissipa aqueles medos depois de uma mordida no bife característico do restaurante. Também ajuda o fato de ser uma beleza o salão de jantar do segundo andar, especialmente o salão Barrymore, o antigo estúdio do ator com painéis espelhados e manchados no teto, paredes de madeira escura e uma lareira em funcionamento. Não apenas os bifes do Frankie & Johnnie's são subestimados no competitivo mundo dos steakhouses de Nova York, mas as outras opções são tão boas quanto. A entrada de bolo de caranguejo tem uma impressionante taxa de caranguejo em relação à massa de bolo – e esta é uma boa coisa, em minha opinião – enquanto o acompanhamento de *browns* com carne picada foi o melhor que já comi. O serviço é da velha guarda, e se você ficar em Midtown, o restaurante fornece serviço de limusine já incluso no preço, do hotel ao restaurante – e vice-versa.

32 W. 37th St. (entre as avenidas Fifth e Sixth). ✆ 212/997-8940. www.frankieandjohnnies. com. Recomenda-se reservar. Pratos principais US$ 25-US$ 36. De segunda à sexta, do meio-dia às 14h30min; de segunda a quinta, das 16h às 22h30min; sexta e sábado, das 16h às 23h. Metrô: B, C, D, N, R, Q, W, V até a rua 34/Herald Sq. Também na 269 W. 45th St. (altura da Eighth Avenue). Metrô: 1, 2, 3, 7, A, C, E, N, R, Q, S, W até rua 42.

Keens Steakhouse 🌟🌟🌟 CARNE   Aberto até a última parte do século XX, o Keenss, que foi fundado em 1885, se referia a si mesmo como "casa de cortes". São agora conhecidos como um steakhouse, mas desejo que fiquem fiéis às suas raízes. Para crédito deles, são uma steakhouse apenas no nome. Não apenas servem o básico de uma steakhouse – carne de boi para dois, envelhecida, T-Bone e o filé mignon com os acompanhamentos necessários, como o creme de espinafre e *browns* de carne picada – eles servem cortes. É o corte da carne de carneiro que fez o Keens ser original como é. O monstruoso corte tem duas abas de longas, grossas, deliciosas e sutilmente sensuais, de cada lado do osso, que parecem como barbas do

TIMES SQUARE & MIDTOWN WEST 91

corte. O Keens é o melhor, desde os milhares de tubos de cerâmica no telhado (os clientes regulares recebem seus tubos pessoais, incluindo celebridades como Babe Ruth, George M. Cohan e Albert Einstein) até a série de salas nos dois pisos com painéis de madeira, banquetas de couro, um bar com um menu de três páginas de cervejas e a moldura do programa de teatro que Lincoln estava lendo no Ford's Theater naquela infame noite em 1865.

72 W. 36th St. (altura da Sixth Ave.). ✆ 212/947-3636. www.keens.com. Recomenda-se reservar. Pratos principais US$ 26-US$ 45. AE, DC, DISC, MC, V. De segunda à sexta-feira, das 11h45min às 22h30min; sábado, das 17h às 22h30min; domingo, das 17h às 21h. Metrô: B, D, F, N, R, W, Q, V até a rua 34/Herald Sq.

Molyvos ✿✿ GREGO   Quando o Molyvos abriu, em 1997, foi celebrado como o pioneiro da inovadora cozinha grega. Uma década depois, a cozinha grega elegante e inovadora é a atual cozinha "em voga" em Manhattan. O sucesso do Molynos é baseado em sua habilidade em agradar aqueles que querem a comida grega simples e tradicional, assim como criações surpreendentes de sotaque grego. Para aqueles que gostam de seus pratos gregos sem adulteração, você não errará com frias *mezedes*, tais como as coberturas *tzatziki*, *melitzanosalata* e *taramosalata*, e *mezedes* quentes como torta de espinafre ou polvo grelhado. Para a comida moderna grega, há salmão curado em ouzo em uma fritada de grãos de bico, ou a excelente salada de pão com fruto do mar de Creta. Apenas uma amostra das *mezedes* deveria ser o bastante para o vigoroso apetite de alguém, mas com entradas tão boas quando as *garides* grelhadas, grandes camarões com cabeça na grelha, ao estilo "souvlaki", e o porco *chios* e um cozido de feijão *gigante*, não pedir um deles seria um erro. O sommelier acompanhará suas escolhas com um vinho grego, e lhe dará amostras de um ou dois das dezenas de ouzos, mas não pule a sobremesa. Claro que você já comeu baklava, mas você já comeu de chocolate? É tão boa quanto parece.

871 Seventh Ave. (entre as ruas 55 e 56). ✆ 212/582-7500. www.molyvos.com. Recomenda-se reservar. Pratos principais US$ 17-US$ 29 no almoço (a maioria abaixo de US$ 20); US$ 20-US$ 36 ao jantar (a maioria abaixo de US$ 25); almoço de preço fixo US$ 24; jantar de três pratos antes do teatro US$ 36 (das 17h30min às 18h45min). AE, DC, DISC, MC, V. Da segunda à quinta, do meio-dia às 23h30min; sexta e sábado, do meio-dia à meia-noite; domingo, do meio-dia às 23h. Metrô: N, R até a rua 57; B, D, E até a Seventh Ave.

MODERADO

O restaurante familiar de estilo italiano **Carmine's** tem uma filial na Times Square, 200 W. 44th St., entre a Broadway e a Eighth Avenue (**212/221-3800**).

Becco ✿ *Achados*   ITALIANO   Se você é um fã dos programas de culinária de Lidia Bastianich, ficará feliz em saber que você pode experimentar sua culinária simples e vigorosa aqui. Becco, em Restaurant Row, é planejado para servir suas refeições "em um ponto de preço diferente" (leia-se: mais barato) do que seu restau-

92 CAPÍTULO 3 - ONDE JANTAR

rante no East Side, Felidia. Os preços não são tão baixos, mas em termos de atendimento, porções e qualidade, você tem um grande retorno pelo seu investimento
no Becco (que quer dizer "bicar, mordiscar ou saborear algo de modo indiscrimina-
do"). Os pratos principais podem passar da marca de US$ 20, mas dê uma olhada
no menu de preço fixo "Sinfonia de Pasta" (US$ 17,95 no almoço, US$ 22,95 no
jantar), que inclui uma salada Caesar ou um antipasto, seguido pelas ofertas ilimitadas das três massas frescas diárias. Há também uma seleção excelente de vinhos
italianos a US$ 25 por garrafa. Se não puder se decidir sobre a sobremesa, coma
todas: um prato de degustação inclui gelato, chessecake e o que mais o chef de
sobremesas programou para o dia. A própria Lidia aparece no Becco e no Felidia;
você pode até mesmo jantar com ela (consulte o website para mais informações).

355 W. 46th St. (entre as avenidas Eighth e Ninth). ℭ 212/397-7597. www.becconyc.com.
Recomenda-se reservar. Pratos principais do almoço US$ 13-US$ 25; jantar US$ 19-US$ 35.
AE, DC, DISC, MC, V. Segunda, do meio-dia às 15h; terça, do meio-dia às 15h e das 17h à
meia-noite; quarta, das 11h30min às 14h30min; e das 16h até a meia-noite; quinta e sexta,
do meio-dia às 15h e das 17h à meia-noite; sábado, das 11h30min às 14h30min e das 16h à
meia-noite; domingo, do meio-dia às 22h. Metrô: C, E até a rua 50.

Norma's ⭐⭐ (*Achados*) CAFÉ DA MANHÃ CRIATIVO NORTE-AMERICA-
NO   Em nenhum lugar o desjejum é tratado com tanta reverência, e decadência,
quanto no Norma's, uma altiva e ultramoderna ode à grande comida confortante.
Há algo para todos no enorme menu. Os clássicos se apresentam em estilos simples e
haute: Panquecas de blueberry vêm empilhadas em frescas berries do Maine e creme
de Devonshire, enquanto manteigas são cobertas com pêssegos da Georgia e castanhas cortadas. Mesmo os cereais são especiais: os verdadeiros McCann's da Irlanda,
revestidas como maçãs verdes sautée e pêras vermelhas brûléed para um jorro de
doçura açucarada. Não pule o bacon defumado em madeira de macieira, tão boa que
vale a pena quebrar a dieta. O Norma's pode até conquistar os inimigos do desjejum
com sanduíches criativos, um generoso Cobb com ahi tostado e uma genial torta de
frango. Não é barato para desjejum, mas definitivamente vale o excesso.

No Le Parker Meridien Hotel, 118 W. 57th St. (entre as avenidas Sixth e Seventh). ℭ
212/708-7460. www.normasnyc.com. Aceita reservas. Pratos principais US$ 8- US$ 23
(a maioria entre US$ 13-US$ 18). AE, DC, DISC, MC, V. De segunda a sexta, das 6h30min
às 15h; sábado e domingo, das 7h às 15h. Metrô: B, N, Q, R, W até a rua 57.

Virgil's Real BBQ ⭐⭐ (*Crianças*) CHURRASCARIA/SULISTA   No coração
do deserto de restaurantes temáticos conhecido como Times Square, há um restaurante temático que de fato tem boa comida. O "tema" é o churrasco sulista e
o restaurante, que se espalha em dois andares, é feito para parecer e sentir como
um restaurante de beira de estrada do sul dos Estados Unidos com uma decoração
tradicional nas paredes e blues como trilha sonora. O Virgil's faz um admirável

TIMES SQUARE & MIDTOWN WEST 93

trabalho ao recriar aquele sabor autêntico tão difícil de encontrar ao norte da Linha Mason-Dixon. As costelas esfregadas em tempero são carnudas e cozidas em fogo lento, mas o cordeiro Owensboro (fatias defumadas de cordeiro) e o peito de boi Texas é que são os destaques. Ambos são tenros a ponto de derreter na boca; o cordeiro é polvilhado com um saboroso molho de mostarda, enquanto o peito é perfeito com alguns toques do picante molho de churrasco caseiro do Virgil's. Para começar, os dogs de milho com mostarda poblano são algo que os nova-iorquinos raramente têm o prazer de experimentar, enquanto os nachos de churrasco – chips de tortilla com queijo derretido e carne de porco grelhada – são uma refeição em si mesmas. As sobremesas são o que você esperaria de um restaurante emulando o ar sulista: grandes e doces. Experimente o sanduíche de sorvete caseiro feito com o cookie do dia. O Virgil's é o lugar perfeito para levar as crianças; se elas forem barulhentas, ninguém irá notar.

No Le Parker Meridien Hotel, 118 W. 57th St. (entre as avenidas Sixth e Seventh). © 212/708-7460. www.normasnyc.com. Aceita reservas. Pratos principais US$ 8- US$ 23 (a maioria entre US$ 13-US$ 18). AE, DC, DISC, MC, V. De segunda a sexta, das 6h30min às 15h; sábado e domingo, das 7h às 15h. Metrô: B, N, Q, R, W até a rua 57.

BARATO

Se estiver procurando por uma delicatessen que seja a cara de Nova York, você pode escolher entre a **Stage Deli**, 834 Seventh Ave., entre as ruas 53 e 54 (© 212/245-7850), conhecida por seus enormes sanduíches com nomes de celebridades, e a **Carnegie Deli**, 854 Seventh Ave., altura da rua 55 (© 800/334-5606), o melhor lugar da cidade para ir em busca do pastrami perfeito, bife enlatado e cheesecake. Para saber mais, consulte o box "Notícias sobre as Deli de Nova York", na página 96.

Há uma pizzaria **John's Pizzeria** na Times Square, 260 W. 44th St., entre a Broadway e a Eighth Avenue (© 212/391-7560); metro: 1, 2, 3, 7, A, B, C, E, N, R, W, Q, S até a rua 42/Times Square; veja o box "Pizza ao Estilo Nova York", na página 94). Considere também o **Burger Joint**, no lobby do Le Parker Meridien Hotel, 118 W. 57th St. (© 212/708-7460) , para hambúrgueres baratos, mas excelentes.

Pizza ao Estilo de Nova York

Uma vez o domínio de incontáveis pizzarias de primeiro nível, as ofertas de pizza em Manhattan caíram perceptivelmente em qualidade. A proliferação de redes nacionais pelo mercado rebaixou os padrões. Porém, ainda há muita boa pizza a se encontrar. Não seja tentado pelas imitações; quando se trata de pizza, procure a melhor. Eis alguns destaques:

DiFara Pizza ⊛ 1424 Avenue J, Brooklyn, altura da E. 15th St. (© **718/258-1367**). O DiFara é celebrado nas publicações locais como a melhor pizza da cidade. E embora o exterior seja simplório, parecendo com a sua pizzaria básica de bairro e o interior, apertado, e para ser bondoso, um pouco revolto, com pedaços de queijo congelado, óleo de oliva, molho e crostas de uma geração de frequentadores ainda sobre as mesas, o DiFara's mantém a sua reputação graças ao zelo do dono Dominic DeMarco, quem, por mais de 40 anos, fez todas as pizzas. Recurvado, porém determinado, DeMarco, de seu jeito deliberado e usando os melhores ingredientes, faz cada pizza terminar com queijo parmesão ralado à mão, algumas doses de azeite de oliva extravirgem e então, usando tesouras, cortando manjericão fresco sobre a massa. O resultado é um trabalho de arte, mas que pode testar sua paciência. Espere um prazo de uma hora pela pizza, talvez um pouco menos por uma fatia. Mas depois de provar, você saberá que valeu a pena.

Grimaldi's Pizzeria, 19 Old Fulton St., entre ruas Front e Water (© **718/858-4300**; www.grimaldis.com). Se precisar de incentivo para cruzar a Brooklyn Bridge, o Grimaldi's, em Brooklyn Heights, é esse incentivo. Na verdade, a pizza é tão boa, feita em um forno a carvão com um molho delicioso e a mussarela caseira, que você pode correr pela ponte para comer uma. *Um aviso:* A pizzaria pode ficar bem lotada na hora do jantar.

John's Pizzeria, 278 Bleecker St., perto da Seventh Avenue South (© **212/243-1680**). Desde que se expandiu do seu endereço original — agora há três — o antigo brilho da pizzaria se esvaiu um pouco, mas a pizza ainda está acima do resto. Massa fina e saída de um forno a carvão com uma proporção apropriada de molho de tomate e queijo, a pizza do John's tem seguidores leais. Embora a qualidade, em todos os endereços, seja boa, o

TIMES SQUARE & MIDTOWN WEST 95

endereço original na Bleecker Street é o mais romântico, no estilo velho mundo, e o meu favorito. Também na 260 W. 44th St., entre a Broadway e a Eighth Avenue (℃ 212/391-7560) e na 408 E. 64th St., entre as avenidas York e First (℃ 212/935-2895).

Lombardi's, 32 Spring St., entre as ruas Mulberry e Mott (℃ 212/941-7994 www.lombardispizza.com). Alegando ser a primeira pizzaria "licenciada" de Nova York, o Lombardi's abriu em 1905 e ainda usa uma receita de família para a pizza napolitana que vem de gerações. O forno a carvão expele massas perfeitamente cozidas, algumas cobertas com ingredientes como panceta, linguiça caseira e mesmo mariscos recém-descascados. Um jardim atrás torna a pizzaria ainda mais convidativa quando o clima está quente.

Patsy's Pizzeria ⍟⍟, 2287 First Avenue., entre as ruas 117 e 118 (℃ 212/534-9783). Minha predileta, e também a predileta de Frank Sinatra, que gostava tanto que mandava pizzas para Las Vegas. O forno a carvão está ardendo desde 1932, e embora sua vizinha no east Harlem tenha tido seus altos e baixos, a qualidade da pizza nunca mudou. Experimente a pizza marinara, uma massa com molho fresco de marinara — mas sem queijo — que é tão boa que você não sentirá falta da mussarela. Ao contrário das outras pizzarias mencionadas, você pode pedir por fatias na Patsy's. Não seja enganado por imitadores usando o nome Patsy's: esta é a original e a melhor.

Totonno's Pizzeria Napolitano, 1524 Neptune Ave., entre West 15th e West 16th, Coney Island, Brooklyn (℃ 718/372-8606). Esta despretensiosa pizzaria está no mesmo local desde 1924, e faz pizzas exatamente como fazia há 80 anos — massa fina e crocante, molho fresco e mussarela, e é isso. Nem mesmo pense em uma cobertura exótica sobre as massas (e porque você faria isso?). Aprecie-as em sua simples e rústica glória. A segunda casa do Totonno's está no Upper East Side, 1544 Second Ave., entre as ruas 80 e 81 Vá em frente e peça as exóticas coberturas lá, mas pela boa pizza, vá até Coney Island.

96 CAPÍTULO 3 - ONDE JANTAR

Notícias sobre as "Deli" de Nova York

Não há nada mais *Noo Yawk* do que se acocorar sobre um gigantesco pastrami com centeio em uma autêntica deli judia, onde tudo o que você pedir vem com uma cesta de aneto amargo de lamber os beiços e um acompanhamento de atitude. Eis algumas das melhores:

Artie's New York Delicatessen, 2290 Broadway, entre as ruas 82 e 83 (℃ **212/579-5959**; www.arties.com). Comparado com as lendas abaixo, o Arties, que funciona desde 1999, é o novo garoto na turma das delis, mas pode brincar de igual a igual com os mais velhos (especialmente no departamento de linguiças Wiener).

Barney Greengrass, the Sturgeon King, 541 Amsterdam Ave., entre as ruas 86 e 87 no Upper West Side (℃ **212/724-4707**). Esta deli despretensiosa, que funciona apenas de dia, se tornou lendária pelo seu salmão de alta qualidade (negro, gravlax, Nova Scotia, defumado, lox, pastrami — à sua escolha), peixe branco e esturjão (claro).

Carnegie Deli, 854 Seventh Ave., altura da rua 55 (℃ **800/334-5606** ou 212/257-2245; www.carnegiedeli.com). Vale a pena se sujeitar ao atendimento grosseiro, preços caros por causa de turistas e o assento apertado para apreciar uns dos melhores pastramis e carnes conservadas da cidade. Mesmo os grandes apetites podem ser desafiados por sanduíches enormes, com nomes como "Fifty Ways to Love Your Liver" (fígado picado, ovos cozidos, alface, tomate e cebola).

Nizza 🍴🍴 *Valor* FRANCÊS/ITALIANO   Você não faria nada melhor do que jantar antes ou depois do teatro se for ao Nizza. Aberto em 2007, o Nizza oferece a culinária francesa do Mediterrâneo, da cidade de Nice, especificamente, e sua influência italiana da Ligúria. É um restaurante onde você se encher de entradas e saladas, começando com o cheiroso tapenade de azeitonas pretas servidas com chips de focaccia leves e recém-preparados, e *socca*, uma panqueca de grão de bico cozida em um forno de tijolos e polvilhada com ervas frescas. Ou saborear uma taça de vinho com um prato de *salumi*, uma seleção de carnes curadas como *coppa*, *mortadella*, prosciutto e uma variedade de salames, incluindo de pato. A salada romaine que eu experimentei com um vinagrete de alho com anchovas e queijo pecorino ralado me fez esquecer a salada Caeser para sempre – bem, quase. Do forno de tijolos saem pizzas, incluindo uma massa Provençal com ratatouille, queijo de cabra e pesto; entradas como a delicada *polpette* (almôndega), servida em uma cama de polenta e guarnecida com pimenta verde forte; e a lasanha de javali selvagem que é muito

TIMES SQUARE & MIDTOWN WEST **97**

Katz's Delicatessen, a melhor deli da cidade, permanece fabulosamente velho mundo, apesar de seu endereço sofisticado e moderno no Lower East Side, 205 E. Houston St., altura da rua Ludlow (© **212/254-2246**). Para mais informações, veja a página 76.

2nd Avenue Deli, 162 E. 33rd St., entre avenidas Lexington e Third (© **212/689-9000**). Depois de um hiato de mais de 2 anos, a Second Avenue Deli voltou, mas agora está ao lado da Third Avenue, cerca de 20 quadras ao norte de seu antigo endereço no East Village. Aquele ar East Village desapareceu, mas não a qualidade das especialidades da deli koscher. Os padrões: carne conservada, pastrami e peito de boi são os melhores que se pode ter, enquanto prazeres culposos como *gribenes* (pele de galinha frita) e fígado de galinha, apesar de seus atributos entupidores de artérias, são praticamente impossíveis de resistir. Ao contrário de outras delis, você pode até mesmo conseguir um sorriso do garçom!

Stage Deli, 834 Seventh Ave., entre as ruas 53 e 54 (© **212/245-7850**; www. stagedeli.com). Barulhenta, lotada e cheia de turistas, é ainda autêntica apesar de tudo. Os sanduíches de celebridades, ostensivamente criados pelas próprias celebridades, são montanhas de distensão de mandíbulas de adornos da melhor qualidade: o Tom Hanks é rosbife, fígado picado, cebola e gordura de galinha, enquanto o Dolly Parton é (que soem os tambores, por favor) rolos gêmeos de carne em conserva e pastrami.

menos feroz do que aparenta ser. O restaurante é barulhento e o assento é apertado, mas você perdoa o Nizza facilmente por estas falhas, uma vez que você experimente a memorável comida e, especialmente, os preços que se encaixam na sua carteira. 630 Ninth Ave. (altura da rua 45). © **212/956-1800**. US$ 8-US$ 12. AE, MC, V. De quinta a sábado, das 11h30min às 2h; domingo e segunda, das 11h30min à meia-noite. Metrô: A, C, E, 7 até a rua 42.

Sapporo ✸ *Valor* JAPONÊS   Leia o quadro de avisos da comunidade assim que você adentra no Sapporo e você pode fazer um negócio de um apartamento – se você entende japonês. Ainda bem que o cardápio é em inglês, neste restaurante japonês do Theater District especializado em noodles. Se a clientela, basicamente japonesa, não lhe convencer da autenticidade do Sapporo, o ruído dos comensais satisfeitos sorvendo de enormes tigelas de ramen fumegante (sopa de noodles com carne e vegetais) irá. E embora o ramen seja a especialidade do Sapporo, o *gyoza* (pastéis japoneses) e o *donburi* (porco ou

98 CAPÍTULO 3 - ONDE JANTAR

frango sobre arroz, com molho de soja) também são excelentes. Melhor de tudo, nada do menu custa mais de US$ 10, o que não é fácil de encontrar no Theater District.

152 W. 49th St. (entre as avenidas Sixth e Seventh). ✆ **212/869-8972**. Não aceita reservas. Pratos principais US$ 6-US$ 9. Não aceita cartões de crédito. De segunda a sábado, das 11h às 23h; domingo, das 11h às 22h. Metrô: N, R até a rua 49.

Wondee Siam ✦ *(Achados)* TAILANDÊS O Hell's Kitchen oferece incontáveis variações culinárias étnicas e uma das mais prevalentes é tailandesa – há, pelo menos, seis restaurantes tailandeses em um raio de 5 quadras. O meu favorito é o pequeno e de ambiência zero Wondee Siam. Eu não preciso de decorações coloridas ou um grande aquário para apreciar a autêntica, descompromissada e picante comida tailandesa, que é o que eu tenho no Wondee Siam. Aqui, você não precisa se preocupar se seu garçom suporá que você quer uma forma mais suave da cozinha tailandesa. Se houver um pequeno asterisco vermelho ao lado do seu prato, você pode assegurar que estará apropriadamente picante. As sopas são excelentes, especialmente a limpa-sinusite *tom yum*. Na verdade, há uma seção inteira de pratos com yum (chili) no menu; o meu favorito é o *larb gai*, frango picado com arroz tostado. Os curries são também de primeira linha, como são os noodles, incluindo a suave almofada tailandesa. Este restaurante é estritamente BYOB (Leve sua própria bebida), e você deve fazer isso para apaziguar a comida picante.

792 Ninth Ave. (entre as ruas 52 e 53). ✆ **212/459-9057**. Não aceita reservas. Pratos principais US$ 8,50-US$ 18 (a maioria abaixo de US$ 10). Não aceita cartões de crédito. De segunda a sábado, das 11h às 23h; domingo, das 11h às 22h30min. Metrô: C, E até a rua 50. Wondee Siam II, 813 Ninth Ave. (entre ruas 53 e 54).

10 Midtown East & Murray Hill

Para localizar os restaurantes desta seção, consulte o mapa da página 82.

CARO

Aquavit ✦✦✦ ESCANDINAVO Sentirei saudades da queda d'água e do cenário intimista que o Aquavit deixou em 2005. Ainda bem, porém, que a comida e o atendimento não tiveram problemas em se ajustar à transição. Tudo continua de primeira qualidade. O restaurante está agora no pé de uma torre de vidro na East 55th Street, projetado em ágil estilo escandinavo com móveis modernistas. Na frente, há um café informal e menos caro, e mais para trás há um grande bar no salão de jantar.

Depois da mudança, se é que é possível, a comida melhorou. O peixe defumado – realmente todos os peixes – é preparado com perfeição. Eu geralmente sonho com o prato de arenque: quatro tipos de arenque acompanhados por um pequeno copo de Aquavit, bebida destilada como a vodka, com sabor de frutas e temperos, e uma cerveja Carlsberg congelada. A truta do Ártico defumada e picante, prato

MIDTOWN EAST & MURRAY HILL   99

principal do menu a la carte, servido com mariscos e purê de feijão em um caldo de mostarda verde, também é campeão. A maioria dos menus de preço fixo oferece uma opção bem escolhida de bebida para acompanhamento.

65 E. 55th St. (entre avenidas Park e Madison). © **212/307-7311**. www.aquavit.org. Recomenda--se reservar. Pratos principais do café US$ 9- US$ 32; refeição de 3 pratos a preço fixo US$ 24 ao almoço, US$ 35 para o jantar; refeição de preço fixo do salão de jantar principal US$ 39 ao almoço, US$ 82 para o jantar (US$ 39 para vegetarianos); jantar pré teatro de 3 pratos (das 17h30min às 18h15min) US$ 55; menus de degustação US$ 58 para o almoço, US$ 115 no jantar (US$ 90 para vegetarianos); complemento para acompanhamento de vinhos US$ 30 no almoço, US$ 80 no jantar. AE, DC, MC, V. De segunda a sexta, do meio-dia às 14h30min; domingo as quintas das 17h30min às 22h30min; sexta e sábado, das 17h15min às 22h30min. Metrô: E, F até a Fifth Ave.

BLT Steak &&& CARNES/BISTRÔ   Steakhouses são geralmente estereotipadas como bastiões das amizades masculinas; carne vermelha e bebidas fortes abastecidas a testosterona. Mas o BLT (Bistro Laurent Tourendel) Steak quebra essa ideia em grande estilo: na noite em que estive lá, percebi mais mulheres – esquivas como modelos – mastigando grossos pedaços de carne do que homens. Isso não significa que os homens não podem apreciar a carne aqui; servidas em caçarolas de ferro cromado e completadas com gordura de carne com uma variedade de molhos – béarnaise, vinho vermelho, horseradish e bleu cheese, para mencionar alguns. O prato característico é o bife para dois (por US$ 70!), mas recomendo o New York strip ou as costeletas à casserole no vinho vermelho. Ambos podem ser divididos, o que pode ser uma boa ideia, especialmente depois de devorar os bolos complementares e experimentar entradas como o tartare de atum ou um acompanhamento de onion rings ou creme de espinafre. Mesmo depois de dividir uma das carnes, você pode não ter espaço para o sundae de chocolate com castanha ou o mousse de chocolate com manteiga de amendoim, e isso seria uma pena. Este não é um restaurante para conversas íntimas; mesmo a música foi abafada pelo ruído dos comensais.

106 E. 57th St. (entre as avenidas Park e Lexington). © **212/572-7470**. www. Bltsteak.com. Recomenda-se fortemente reservar. Pratos principais US$ 24-US$ 39. AE, DC, MC, V. De segunda a sexta, das 11h45min às 2h30min; de segunda a quinta, das 17h30min às 23h; sexta e sábado, das 17h30min às 23h30min. Metrô: 4, 5, 6, N, R, W até rua 59.

Country && FRANCÊS/NORTE-AMERICANO   Incrivelmente elegante e urbano, não há nada de realmente interiorano no Country. E isso não é algo ruim. Belissimamente projetado por David Rockwell, o destaque do restaurante é o domo de luz natural Tiffany, de 60 metros, que ficou escondido por anos sob um teto baixo. O menu de preço fixo muda a cada 2 semanas e combina com o estilo sofisticado da decoração. Quando o visitei, no começo da primavera, aspargos quentes em um leve vinagrete de limão era a opção de destaque do menu de primeiro prato, enquanto o canelone de cordeiro (tenros pedaços de cordeiro moído em uma almôndega fina como wonton) era o perfeito acompanhamento como segundo prato. Das opções para o terceiro prato, a perca do mar listrada com ervas amassadas, batatas e mariscos era o destaque. Uma seleção de queijos é oferecida

100   CAPÍTULO 3 - ONDE JANTAR

como opção de sobremesa, e é difícil de resistir. Descendo as escadas, há os assentos mais interioranos, escuros e de madeira escura do Café at Country.

90 Madison Ave. (altura da rua 29). ℭ **212/889-7100**. Exige reservas. Preço fixo US$ 105; menu de degustação de 5 pratos US$ 110; menu de degustação de 4 pratos US$ 105; 6 pratos, US$ 135. AE, DC, DISC, MC, V. De domingo a quinta, das 17h30min às 22h; sexta e sábado, das 17h30min às 23h. Pratos principais do Café at Country US$ 15- US$ 27. De segunda a sábado, das 11h30min às 15h e das 17h30min às 23h; domingo, das 10h30min às 15h. Metrô: N/R até a rua 28; 6 até a rua 28.

MODERADO

Considere também o **P.J. Clarke's** ✱, 915 Third Ave., altura da rua 55 (ℭ **212/317-1616;** www.pjclarkes.com), pelo seu encanto tradicional e hambúrguer lendário. Para um hambúrguer mais inovador e experimental, experimente o **Rare Bar & Grill,** 303 Lexington Ave., entre as ruas 37 e 38 (ℭ **212/481-1999).**

Chola ✱✱ *(Achados*   INDIANO   Não deixe que a aparência humilde, tipo restaurante chinês de bairro, lhe engane, a comida do Chola é tão boa quanto a que você encontra em qualquer lugar de Manhattan. O menu é amplo e apresenta muitas opções vegetarianas e vegan. Das entradas vegetarianas, o *kurkuri bhindi* (okra crocante e cebolas vermelhas temperadas com limão e *chaat masala*) não deve ser perdido, enquanto os cortes Cochin de cordeiro, esfregados com temperos do sul e servidos com cebola e alho, que é tão bom que poderia tentar um vegetariano a passar para o lado negro. As longas e crocantes *dosas* (finos crepes recheados com batatas e ervilhas temperadas) também estão disponíveis no Chola e, de acordo com o menu, são as prediletas de Martha Steward. Depois de algumas mordidas, concordo com ela. Das "Southern Specialties", no menu, *savitri amma's avail*, vegetais em molho de iogurte, não parece com nada que eu já tenha provado em um restaurante indiano, mas que quero muito provar novamente. Korma de frango, aparentemente um prato convencional indiano, apenas no Chola, com o tenro frango assado revestido por um saboroso molho de caju. Provavelmente o melhor modo de experimentar o Chola e provar uma ampla variedade de seus pratos é visitar o restaurante no fim de semana, com seu popular bufê de "marajá".

225 E. 58th St. (entre as avenidas Second e Third). ℭ **212/688-4619**. www.fineindiandining. com. Pratos principais: US$ 14-US$ 23; bufê de almoço US$ 14. AE, DC, DISC, MC, V. De segunda a sexta, do meio-dia às 15h; sábado e domingo, das 11h às 15h; à noite, das 17h às 23h. Metrô: 4, 5, 6, N, R, W até a rua 59.

Mia Dona ✱✱ ITALIANO/GREGO   Este mais novo empreendimento (2008) da equipe do Chef Michael Psilakis e sócia Donatella Arpaia (**Anthos,** página 89) é uma celebração dos pratos italianos mais rústicos, com alguns meneios à Grécia. A combinação é natural e, melhor de tudo, no Mia Dona, não força a carteira. A entrada de lulas grelhadas e salada caponata (uma combinação de doce – de groselha – e amargo, pela berinjela em conserva) funciona muito bem, as lulas grelhadas

UPPER WEST SIDE **101**

à tenra perfeição; enquanto o coelho crocante com sal e as pequenas batatas fritas formam uma entrada que você não encontrará em nenhum lugar. Outro original é o *gnudi*, massa parecida com nhoque com ricota de leite de ovelha em um molho de manteiga de trufa; é o destaque em uma seleção de massas muito boas. Das entradas, o bacalhau escaldado em azeite de oliva, com rapini em um pesto de tomates secos, é tão bom quanto sua descrição, enquanto o vigoroso peito de vitela à casserole, com escarola e feijões cannelini é o melhor da reconfortante comida italiana. A atual tendência dos jantares em Nova York são altos decibéis, e aqui não é exceção, o que faz do nível de barulho o único aspecto negativo do Mia Dona.

206 E. 58th St. (entre as avenidas Second e Third). ℂ 212/750-8170. www.miadona.com. Recomenda-se reservar. Massas US$ 15-US$ 16; entradas US$ 17-US$ 24. AE, DC, DISC, MC, V. De segunda a sexta, do meio-dia às 14h30min; sábado e domingo, das 11h às 14h; de segunda a quinta, das 17h às 22h30min; sexta e sábado, das 17h às 23h. Metrô: 4, 5, 6, N, R, W até rua 59- Lexington Ave.

BARATO

Para uma refeição gloriosa, jantar sob um teto impressionantemente curvado e azulejado, experimente a referência de Nova York **Oyster Bar & Restaurant** ⌘ (ℂ 212/490-6650; www.oysterbarny.com). Para uma lista completa de fornecedores, visite www.grandcentralterminal.com.

Além dos listados abaixo, há também o **Ess-A-Bagel** (veja "A Verdade Sagrada: Os Melhores Bagels de NY", página 88) na 831 Third Ave., altura da rua 51 (ℂ 212/980-1010).

11 Upper West Side

MUITO CARO

Porter House New York ⌘⌘ STEAKHOUSE   O espaço, no Time Warner Center, em Columbus Circles, é suave, com grandes banquetas de couro para grupos e mesas menores, com lençóis brancos, ao lado das janelas do piso até o teto que olham para o Central Park. Junto com a vista, este steakhouse satisfaz as mínimas condições dos melhores empórios de carne vermelha, com alguns truques inventivos. Arrisquei pedindo a carne de costela temperada com chili – será que o chili esconderia o sabor natural da carne? Valeu a pena; o chili estava sutil e trouxe a essência do corte. Se quiser seu bife puro, o melhor bife envelhecido a seco, cozido à perfeição, não lhe desapontará. Os acompanhamentos não são convencionais para uma steakhouse: eles adicionam pedaços grossos de bacon ao creme de espinafre e oferecem cogumelos porcini em uma cama de polenta, como alternativa ao purê de batatas. Mas é a carne – e o fato de você comer olhando o Central Park – que faz o Porter House New York tão especial.

Onde Jantar em Uptown

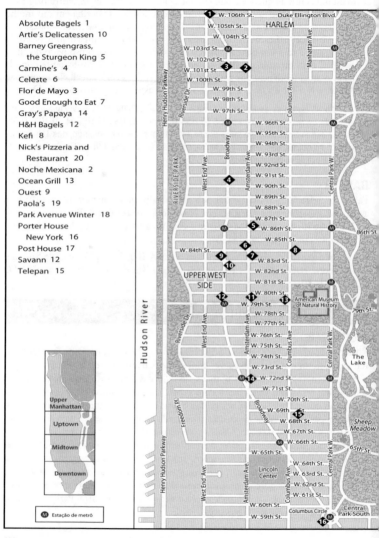

Absolute Bagels 1
Artie's Delicatessen 10
Barney Greengrass,
 the Sturgeon King 5
Carmine's 4
Celeste 6
Flor de Mayo 3
Good Enough to Eat 7
Gray's Papaya 14
H&H Bagels 12
Kefi 8
Nick's Pizzeria and
 Restaurant 20
Noche Mexicana 2
Ocean Grill 13
Ouest 9
Paola's 19
Park Avenue Winter 18
Porter House
 New York 16
Post House 17
Savann 12
Telepan 15

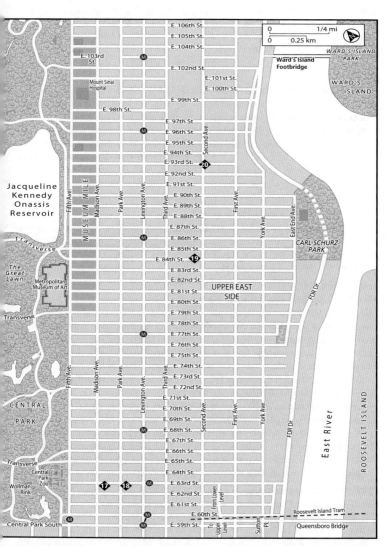

104   CAPÍTULO 3 - ONDE JANTAR

10 Columbus Circle (4º andar) no Time Warner Center (altura da rua 60). ☏ **212/823-9500**. www.porterhousenewyork.com. Pratos principais: US$ 24- US$ 39. AE, DC, DISC, MC, V. De segunda a sábado, do meio-dia às 16h; domingo, do meio-dia às 15h; segunda a quinta, das 17h às 22h30min; sexta e sábado, das 17h às 23h. Metrô: trens das linhas A, B, C, D, 1 até rua 59 — Columbus Circle.

CARO

Ouest ✸✸✸ NORTE-AMERICANO CONTEMPORÂNEO   Com banquetas de pelúcia vermelhas e uma intimista varanda, o Ouest é, ao mesmo tempo, aconchegante e clube. O atendimento é pessoal, mas também profissional – tão bom, que você terá de se lembrar que está no Upper West Side. Mas o que realmente arrasta as multidões é a habilidade do chef Tom Valenti na cozinha, especialmente com carnes, como sua marca registrada perna de carneiro à casserole ou suas costeletas à casserole, que desmancham na boca. A arraia sautée é perfeitamente preparada com um molho simples de salsa e azeite de oliva, enquanto a entrada de lulas jovens em um molho picante sopressara de tomate estava tão boa que eu realmente sorri enquanto comia.

2315 Broadway (altura da rua 84). ☏ **212/580-8700**. www.ouestny.com. Exige-se reservar com muita antecedência. Pratos principais US$ 23-US$ 36. AE, DC, DISC, MC, V. Desegunda a quinta, das 17h30min às 23h; sexta e sábado, das 17h30min às 23h30min; domingo, das11h às 22h. Metrô: 1, 2 até a rua 86.

Telepan ✸✸ NORTE-AMERICANO   O Telepan é uma residência no Upper West Side com uma sala de jantar pintada de refrescante verde lima. O moderno projeto complementa o cardápio, que muda a cada estação, mas sempre apresenta produtos frescos da fazenda. Na primavera, fui cumprimentado com cebolinhas, brotos de samambaias e jovens ervilhas em muitos dos pratos. Porém, não havia legumes frescos nos donuts de foie gras listados como "dividir". Os "donuts" têm pó de cacau e canela e podem funcionar tanto com uma xícara de café quanto com um coquetel. Das entradas, o destaque foi para a fritatta de folhas verdes, que veio com cebolinhas da estação. O Telepan oferece Pratos Intermediários e, deles, as panquecas de ervilhas com ervilhas agnolotti pareciam e, melhor ainda, tinham gosto de recém-chegadas da feira. Deixe espaço para uma entrada, especificamente o hadoque com um doce molho de lagosta. Você não terá problemas em escolher um vinho para acompanhar o que quiser comer, com a longa e impressionante carta do restaurante. O Telepan é um favorito desde antes do Lincoln Center, portanto, se quiser evitar a lotação, faça reserva para assentos depois que as cortinas caírem.

72 W. 69th St. (altura da Columbus Ave). ☏ **212/580-4300**. www.telepan-ny.com. Recomenda-se reservar. Pratos principais: US$ 29-US$ 36; menu de degustação de 4 pratos US$ 59; menu de degustação de 5 pratos US$ 69. AE, DC, MC, V. Almoço, quarta e quinta, das 11h30min às 14h30min; jantar, segundas a quintas, das 17h às 23h, sexta e sábado das 17h às 23h30min e domingo, das 17h às 22h30min; brunch, sábado e domingo, das 11h às 14h30min. Metrô: B, C até rua 72.

UPPER WEST SIDE 105

MODERADO

Carmine's ⊛ *Crianças* SUL DA ITÁLIA COM ESTILO FAMILIAR   Tudo é G-R-A-N-D-E nesta alegre casa com dois endereços, no Upper West Side (o original) e na Times Square. Em muitos casos, grande quer dizer ruim, mas não aqui. O Carmine's, com um salão de jantar vasto o suficiente para merecer seu próprio CEP, e porções massivas, oferece melhores massas e entradas do que a maioria dos restaurantes italianos de 20 mesas. Nunca comi massa aqui que não estivesse *al dente*, e o molho marinara é tão bom quanto os que comi em Manhattan. As saladas estão sempre frescas e as lulas fritas, perfeitamente tenras. Os destaques das massas são rigatoni marinara, linguine com molho branco de mariscos e o ziti com brócolis, enquanto as melhores entradas de carne incluem vitela à parmegiana, bife à casserole, camarão scampi e o notável frango *scarpariello* (frango frito na frigideira com um molho de limão e alecrim). O tiramisu é do tamanho de uma torta, grosso, cremoso e banhado em Kahlúa e Marsala. Peça metade do que você acha que irá comer. Não espere conversas íntimas; na verdade, é bem barulhento.

2450 Broadway (entre as ruas 90 e 91). © 212/362-2200. www.carminenyc.com. Recomenda-se reservar antes das 18h; reservas aceitas apenas para 6 pessoas ou mais após este horário. Pratos principais para família, US$ 19-US$ 65 (a maioria US$ 23, ou menos). AE, DC, DISC, MC, V. De domingo a quinta, das 11h30min às 23h; sexta e sábado, das 11h30min à meia-noite. Metrô: 1, 2, 3 até a rua 96. Também na 200 W. 44th St. (entre a Broadway e a Eighth Ave.). Metrô: A, C, E, N, R, S, 1,2, 3, 7 até rua 42/Times Square.

Kefi ⊛⊛⊛ *Achados*   GREGO   O chef/dono Michael Psilakis transformou o que era antes um Onera grego-nouveau em algo muito mais próximo do grego de seu pai. Mais precisamente, o Kefi é como a cozinha de sua mãe grega (se você tiver uma) e, na verdade, o restaurante foi inspirado pela mãe de Psilakis e suas receitas tradicionais. Assim, o menu de Degustação do Onera se foi para dar lugar a clássicos como moussaka, torta de espinafre, salada grega e peixes grelhados. Mas, oh, o que Psilakis faz com os clássicos! As *mezes* (entradas gregas) são boas o suficiente para ser uma refeição; é duro resistir à seleção de molhos acompanhados por pita, o feta quente, tomates, alcaparras e anchovas, e a salada de polvo grelhado, tão boa quanto eu já comi em outros lugares. Mas algo deve ficar se quiser ter espaço para entradas como os noodles lisos com coelho à casserole, o branzino inteiro na grelha com batatas, azeitonas, tomates e feta, ou a perna de cordeiro lentamente cozida em uma cama de orzo. Se for humanamente possível, depois de entregar-se a tudo isso acima, não perca a sobremesa, especialmente o bolo de nozes com sorvete de nozes de bordo.

505 Columbus Ave. (altura da rua 84). © 212/873-0200. Recomenda-se reservar. Pratos principais US$ 10-US$ 20. AE, DC, DISC, MC, V. De terça a quinta, das 17h às 22h30min; sexta e sábado, das 17h às 23h; domingo, das 17h às 22h. Metrô: 1 até rua 79.

106 CAPÍTULO 3 - ONDE JANTAR

Ocean Grill ⊛⊛ FRUTOS DO MAR   O império Stephen Hanson/BRGuest Restaurant (Primehouse, Blue Water Grill, Dos Caminos e Fiamma, para mencionar alguns) é vasto, e às vezes os fortes restaurantes do grupo podem ser bem impessoais. Mas o Ocean Grill, apesar de seu tamanho, desafia essa generalização. Talvez seja porque o restaurante está em frente ao Museum of National History e se alimente de sua assombrosa vibração? Ou talvez porque esteja no coração do familiar Upper West Side, que o Ocean Grill tenha um ar mais como um lugar íntimo do bairro. E o que torna o Ocean Grill ainda mais especial é que os sempre frescos frutos do mar, geralmente preparados sem muitas frescuras, complementa este relaxado bem estar. Como outros restaurantes administrados por Hanson, há várias opções no menu, incluindo um toque asiático na preparação dos frutos do mar, especificamente japonês, com uma generosa seleção de maki rolls caseiros – o cremoso atum com wasabi é tão bom que logo você esquecerá quaisquer avisos de mercúrio que você já leu. Mas se o atum cru lhe assusta, experimente uma das entradas com peixe, tal como o salmão chileno em uma emulsão de mostarda violeta, servido com polenta frita, ou qualquer um dos peixes grelhados com uma variedade de molhos a escolher, tais como tapenade de azeitonas pretas ou um vinagrete de soja com gengibre, e acompanhamentos como bok choy ou brócolis.

384 Columbus Ave. (entre as ruas 79 e 80). ℂ 212/579-2300. www.brguestrestaurants. com. Recomenda-se reservar. Pratos principais: US$ 20-US$ 33. AE, DC, DISC, MC, V. De segunda a sexta, das 11h30min às 17h; sábado, das 11h30min às 16h30min; domingo, das 10h30min às 16h30min; segunda e terça, das 17h às 23h; quarta e quinta, das 17h às 23h30min; sexta, das 17h à meia-noite; sábado, das 16h30min à meia-noite; domingo, das 16h30min às 23h. Metrô: B, C até a rua 81.

Savann ⊛ MEDITERRÂNEO   A cena de restaurantes na Amsterdam Avenue, na altura da rua 80, é particularmente volátil, mas por 9 anos, o Savann sobreviveu nesta dura extensão do mercado imobiliário graças à sua rotineira comida de primeira, atendimento pessoal e uma atmosfera casual e despojada. Este é um lugar de vizinhança com clientes que blasfemam pela comida. Alguns favoritos incluem a gravlax curada na casa, aqui servida sobre uma panqueca de cebolinha e grão de bico, em um molho de caviar de peixe voador e aneto; as lulas grelhadas; o Seafood Savann, uma mistura de frutos de mar em um leve molho de tomate servido com linguine; a bolsa de phyllo com frutos do mar variados; e o filé mignon, perfeitamente cozido. Para sobremesa, não perca a *tarte tatine*, uma torta de maçã caseira servida com sorvete de canela e mel quente. Em dias quentes, o café da calçada é um ótimo lugar para ver as pessoas.

414 Amsterdam Ave. (entre as ruas 79 e 80). ℂ 212/580-0202. www.savann.com. Recomenda-se reservar. Pratos principais US$ 12-US$ 27 (a maioria abaixo de US$ 20). AE, MC, V. De segunda a sexta, do meio-dia às 15h30min; sábado e domingo, das 11h às 15h30min; diariamente, das 16h às 23h. Metrô: 1 até rua 79.

UPPER WEST SIDE 107

BARATO

Para café da manhã ou almoço, considere também o **Artie's Delicatessen**, 2290 Broadway, entre as ruas 82 e 83 (© **212/579-5959**; www.arties.com) e **Barney Greengrass, the Sturgeon King**, 541 Amsterdam Ave., entre as ruas 86 e 87 (© **212/724-4707**), duas das melhores delis judaicas na cidade. Veja "Notícias sobre as Delis em Nova York", na página 96, para mais informações.

Você encontrará alguns dos melhores bagels em Nova York no Upper West Side, incluindo **H&H Bagels**, 2239 Broadway, altura da rua 80 (© **212/595-8003**) e **Absolute Bagels,** 2788 Broadway, entre as ruas 106 e 107 (© **212/932-2052**). Para mais informações, veja "A Verdade Sagrada: Os Melhores Bagels de Nova York", na página 88.

Para não vegetarianos e os que não se importam muito com a saúde, considere o mais barato, ainda que, de certa maneira, mais reconfortante, indulgência: **Gray's Papaya**, 2090 Broadway, altura da rua 72 (© **212/799-0243**). Este quiosque de cachorro quente, que funciona 24 horas, é uma instituição de Nova York.

Celeste ★★ *Achados* ITALIANO O pequeno e charmoso Celeste apresenta seu próprio forno à lenha para pizza, que produz deliciosas pizzas de massa fina. A pizza não é a única atração: o prato *"fritti"* (frito) é único; o *fritto misto de pesce* (fritada mista de frutos do mar) é delicioso, mas os brotos de abobrinha fritos, geralmente disponíveis no verão e no outono, são surpreendentes. As massas frescas são melhores do que as secas; nunca pensei que o macarrão com ovos frescos com repolho, camarão e queijo de cabra daria certo, mas estava delicioso. Não no menu, mas geralmente disponíveis, estão os pratos de queijos artesanais italianos, servidos com geleias caseiras. Embora os pratos principais sejam bons, fique com as pizzas, o antepasto, *frittis* e as massas. Para sobremesa, experimente o gelato; o pistachio foi o melhor que já comi em Nova York. O restaurante foi "descoberto", portanto vá cedo ou espere filas.

502 Amsterdam Ave. (entre as ruas 84 e 85). © **212/874-4559**. Não aceita reservas. Pizza US\$ 10-12; antepasto US4 7-US\$ 10; massas US\$ 10; pratos principais US\$ 14-US\$ 16. Não aceita cartões de crédito. De segunda a sábado, das 17h às 23h; domingo, do meio-dia às 15h. Metrô: 1 até a rua 86.

Flor de Mayo *Achados* CUBANO/CHINÊS A cozinha cubana/chinesa é um fenômeno de Nova York que começou no final dos anos 50, quando cubanos de origem chinesa imigraram para Nova York depois da revolução. A maioria dos imigrantes foi residir no Upper West Side, e os restaurantes cubano/chineses floresceram. Muitos desapareceram, mas o melhor, Flor de Mayo, ainda permanece e é tão popular que uma nova casa foi aberta, mais ao sul da Amsterdam Avenue. A cozinha se supera nos dois lados do abrangente menu, mas o melhor prato é o especial de almoço com meio frango *la brasa* – belissimamente temperado e lentamente assado até que fique tenro ao garfo e a carne comece a desgrudar do osso, servido

108   CAPÍTULO 3 - ONDE JANTAR

com arroz frito e com abundante carne de porco, camarão e vegetais. Oferecido de segunda a sábado, até as 16h30min, toda a refeição custa US$ 6,95 e é bastante para lhe manter forte por todo o dia. O atendimento e a atmosfera são reminiscentes de Chinatown: eficiente e rápido como a luz. Meu combo favorito: sopa chinesa de macarrão, folhas, camarão e porco com arroz amarelo e feijões pretos.

2651 Broadway (entre ruas 100 e 101) ℂ **212/663-5520** ou 212/595-2525. Não aceita reservas. Pratos principais US$ 4,50-US$ 19 (a maioria abaixo de US$ 10). Especiais de almoço US$ 5-US$ 7 (de segunda a sábado, até 16h30min). AE, MC, V (mínimo US$ 15). Diariamente do meio-dia à meia-noite. Metrô: 1 até a rua 103. Também na 484 Amsterdam Avenue (entre ruas 83 e 84). . Metrô: 1 até rua 86.

Good Enough to Eat ⍟ ⸨Crianças ⸨Achados   COZINHA CASEIRA NORTE-
-AMERICANA   Por 25 anos, as multidões se enfileiraram nos finais de semana defronte ao Good Enough to Eat para experimentar os inacreditáveis cafés da manhã da chef/proprietária Carrie Lewis. Como resultado, o almoço e o jantar ficaram um pouco descuidados. Isso é muito ruim, porque estas refeições poderiam ser tão boas quanto os cafés da manhã. O tema vaqueiro do restaurante e os enfeites de fazenda implicam em comida caseira vigorosa, e isso é o que é feito melhor aqui. Fique com estes clássicos: bolo de carne com molho de carne e purê de batatas; jantar com peru com tempero de cranberry, molho de carne e recheio de pão de milho; macarrão com queijo; pão de milho na chapa; salada de espinafre de Vermont; e o sanduíche de churrasco, frango assado com molho de churrasco e batatas fritas caseiras. E deixe espaço para as sobremesas; embora a seleção seja geralmente imponente, nunca posso resistir ao bolo de coco. Esta é a comida que você amava quando garoto, que é a única razão pela qual os garotos a amam hoje. Há apenas 20 mesas, portanto espere por filas nos finais de semana, durante o dia, ou para o jantar, depois das seis.

483 Amsterdam Ave. (entre as ruas 83 e 84). ℂ **212/496-0163**. www.goodenoughtoeat.com. Café da manhã US$ 5,25-US$ 12; almoço US$ 8,50-US$ 15; jantar US$ 8,50-US$ 23 (a maioria dos pratos abaixo de US$ 18). AE, MC, V. Café da manhã de segunda a sexta, das 8h30min às 16h, sábado e domingo das 9h às 16h; almoço de segunda, do meio-dia às 16h, terça a sexta, das 11h30min às 16h; jantar, de segunda a quinta e domingo, das 17h30min às 22h30min, sexta e sábado das 17h30min às 23h. Metrô: 1 até rua 86.

Noche Mexicana ⍟ ⸨Achados   MEXICANO   Este pequeno restaurante serve
alguns dos melhores tamales em Nova York. Envolto em palha de milho, como deve ser um bom tamale, eles vêm em duas variedades: em um molho de molhe vermelho com frango desfiado ou em um molho de tomatillo verde com porco desfiado. Há três tamales em cada pedido, que custa apenas US$ 6, o que o torna um almoço barato e quase perfeito. Os burritos são autênticos e uma refeição em si mesmos. O burrito *tinga*, frango desfiado em molho chipotle de tomate e cebola, é o meu favorito. Cada um é recheado com arroz, feijão e guacamole. Não seja sofis-

UPPER EAST SIDE **109**

ticado aqui: fique com os tamales, burritos e os suaves tacos, o melhor sendo o taco *al pastor*, um taco recheado com carne de porco marinada com abacaxi e cebolas.

852 Amsterdam Ave. (entre as ruas 101 e 102). ℂ **212/662-6900** ou 212/662-7400. Burritos US$ 6,50-US$ 8,50; tacos US$ 2; tamales US$ 6; pratos mexicanos US$ 9,50-US$ 11. AE, DISC, MC, V. De domingo a quinta, das 10h às 23h; sexta e sábado, das 10h à meia-noite. Metrô: 1 até rua 103.

12 Upper East Side

Para localizar os restaurantes nesta seção, veja o mapa da página 102.

CARO

Paola's ☆ ITALIANO   Não há falta de restaurantes italianos no Upper West Side, mas muitos são medíocres. Não há nada de medíocre no Paola's, e tendo sobrevivido e comandado o bairro por mais de 10 anos, é o testemunho à qualidade e aos encantos do restaurante. O charme começa com a própria Paola, quase sempre presente e a graciosa hostess. Os dois salões de jantar são convidativos; o maior tem no centro um forno à lenha, usado para cozinhar muitos pratos de carne do restaurante, o outro, menor, mas aconchegante, possui uma sala de vinhos. O mais atraente de tudo é o cardápio. Espere que Paola tenha encontrado muitas alcachofras no dia em que você visitar, porque irá querer começar com o *carciofi Allá Giudea*, alcachofras preparadas no estilo dos judeus romanos – cozida duas vezes e um crocante altamente viciante. As massas são geralmente caseiras; o pappardelle com um ragú de carne de pato é um destaque, enquanto o *trofie* enrolado a mão e servido com pesto é uma especialidade. O *stinco d'agnello*, coxa de carneiro assada lentamente com sálvia e polenta parmesana, é um forte prato principal, assado no forno à lenha, assim como os pintos naturalmente cultivados e alimentados a milho, servidos com batatas gratinadas e folhas sautée. Sorvete de figo cobertos com figos mergulhados em vinho do porto é o modo decadente de terminar a refeição.

245 E. 84th. St. (entre as avenidas Second e Third). ℂ **212/794-1890**. www.paolasrestaurant.com. Recomenda-se reservar. Massas US$ 14-US$ 17; pratos principais US$ 22-US$ 30. AE, MC, V. De domingo a sexta, das 13h às 16h; domingo a quarta, das 17h às 22h; quinta a sábado, das 17h às 23h. Metrô: 4, 5, 6 até rua 86.

110 CAPÍTULO 3 - ONDE JANTAR

Jantando em Uptown: A Alma do Harlem

Há muita alma em Manhattan, mas o Harlem parece possuir a essência quando se trata de comida. Eis uma pequena aula sobre a comida essencial do Harlem (consulte o mapa da página 112):

Amy Ruth's, 113 W. 116th St., entre as avenidas Lenox e Seventh (© **212/280-8779**). Amy Ruth's se tornou a meca para as celebridades do Harlem, com o truque publicitário de nomear as porções com seus nomes, como o Ver. Al Sharpton (frango com wafflles) e o Ver. Calvin O. Butts III (asas de galinha e waffles). A maioria das celebridades ganhou sua fama no Harlem, assim como o frango com waffles, ou pescada e waffles, ou bife com waffles. Você não pode errar com nada aqui, enquanto incluírem waffles.

Charles' Southern Style Kitchen ☆, 2837 Eighth Ave., entre as ruas 151 e 152 (© **877/813-2920** ou 212/926-4313). Nada sofisticado neste lugar, apenas bem iluminado, com 25 assentos em uma quadra não muito atraente no upper Harlem. Mas você não veio aqui pelo luxo, você veio pela comida essencial no mais simples e fresco. E venha faminto. O bufê de US$ 13, com tudo o que você pode comer, apresenta frango crocante, úmido e frito na frigideira; costelas em um molho de cheiro característico, com a carne caindo do osso; caudas de boi cozidas em um molho de carne espesso com cebola marrom; macarrão e queijo; folhas de repolho com pedaços de peru defumado; ervilhas escuras; e pão de milho, quente e não muito doce. Os horários podem ser erráticos, portanto ligue antes de ir para lá.

M&G Diner, 383 W. 125th St., altura da St. Nicholas Avenue (© **212/864-7326**). Todos os lugares de comida essencial que listei servem frango frito

Park Avenue Winter ☆☆ NORTE-AMERICANO / MEDITERRÂNEO   Não apenas o nome deste restaurante poder ser diferente, quando você visitar, mas a aparência (criado pelo premiado escritório de design AvroKO), e o menu poderá ter mudado também. O truque aqui é que o restaurante se transforma a cada temporada. E, embora um restaurante com truques desperte desconfiança, às vezes, neste caso, é mais que um truque: Park Avenue Winter (a estação que, por acaso, estava quando eu visitei) é de primeira linha. Para a aparência de inverno, o grande salão de jantar, de pé-direito alto, era de um branco glacial e o menu refletia a estação. Entradas como o vigoroso ravióli porcini com folhas de beterrabas suíças em um saboroso molho de creme de gorgonzola, enquanto você pode não encontrar um prato de clima frio mais reconfortante do que a entrada de filé mignon em uma cama de costeletas desfiadas acompanhadas por raiz de vegetais. Mas, surpreendentemente, a refeição de inverno aqui tem um bem-vindo toque leve como provado de primeira, mas o melhor que eu já comi é o pássaro perfeitamente frito na frigideira e super úmido, no M&G. Este restaurante pequeno e despojado abre das 8h às 23h30min, é um prazer a qualquer hora. Comece seu dia com um café da manhã de ovos com croquetes de salmão ou ovos com bacon ou termine com frango, intestinos ou bolo de carne. Todos os acompanhamentos são feitos frescos, e as sobremesas, especialmente a torta de batata doce, são fenomenais. Há uma grande jukebox carregada de soul para complementar a comida.

Miss Mamie's Spoonbread Too, 366 W. 110th St., entre as avenidas Columbus e Manhattan (℃ **212/865-6744**). Entrar neste encanto de cortinas cor de morango é como pisar na Carolina do Sul. Mas você está no Harlem, ou pelo menos na parte sul do Harlem, e você não estará pagando o preço da alma da Carolina do Sul, ou do Harlem, também. Ainda assim, apesar dos preços, Miss Mamie's é o grande negócio, especialmente suas costelas grelhadas, caindo do osso em um doce molho picante, e o frango defumado, frito e então coberto com um grosso molho de carne.

Sylvia's, 328 Lenox Ave., entre as ruas 126 e 127 (℃ **212/996-0660**; www.sylviassoulfood.com). O Sylvia é a autoproclamada rainha não apenas da comida essência do Harlem, mas de *toda* a comida essencial. Na realidade, Sylvia's é uma "marca", oferecendo comida enlatada, produtos de beleza e perfumes; a comida em seu restaurante original sofreu, e é mais uma armadilha para turistas. Se você planeja ir, vá aos domingos, para o brunch gospel, que é uma alegria absoluta.

pelo delicado estalinho vermelho com cobertura de pão de milho em uma salada cítrica. Mesmo o acompanhamento de panquecas de batata, notoriamente carregadas, aqui estavam realmente leves e arejadas. Como a maioria dos restaurantes hoje em dia, o nível de decibéis é aniquilador.

100 E. 63rd St. (altura da Park Ave.). ℃ **212/644-1900**. www.parkavenuenyc.com. Recomenda-se reservar. Pratos principais: US$ 26-US$ 48. AE, DC, DISC, MC, V. De segunda a sexta, das 11h30min às 15h; sábado e domingo das 11h às 15h; de segunda a quinta, das 17h30min às 23h; sexta e sábado, das 17h30min às 23h30min; domingo 17h30min às 22h. Metrô: F, na Lexington Ave. — rua 63.

The Post House 🐟🐟 STEAKHOUSE   O The Post House não é seu steakhouse tradicional de carne e batatas. Há muitos pratos com carne não vermelha, como há bifes e cortes. A maioria das entradas vem do mar e as ostras fritas com milho dis-

Onde Jantar no Harlem

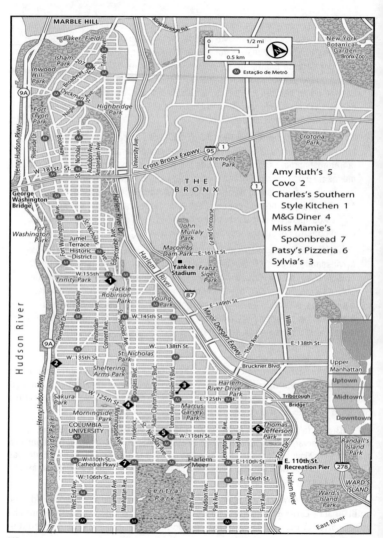

UPPER EAST SIDE **113**

postas em chips de batatas com salada de repolho cole é algo que nunca comi em um steakhouse antes. Linguado de Dover, lagosta e frango grelhado são apenas algumas das entradas de carnes não vermelha que você encontrará no Post House, mas classifiquei o restaurante como uma steakhouse porque você precisa esquecer estas opções e se concentrar no bife de costela Cajun, escaldado em um sutil tempero cayenne que se mistura perfeitamente com a riqueza da carne. Os engomados pratos de acompanhamento são tradicionais e servidos ao estilo familiar (o que significa enorme), portanto, vá com a família e peça uma porção de carne ou onion rings. Para sobremesa, vale a pena esperar os dez minutos necessários para preparar o clássico suflê de chocolate do restaurante.

28 E. 63rd St. (entre avenidas Park e Madison). ☎ 212/935-2888. www.theposthouse.com. Recomenda-se reservar. Pratos principais: US$ 26-US$ 70. AE, DC, DISC, MC, V. De segunda a sexta, do meio-dia às 17h; segunda a quinta, das 17h às 23h; sexta a domingo, das 17h à meia-noite. Metrô: 4, 5, 6, N, R, W até Lexington Ave-rua 59.

BARATO
Nick's Family-Style Restaurant and Pizzeria ☆ (*Crianças* ITALIANO   Desde 1994, Nick Angelis tem surpreendido com sua pizza em Forest Hills, Queens. Em 2003, ele levou seu show para Manhattan, onde a pizza está gerando igualmente muitos elogios. A pizza é de massa fina, com proporções corretas de mussarela cremosa caseira e molho de tomates fresco. Mas isso é muito mais que uma pizzaria: tente os leves mariscos, cozidos no limão, ou "Josephine's", berinjelas perfeitamente empanadas à parmegiana. Se ousar combinar uma pizza com um calzone, este é o lugar; o calzone de Nick, recheado com ricota e queijo mussarela, é espetacular. O orecchiette com brócolis e linguiça é uma massa vencedora, enquanto o filé de linguado oreganato Livornese com mexilhões é o destaque entre os pratos principais. Deixe espaço para um cannoli extragrande para a sobremesa; a cobertura é em flocos e o recheio, muito cremoso. Pedidos completos são o bastante para alimentar dois ou três e uma grande barganha para um grupo, mas meio-pedido também pode ser feito. O salão é confortável e longe de ser sofisticado. Vá cedo e esteja preparado para esperar.

1814 Second Ave. (altura da rua 94). ☎ 212/987-5700. Pizza US$ 12-US$ 14; meio-pedido de macarrão US$ 6 —US$ 12, pedidos completos US$ 12-US$ 24; meio-pedido de entradas US$ 8,50-US$ 12, pedidos completos US$ 17-US$ 24. AE, DC, DISC, MC, V. De domingo a quinta, das 11h30min às 23h; sexta e sábado, das 11h30min às 23h30min. Metrô: 6 até rua 96.

Covo Trattoria & Pizzeria ☆ (*Achados*   ITALIANO   "Covo" quer dizer caverna, em italiano, e a localização do Covo, sob a West Side Highway e descendo os íngremes degraus do Riverside Park, pode ser chamada de cavernosa. Mas esta *covo* tem um forno à lenha para pizza e pão manejado por um pizzaiolo napolitano, junto com um menu de bons preços para pratos rústicos italianos. Experimente a

114 CAPÍTULO 3 - ONDE JANTAR

pizza *paesana*, feita com molhos de tomates, queijo pecorino e azeitonas pretas ou um antepasto de bruschetta espargida com tomates e grão de bico. Das massas, o pappardelle caseiro com um ragú de costeleta escaldada ao mel é viciante, enquanto o *rigatoni alla norma* (massa com molho de tomate, berinjela, manjericão e queijo de ricota fresco) é o prato característico do restaurante. Deixe espaço para um "secondi", especialmente o *coniglioo*, tenro coelho a casserole servido com azeite de oliva, alecrim e azeitonas pretas. A carta de vinhos italianos é decente e não pesa na carteira, mas porque você está em uma *covo*, o nível do som quando o restaurante está cheio pode ser ensurdecedor. Prepare-se.

701 W. 135th St. (altura da Avenida 12). ℭ **212/234-9573**. www.cbony.com. Pizza US$ 8-US$ 13; pratos principais US$ 10-US$ 19. AE, DC, DISC, MC, V. Diariamente do meio-dia à meia-noite. Metrô: 1 até rua 137.

Explorando a
Cidade de Nova York

4

Não tente domar Nova York – você não pode. Decida por algumas atrações obrigatórias e então deixe que a cidade leve você. Inevitavelmente, enquanto você abre caminho pela cidade, você sairá do caminho por causa das diversões não planejadas que são tão boas quanto o que você queria conhecer. Afinal, a verdadeira Nova York está nos detalhes. Enquanto você corre de um ponto turístico a outro, não se apresse para admirar uma cornija em um edifício construído antes da guerra, demore-se numa cafeteria de rua ou apenas se jogue por alguns minutos em um banco, observando os nova-iorquinos desfilando com suas vidas diárias.

1 As Principais Atrações

American Museum of Natural History ✦✦✦ *(Crianças)*   Este é um dos mais populares museus da cidade, graças ao **Rose Center for Earth and Space** ✦, cuja esfera de quatro andares do planetário exibe o programa *Cosmic Collisions*, narrado por Robert Redford, sobre o violento início do universo. Prepare-se para ser surpreendido por este curta literalmente estremecedor.

Compre seus ingressos antecipadamente para o Space Show, a fim de garantir a entrada (estão disponíveis online); também recomendo comprar ingressos com antecedência para um filme específico IMAX ou uma apresentação especial, tais como o Butterfly Conservatory (ver abaixo), especialmente durante a alta temporada (verão, outono e feriados) e para visitas de fim de semana; caso contrário, você pode não conseguir.

Outros programas a ser vistos incluem o Big Bang Theater, que recria o nascimento teórico do universo; o Hall of the Universe, com seu meteorito de 16 toneladas; e a excelente Hall of Planet Earth, que se concentra nos processos geológicos de nosso planeta (grande exibição do vulcão!). No fim das contas, você precisará de pelo menos 2 horas para explorar por completo o Rose Center. ***Dica:*** A noite de sexta é uma ótima oportunidade para planejar sua visita, pois o centro não está lotado, jazz ao vivo e comidas enchem o Hall of the Universe e, banhada em luz azul, a esfera parece mágica.

Atrações em Downtown

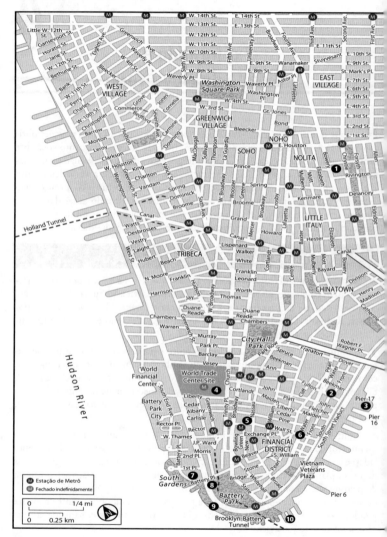

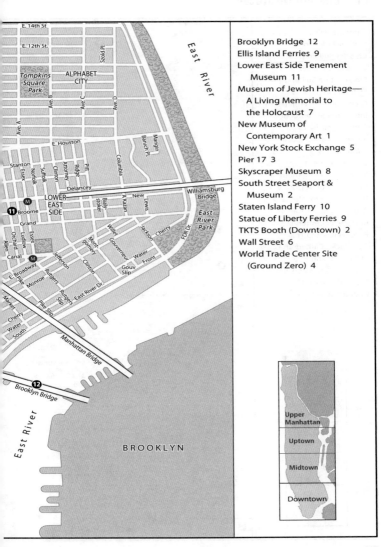

Atrações em Midtown

Carnegie Hall 2
Central Park Zoo 6
Chrysler Building 15
Circle Line Cruises 4
Empire State Building 18
Flatiron Building 19
Grand Central Terminal 14
International Center of
   Photography 13
Intrepid Sea-Air-Space
   Museum 3
Lincoln Center 1
Museum of Modern Art 8
New York Public Library 17
Paley Center for Media 9
Radio City Music Hall 10
Rockefeller Center 11
Roosevelt Island Tram 7
St. Patrick's Cathedral 12
Temple Emanu-El 5
Tisch Children's Zoo 6
Top of the Rock 11
United Nations 16

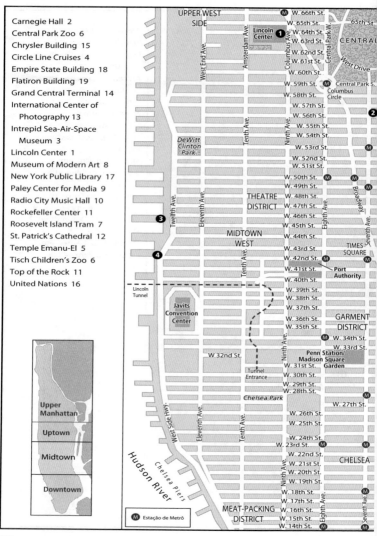

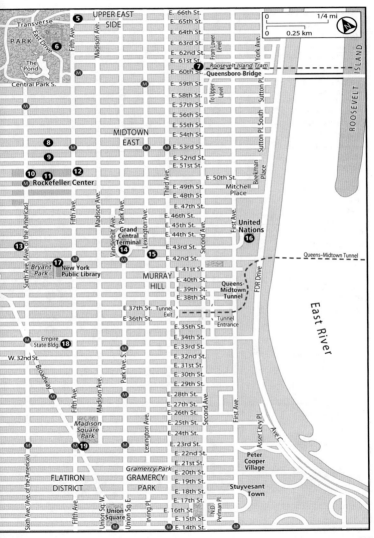

Atrações em Uptown

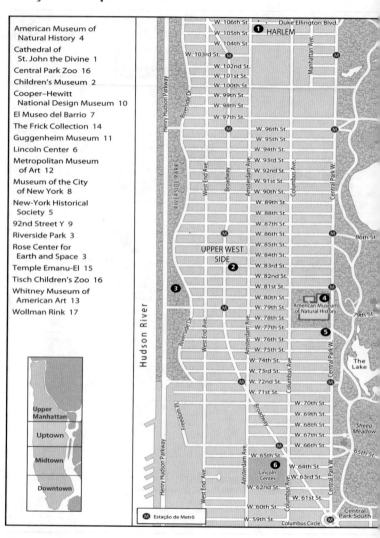

American Museum of Natural History 4
Cathedral of St. John the Divine 1
Central Park Zoo 16
Children's Museum 2
Cooper–Hewitt National Design Museum 10
El Museo del Barrio 7
The Frick Collection 14
Guggenheim Museum 11
Lincoln Center 6
Metropolitan Museum of Art 12
Museum of the City of New York 8
New-York Historical Society 5
92nd Street Y 9
Riverside Park 3
Rose Center for Earth and Space 3
Temple Emanu-El 15
Tisch Children's Zoo 16
Whitney Museum of American Art 13
Wollman Rink 17

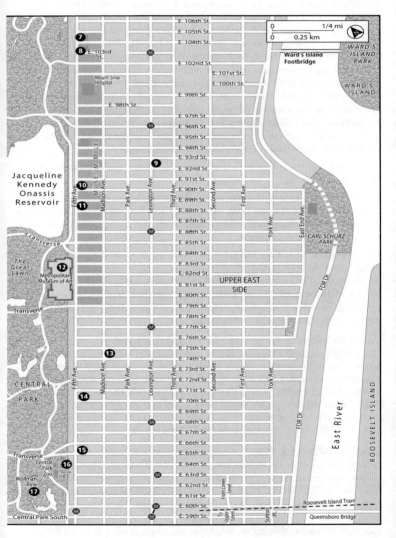

122   CAPÍTULO 4 - EXPLORANDO A CIDADE DE NOVA YORK

O resto do bloco de 4 praças não é nada a ser desprezado. Fundado em 1869, ele abriga a maior coleção de ciência natural do mundo em um grupo de edifícios feito de torres e torretes, granito rosa e tijolos vermelhos. A diversidade do acervo é surpreendente: cerca de 36 milhões de espécimes, variando de organismos microscópicos à maior joia lapidada do mundo, o Brazilian Princess Topaz (21.005 carats). Rose Center à parte, você passaria o dia inteiro para ver todo o museu, e *ainda* perderia alguma coisa. Você pode ver o melhor do melhor nas **excursões aos especiais**, que são grátis e oferecidas diariamente a cada hora, 15 minutos depois da hora a partir de 10h15minmin até 15h15minmin. As **excursões aos destaques**, também grátis e diárias, são excursões temáticas que mudam a cada mês; peça o cronograma no guichê de informações. As **Audio Expeditions**, excursões de áudio de alta tecnologia que permitem acessar a narração na ordem em que você escolher, também estão disponíveis para ajudar a entender o museu.

Se você assistir a apenas uma apresentação, que seja a dos **dinossauros** ⍟, que ocupa o quarto andar.

Crianças de 5 anos ou mais devem ir à **Discovery Room**, com muitas exibições práticas. O **Hall of Human Origins,** no Anne and Bernard Spitzer Hall, traça a evolução do homem e oferece oficinas infantis onde as crianças podem comparar os crânios dos primeiros humanos.

O museu se supera nas **exibições especiais,** portanto verifique para ver o que estará acontecendo enquanto estiver na cidade, caso algum planejamento antecipado seja necessário. O mágico **Butterfly Conservatory,** um anexo por onde se caminha em meio a quase 500 borboletas tropicais voando livremente, se desenvolveu a ponto de se tornar uma atração obrigatória de outubro até maio; verifique se está disponível enquanto você estiver na cidade.

Central Park West (entre as ruas 77 e 78). ℂ **212/769-5100** para informações ou 212/769-5200 para entradas (que também podem ser adquiridas online com uma taxa adicional de US$ 4). www.amnh.org. Preço sugerido de entrada US$ 14 adultos, US$ 11 idosos e estudantes, US$ 8 crianças de 2 a 12 anos; entrada para o Space Show e museu US$ 22 adultos, US$ 17 idosos e estudantes, US$ 13 crianças abaixo de 12 anos. Tarifas adicionais para filmes IMAX e algumas exibições especiais. Diariamente, das 10h às 17h45minmin; Rose Center aberto na primeira sexta-feira de cada mês até 20h45minmin. Metrô: B, C até rua 81; 1 até rua 79.

Brooklyn Bridge ⍟⍟ *Momentos*   Seus postes de pedra de inspiração gótica e intrincadas teias de cabos de aço levaram poetas como Walt Whitman e Hart Crane a cantar elogios a esta grande ponte, a primeira a cruzar o East River e conectar Manhattan ao Brooklyn. Iniciada em 1867 e terminada em 1883, a Brooklyn Bridge é o símbolo mais conhecido na cidade da época de crescimento que agarrou Nova York durante o final do século XIX. Caminhe pela ponte e imagine o pavor que os nova-iorquinos daquela época sentiram ao ver dois bairros unidos por esta ponte. Ainda é de tirar o fôlego.

AS PRINCIPAIS ATRAÇÕES 123

> ### *Valor* Uma Dica para Economizar Tempo e Dinheiro
>
> O **CityPass** pode ser a melhor opção de excursão em Nova York. Pague um valor (US$ 65, ou US$ 49 para crianças de 12 a 17 anos) para entrar em seis grandes atrações: O American Museum of Natural History (apenas entrada; não inclui o Space Show), o Guggenheim Museum, o Empire State Building, o Museum of Modern Art, o Metropolitan Museum of Art e os Cloisters, e um cruzeiro Circle Line de 2 horas pelo porto. Ingressos individuais custariam pelo menos o dobro (embora eu deva apontar que o Met tenha um preço "sugerido" de entrada).
>
> Mais importante, o CityPass não é um cupom de desconto. Ele contém ingressos de fato, portanto você pode evitar as longas filas. Isso pode lhe economizar horas, já que atrações como o Empire State Building geralmente têm filas, de uma hora ou mais, para comprar ingressos.
>
> O CityPass vale por 9 dias desde a primeira vez que você usá-lo. É vendido em todas as atrações participantes e pelo site **http://citypass. com**. Para evitar atendimento online e taxas de entrada, é possível comprá-lo na sua primeira atração (comece pela que provavelmente tenha a menor fila, como o Guggenheim). Porém, se começar sua excursão em um fim de semana ou durante feriados, quando as filas estão bem grandes, a compra online pode valer a pena.
>
> Para mais informações, ligue para ✆ **888/330-5008** (note, porém, que o CityPass não é vendido por telefone).

Caminhando pela ponte: Caminhar pela Brooklyn Bridge é uma das minhas atividades favoritas em Nova York, embora não haja dúvidas de que as vistas para Lower Manhattan a partir da ponte tenham uma lembrança dolorosa, assim como um espírito alegre. Uma ampla passarela para pedestres de madeira se eleva sobre o tráfego, possibilitando uma caminhada relativamente tranquila e popular. Há uma entrada na calçada pela Park Row, do outro lado do City Hall Park (tome o trem 4, 5 ou 6 até Brooklyn Bridge/City Hall). Mas porque esta caminhada *se afastando* de Manhattan, na direção da silhueta do Brooklyn, bem menos bonita? Para ver a silhueta de Manhattan, pegue um trem da linha A ou C até High Street, uma estação no Brooklyn. Saia da estação e caminhe pela praça até Cadman Plaza East e vire para a esquerda até a escadaria que leva à passarela (ir por Prospect Place sob a ponte, virando à direita para Cadman Plaza East, também dá para a escadaria). É uma caminhada de 20 a 40 minutos pela ponte na direção de Manhattan, dependendo do seu passo, do tráfego de pedestres e do número de paradas para apreciar

124   CAPÍTULO 4 - EXPLORANDO A CIDADE DE NOVA YORK

as vistas espetaculares (há bancos pelo caminho). A caminhada lhe deixará bem na frente do City Hall Park.

Boas dicas: O complemento perfeito para a sua caminhada pela ponte é uma pizza no **Grimaldi's** (ver "Pizza ao Estilo Nova York", na página 94), seguida de um sorvete caseiro na **Brooklyn Ice Cream Factory** (℡ 718/246-3963), localizada na Fulton Ferry Fire Boat House, no rio e sob a sombra da ponte. A pizza e o sorvete lhe fortificarão para a sua caminhada por Manhattan.

Metrô: A, C até High St.; 4, 5, 6 até Brooklyn Bridge-City Hall.

Ellis Island 👁👁   Uma das mais tocantes vistas de Nova York, a restaurada Ellis Island foi inaugurada em 1990, levemente ao norte da Liberty Island. Praticamente 40% da população norte-americana (me incluindo) pode traçar suas origens a um ancestral que chegou pela ilha. Por 62 anos, quando foi a principal porta de entrada dos Estados Unidos para imigrantes (1892-1954), passaram por Ellis Island cerca de 12 milhões de pessoas. A recepção era frequentemente brusca – especialmente nos primeiros anos do século (até 1924), quando até 12 mil pessoas chegavam em um único dia. As estatísticas podem ser aterradoras, mas o **Immigration Museum** conta com habilidade a história de Ellis Island, e da imigração aos Estados Unidos, ao colocar ênfase nas histórias pessoais.

É difícil não deixar o museu emocionado. Hoje, você entra pela sala de bagagens do Edifício Principal da mesma maneira como os imigrantes, e depois sobe as escadas até a **Registry Room** com seu dramático teto encurvado, onde milhões aguardavam ansiosamente pelos exames médicos e pela aprovação legal. Um relato detalhado da viagem dos imigrantes é apresentado, com fotos marcantes e emocionantes histórias contadas oralmente. O que poderia ser a apresentação mais pungente é a **Treasuries from Home**, mil objetos e fotos doadas pelos descendentes dos imigrantes, incluindo relíquias de famílias, artigos religiosos e roupas e joias raras. Do lado de fora, o **American Immigrant Wall of Honor** celebra os nomes de mais de 500 mil imigrantes e suas famílias. Você pode até mesmo pesquisar a história de sua própria família no interativo **American Family Immigration History Center.** É possível também aproveitar o tempo para ver o premiado curta *Island of Hope, Island of Tears*, que passa ininterruptamente em dois cinemas. Curtas apresentações teatrais ao vivo, retratando a experiência da imigração, são também frequentemente parte dos eventos do dia.

Dica para o turista: Travessias de balsa estão disponíveis diariamente para Ellis Island e para Liberty Island, partindo de Battery Park e Liberty State Park a intervalos frequentes; veja a lista para a Estátua da Liberdade (página 131) para mais informações.

No Porto de Nova York. ℡ **212/363-3200** (informações gerais) ou 212/269-5755 (entradas/ informações sobre a balsa). www.nps.gov/elis, www.ellisisland.org ou www.statue-cruises.com. Entrada grátis (cobra ingresso da travessia). Diariamente, das 9h30min às

AS PRINCIPAIS ATRAÇÕES 125

17h15min (a última balsa sai perto das 15h30min). Para informações sobre o metrô e a balsa, veja a listagem para a Estátua da Liberdade na página 131 (a travessia de balsa inclui paradas nas duas atrações).

Empire State Building ★★★ Precisou de 60 mil toneladas de ferro, 10 milhões de tijolos, 750 mil metros de cabos elétricos, 192 quilômetros de tubulações e sete milhões de horas-homem para ser erguida. King Kong o escalou em 1933 – e novamente, em 2005. Um avião se chocou contra ele em 1945. O World Trade Center o superou em 1970, como o edifício mais alto da ilha. E, em 1997, um atirador subiu por ele para efetuar um tiroteio mortal. Naquele horrível dia de 11 de setembro de 2001, conquistou novamente o título de edifício mais alto de Nova York, depois de 31 anos no segundo lugar. E, por tudo isso, o Empire State Building permaneceu um dos marcos mais queridos da cidade e seu edifício símbolo. Concluído em 1931, a beleza em Streamline Déco de pedra calcária e aço inoxidável possui 102 andares (436 metros) e agora é sede de escritórios de moda e, em seus andares mais altos, de uma parafernália de equipamentos de transmissão de alta tecnologia.

Sempre um assunto de conversas, o Empire State Buiding brilha todas as noites, banhado em uma profusão de luzes coloridas para comemorar eventos significativos – vermelho, branco e azul para o dia da Independência; verde para o dia de São Patrício; vermelho, preto e verde para o dia de Martin Luther King; azul e branco para o Hanukkah; até mesmo azul para a aparição do New York Giants no Super Bowl de 2008 (há um cronograma de iluminação disponível online). A conhecida espiral prateada pode ser vista de todos os lugares da cidade.

As melhores vistas, e o que continua a atrair cerca de três milhões de visitantes por ano, são as dos observatórios nos 86º e 102º andares. O mais baixo é o melhor – você pode caminhar por uma plataforma onde venta muito forte e olhar por telescópios que funcionam com moedas (leve moedas de 25 centavos de dólar!) que, em dias claros, até alcança 128 quilômetros. O panorama é magnífico. Uma surpresa é o alvoroço de atividades sobre os telhados, um aspecto da vida na cidade que pulsa despercebido de nosso ponto de vantagem cotidiano, na calçada. A plataforma superior de observação é envolta em vidro e apertada.

Uma leve neblina pode criar um admirável efeito climático, mas é claro que um dia claro é melhor. O alvorecer traz as mais notáveis vistas e as maiores multidões. Considere ir pela manhã, quando a luz ainda está baixa sobre o horizonte, o que reduz o ofuscamento. As noites estreladas são pura magia.

Em sua pressa de subir, não passe correndo pelo lobby de mármore de três andares sem parar para admirar seus adornos, que incluem um maravilhoso mural Streamline.

350 Fifth Ave. (altura da rua 34). ✆ **212/736-7100.** www.esbnyc.com. Entrada para o observatório US$ 19 adultos, US$ 17 idosos e crianças de 12 a 17 anos, US$ 13 crianças de 6 a 11 anos, grátis para crianças com menos de 6 anos de idade. Aberto diariamente das 8h às 2h, último elevador às 1h15min. Metrô: B, D, F, N, R, Q, V, W até rua 34; 6 até rua 33.

126   **CAPÍTULO 4 - EXPLORANDO A CIDADE DE NOVA YORK**

Grand Central Terminal ⭑⭑   Mesmo se não tomar uma das linhas de metrô ou os trens Metro North que chacoalham pela Grand Central Terminal, vá visitá-lo; é um dos lugares públicos mais belos do país. E, mesmo se você chegar e partir de metrô, saia da estação, andando um par de quarteirões para o sul, até perto da rua 40, antes de se virar para admirar a escultura neoclássica de Jules-Alexis Coutan *Transportation*, pairando sobre a entrada sul, com um majestoso Mercúrio, o deus romano do comércio e da viagem, como sua figura central.

O maior impacto visual se dá quando você entra pelo grande e majestoso **salão principal**. As altas janelas permitem que a luz do sol penetre no espaço, fazendo o piso de meio acre de mármore do Tennessee cintilar. O relógio de latão brilha sobre o quiosque central, assim como os candelabros revestidos de ouro e de níquel que perfuram os arcos laterais. A obra-prima que é o **teto astral**, de um azul esverdeado brilhante, retrata as constelações do céu de inverno acima de Nova York. Elas são iluminadas com 59 estrelas, cercadas por ouro de 24 quilates e emitindo luz por meio de cabos de fibra ótica, suas intensidades quase que imitando a magnitude das estrelas verdadeiras como vistas da Terra. Olhe com cuidado e você verá uma parte, perto de um canto, que não foi restaurada, como um lembrete da negligência que uma vez visitou esta magnífica obra-prima sobre nossas cabeças. Na ponta leste do salão principal há uma grande **escada de mármore.**

Este esplendor das Belas Artes serve como um ponto central de atividade social, também. Lojas e restaurantes de excelente qualidade dominaram o mezanino e os níveis inferiores. Saindo do salão principal, ao nível da rua, há uma mescla de lojas de especialidades e varejistas nacionais, assim como o **Grand Central Market** para comida gourmet. A **New York Transit Central Market**, na passagem de transferência, abriga apresentações relacionadas a transporte e uma loja de presentes que vale a pena dar uma olhada. O **salão inferior de alimentação*** abriga um pátio de alimentação e o famoso **Oyster Bar & Restaurant.**

Rua 42 com Park Ave. ✆ **212/340-2210** (linha exclusiva para eventos). www. grandcentralterminal.com. Metrô: S, 4, 5, 6 ou 7 até a rua 42/ Grand Central.

Metropolitan Museum of Art ⭑⭑⭑   Lar de exibições cada vez mais populares, o Metropolitan Museum of Art atrai cerca de 5 milhões de pessoas ao ano, mais do que qualquer outro local em Nova York. Em um espaço de 480 mil metros quadrados, este é o maior museu do Ocidente. Praticamente todas as culturas do mundo estão à mostra – desde as múmias do Egito, passando pelas estátuas gregas e entalhes islâmicos, pinturas renascentistas e máscaras dos índios americanos até arte decorativa do século XX – e obras-primas são a norma. Você poderia ir ao museu uma vez por semana, por toda a sua vida, e ainda encontrar algo novo a cada visita.

AS PRINCIPAIS ATRAÇÕES 127

Portanto, a menos que você planeje passar todas as suas férias no museu (alguns fazem isso), você não poderá ver toda a coleção. Minha recomendação é passar um bom dia – ou, melhor ainda, dois dias pela metade, assim você não ficará muito cansado. Um bom modo de obter uma visão geral é fazer uma **Museum Highlights Tour**, disponível todos os dias em horários variados (geralmente entre 10h15min e 15h15min; as excursões são oferecidas em espanhol, italiano, alemão e coreano). Visite o website do museu para saber a frequência destas excursões, além das temáticas (Old Masters Paintings, American Period Rooms, Arts of China, Islamic Arts e por aí); você pode obter um cronograma das excursões do dia no guichê de Serviço ao Turista ao chegar. Um cronograma diário das **Gallery Talks** também está disponível.

O modo menos cansativo de ver o Met sozinho é pegar um mapa no guichê do salão de entrada e se concentrar no que gosta, sejam pinturas do século 17, móveis americanos ou arte do Pacífico Sul. Os destaques incluem o **Garden Court,** na American Wing, com suas esculturas do século XIX; o **Costume Hall;** e a **sala Frank Lloyd Wright.** As belamente reformadas **galerias Romana e Grega** são surpreendentes, mas de modo maravilhoso, assim como as coleções de **Arte Bizantina** e a de **arte chinesa.** O destaque da **coleção egípcia** é o **Templo de Dendur,** em uma dramática galeria de paredes de vidro especialmente construída, com vista para o Central Park.

Em resposta às grandes multidões, o Met agora abre nas "segundas-feiras de feriado". Nestas segundas, tais como o Memorial Day ou o Dia do Trabalho, o museu abre das 9h30min até 17h30min.

Para comprar ingressos para concertos e palestras, ligue para ☎ **212/570-3949** (de segunda a sexta, das 9h30min às 17h). O museu abriga várias instalações para comer, incluindo um **restaurante completo** servindo cozinha Continental (☎ **212/570-3964** para reservas). O jardim da cobertura vale a pena ser visitado, se você estiver aqui da primavera até o outono, oferecendo vistas tranquilas para o Central Park e para a cidade.

As coleções medievais do Met ficam em Upper Manhattan, no **The Cloisters** ✸✸; veja a listagem completa na página 135.

Fifth Ave., altura da rua 82. ☎ **212/535-7710.** www.metmuseum.org. Entrada sugerida (inclui entrada no mesmo dia para o The Cloisters) US$ 20 adultos, US$ 15 idosos e US$ 10 estudantes, grátis para crianças com menos de 12 anos quando acompanhadas por um adulto. Domingo, segunda de feriado (Memorial Day, Dia do Trabalho e por aí vai) e de terça a quinta, das 9h30min às 17h30min; sexta e sábado, das 9h30min às 21h. Carrinhos de bebê são permitidos na maioria das áreas — pergunte nos Guichês de Informação sobre as limitações das galerias. Carrinhos grandes e de balanço são proibidos. Metrô: 4, 5, 6 até rua 86.

128   CAPÍTULO 4 - EXPLORANDO A CIDADE DE NOVA YORK

Museum of Modern Art 🎭🎭   O renovado e expandido MoMA, depois de 2 anos de reformas, tem quase o dobro do espaço do anterior. A reforma, planejada por Yoshio Taniguchi, privilegia o espaço e a luz, com salas abertas, pé-direito alto e jardins – um belo trabalho de arquitetura e um complemento à arte que abriga. Aqui é o lugar onde você encontrará *Starry Night*, de Van Gogh, *Bather*, de Cezanne, *Les Demoiselles d'Avignon*, de Picasso e a grande escultura de Rodin, *Monument to Balzac*. Sempre que visito o museu, gosto de passear pelo divertido departamento "Architecture and Design", com exemplos de projetos para eletrodomésticos, móveis e mesmo carros esportivos. O MoMA também exibe inovadoras apresentações e uma celebrada série de filmes. O coração do museu continua a ser o Abby Aldrich Rockefeller Sculpture Garden, que foi expandido; o novo projeto do museu permite vistas adicionais para este encantador espaço desde outras áreas do museu. E, desde a primavera de 2008, o MoMA instalou uma rede Wi-Fi por todo o museu, para que os visitantes possam acessar um website para celulares de aparelhos de mão (basicamente iPhone e iPod Touch). Eles podem carregar excursões e comentários em áudio; o conteúdo é disponível em oito idiomas, assim como há versões específicas para crianças, adolescentes e deficientes visuais. O MoMA é um dos mais caros museus em Nova York, mas tem um dia "grátis": sextas-feiras, das 16h às 20h.

11 W. 53rd St. (entre as avenidas Fifth e Sixth). ✆ **212/708-9400**. www.moma.org. Entrada US$ 20 adultos, US$ 16 idosos, US$ 12 estudantes, crianças com menos de 16 anos grátis se acompanhada por um adulto. De sábado a segunda e de quarta a quinta, das 10h30min às 17h30min; sexta, das 10h30min às 20h. Metrô: E, V até a Fifth Ave.; B, D, F até a rua 47-50/Rockefeller Center.

Rockefeller Center 🎭🎭   Uma aerodinâmica obra-prima moderna, o Rockefeller Center é um dos pontos de encontro centrais de Nova York, tanto para turistas quanto para os nova-iorquinos. Um grande exemplo do espírito arranha-céu e do senso histórico de otimismo da cidade, foi principalmente construído nos anos 30, quando a cidade estava afundada na Depressão, assim como na sua fase Art Déco mais apaixonada. Considerado um Marco Histórico Nacional em 1988, é o maior centro comercial e de entretenimento privado do mundo, com 18 edifícios em quase 1 quilômetro quadrado.

Para uma aproximação dramática ao complexo, comece pela Fifth Avenue, entre as ruas 49 e 50. Os construtores fizeram uma leve inclinação do Promenade, conhecida como **Channel Gardens**, de propósito, porque é flanqueado ao sul pela La Maison Française e, ao norte, pelo British Building (uma referência ao Canal da Mancha).

O **Rink at Rockefeller Center** 🎭 (✆ **212/332-7654**; www.rockefellercenter. com) é pequeno, porém romântico, especialmente durante os feriados, quando as luzes multicoloridas da árvore de Natal brilham desde cima. O rinque fica aberto desde o meio de outubro até o meio de março, e você poderá andar de patins sob a magnífica árvore no mês de dezembro.

AS PRINCIPAIS ATRAÇÕES 129

Subindo ao Topo da Pedra

Competindo amigavelmente com o Empire State Building quando se trata de vistas espetaculares, o deck de observação do 30 Rockefeller Plaza é conhecido como **Top of the Rock** ⊕⊕. O imponente deck, que vai do 67º ao 70º andar, foi construído em 1933 para lembrar a grandeza de um navio transatlântico de luxo. É mais espaçoso do que o deck do Empire State Building, e as panorâmicas, embora não tão altas, são impressionantes. Você pode se divertir tanto ao subir quanto quando estiver no deck; os elevadores de velocidade de foguete, com teto de vidro, projetam imagens dos anos 30 até o momento atual, enquanto decolam para cima. Ingressos de tempo reservado ajudam a minimizar as filas e estão disponíveis online pelo site **www.topoftherocknyc. com**. O deck de observação abre diariamente, das 8h30min até a meia-noite; a entrada custa US$ 18,50 para adultos, US$ 16 para idosos, US$ 11,25 para crianças com idade entre 6 e 11 anos, e é grátis para crianças com 6 anos ou menos. Para mais informações, ligue para ℂ **877/NYC-ROCK** (877/692-7625) ou 212/698-2000 ou visite www.topoftherocknyc.com.

O ponto focal desta "cidade dentro de uma cidade" é o edifício no **30 Rockefeller Plaza** ⊛, uma peça de 70 andares projetando-se sobre a praça. Ainda é um dos edifícios mais impressionantes da cidade; caminhe por ele para olhar o lobby de granito e mármore, decorado com murais monumentais em tom de sépia de José Maria Sert. Você pode pegar um folheto para excursões de caminhada destacando a arte e arquitetura do centro, no guichê de informações. No 65º andar, a lendária Rainbow Room está aberta ao público, mas de forma limitada.

A emissora **NBC** mantém estúdios por todo o complexo. Os programas *Saturday Night Live* e *Late Show with Conan O'Brien* são gravados no 30 Rock. O programa **Today** é transmitido ao vivo, nos dias úteis, das 7h às 10h no estúdio de vidro na esquina sudoeste da rua 49 com Rockefeller Plaza; chegue cedo se quiser um lugar visível, e leve seu cartaz "OLÁ MAMÃE!".

A **NBC Studio Tour** (ℂ 212/664-3700; www.nbcuniversalstore.com), de 70 minutos, lhe levará para detrás das câmeras da rede do pavão. A excursão muda diariamente, mas pode incluir os cenários dos programas *Today, NBXC Nightly News, Dateline NBC* e/ou *Saturday Night Live*. Quem sabe? Você pode até mesmo encontrar com Brian Williams ou Meredith Viera. As excursões ocorrem a cada 15 ou 30 minutos de segunda a sábado, das 8h30min às 17h30min, e no domingo, das 9h30min às 16h30min (até mais tarde, em certos dias de verão); claro, você

130 CAPÍTULO 4 - EXPLORANDO A CIDADE DE NOVA YORK

terá uma chance melhor de ver alguma ação de verdade nos dias úteis. Os ingressos custam US$ 19 para adultos, US$ 16 para idosos e crianças entre 6 e 12 anos. Você pode reservar seus ingressos com antecedência (o que é recomendado) ou comprá-los diretamente na loja NBC Experience, no Rockefeller Plaza com a rua 49. Também há o Rockefeller Center Tour, de uma hora, de segunda a sábado, a cada hora entre 11h e 17h, e domingo, entre a 11h e 15h. Os ingressos custam US$ 12 para adultos, US$ 10 para idosos e crianças de 6 a 12 anos; dois pacotes de combinação de excursões estão disponíveis por US$ 23. Ligue para ✆ **212/664-7174.**

Radio City Music Hall ✵**,** 1260 Sixth Ave. com rua 50 (✆ **212/247-4777;** www.radiocity.com) é, talvez, o feito arquitetônico mais impressionante do complexo. Projetado por Donald Deskey e inaugurado em 1932, é um dos maiores teatros indoor, com 6.200 assentos. Mas sua real grandeza deriva de seus magníficos ornamentos Art Déco. O toque principal é o grande arco do palco, que, dos assentos mais distantes, evoca um longínquo sol se pondo no horizonte do mar. As salas de homens e mulheres são igualmente esplêndidas. O teatro sedia o anual **Christmas Spectacular**, estrelando as Rockettes. A iluminadora **Stage Door Tour**, de uma hora, está disponível de segunda a sábado, das 10h às 17h, no domingo de 11h às 17h; ingressos custam US$ 17 para adultos, US$ 10 para crianças até 12 anos.

Entre ruas 48 e 50, da Fifth Ave até a Sixth Ave. ✆ **212/332-6868.** www.rockefeller-center.com. Metrô: B, D, F, V até ruas 47-50/Rockefeller Center.

Solomon R. Guggenheim Museum✵   Já foi chamado de pão, caracol, furacão de concreto e mesmo de um bolo de casamento gigante; leve seus filhos e eles verão o museu como provavelmente o lugar mais legal de Nova York para andar de skate. Qualquer que seja a descrição que você escolha usar, o único edifício em Nova York projetado por Frank Lloyd Wright, concluído em 1959, é mais bem resumido como um brilhante trabalho de arquitetura – tão coerentemente brilhante que compete com a arte pela sua atenção. Se estiver procurando pela melhor arte moderna da cidade, vá ao MoMA ou ao Whitney antes; depois vá ao Guggenheim para ver o prédio.

Mas a restauração não teve efeito no que está dentro, e é fácil de ver a maior parte do que está em exibição entre 2 e 4 horas. A rotunda em espiral do museu dá voltas sobre uma rampa levemente inclinada que permite que você passe pelas obras em exibição, que mudam constantemente. Geralmente, a progressão é contraintuitiva; a partir do primeiro andar para cima, ao invés do sexto andar para baixo. Se estiver inseguro, pergunte a um funcionário antes de começar. Obras permanentes da arte dos séculos XIX e XX, incluindo destaques de Kandinsky, Klee, Picasso e dos impressionistas franceses, ocupam completamente um anexo chamado Tower Galleries, uma adição (acessível de qualquer andar) que alguns críticos afirmaram ter feito a estrutura toda se parecer com um vaso sanitário com o tanque da descarga atrás (veja o que você acha).

AS PRINCIPAIS ATRAÇÕES 131

O Guggenheim apresenta alguns programas especiais, incluindo excursões diárias grátis para professores, uma agenda limitada de conferências, filmes grátis para famílias, exibições de vanguarda para os adultos e excursões pelas galerias guiadas segundo o curador, nas tardes selecionadas de sexta-feira.

1071 Fifth Ave. (altura da rua 89). ☏ **212/423-3500**. www.guggenheim.org. Entrada US$ 18 adultos, US$ 15 idosos e estudantes, grátis para crianças até 12 anos, pague o quanto quiser das 17h45min às 19h15min de sexta-feira. De sábado a quarta, das 10h às 17h45min; sexta, das 10h às 19h45min. Metrô: 4, 5, 6 até a rua 86.

Staten Island Ferry ⭐ *Valor*   Em 2006, a balsa para Staten Island celebrou seu centésimo aniversário. Ao longo dos anos, tem sido uma das melhores barganhas de Nova York – às vezes, custando alguns centavos e, na maioria das vezes, como agora, totalmente de graça. É o melhor brinde de Nova York – especialmente se você quiser apenas um relance da Estátua da Liberdade, e não subir seus degraus. Você tem uma excursão de uma hora (ida e volta) pelo maior porto do mundo. Este não é um passeio de turista, mas um meio de transporte. Como resultado, durante as horas de trabalho, você compartilhará a balsa com trabalhadores lendo e tomando café.

Vá para o deck e aprecie o intenso tráfego do porto. As velhas balsas cor de laranja e verde geralmente têm decks abertos nas laterais ou na proa e na popa; tente pegar uma destas, se puder, já que as balsas brancas, mais novas, não têm decks. Pegue um assento à direita da balsa para ter a melhor vista. Ao sair de Manhattan, você passará pela Estátua da Liberdade (a balsa passa perto da Lady Liberty no caminho até Staten Island), Ellis Island e, pela esquerda da balsa, pela Governor's Island; você verá a Verrazzano Narrows Bridge se estendendo do Brooklyn até Staten Island à distância. Uma vez em terra firme, há outra balsa esperando para voltar à Manhattan, normalmente. As vistas da silhueta de Manhattan são ótimas, durante a viagem de volta.

Saídas do Whitehall Ferry Terminal, no extremo sul de Manhattan. ☏ **718/727-2508**. www. ci.nyc.ny.us/html/dot. Bilhetes grátis 24 horas; a cada 20-30 minutos nos dias úteis, menos frequente fora do horário de pico e nos finais de semana. Metrô: R, W até Whitehall St.; 4, 5 até Bowling Green; 1 até South Ferry (entre em um dos 5 primeiros carros).

Estátua da Liberdade ⭐⭐⭐ *Crianças*   Para os milhões que chegaram de navio aos Estados Unidos no último século – tanto como turistas privilegiados ou imigrantes pobres e cheios de esperança – a Dama Liberdade, imponente sobre a Upper Bay, era o primeiro relance que tinham do país. Nenhum outro monumento incorpora a noção, do país e do mundo, da liberdade política e do potencial econômico. Mesmo se você não for até Liberty Island, você pode ter um relance de arrepiar do Battery Park, no lado da baía em Nova Jersey, ou durante uma viagem pela balsa de Staten Ferry (ver listagem acima). É sempre reconfortante ver sua tocha iluminando o caminho.

132   CAPÍTULO 4 - EXPLORANDO A CIDADE DE NOVA YORK

Proposto pelo estadista francês Edouard de Laboulaye como um presente da França aos Estados Unidos, para comemorar a amizade entre os dois países, além das ideias iguais sobre a liberdade, a estátua foi desenhada pelo escultor Frédéric-Auguste Bartholdi com a ajuda do engenheiro Alexandre-Gustave Eiffel (responsável pela famosa torre em Paris) e inaugurada em 28 de outubro de 1886. *Dicas para turistas:* As balsas partem diariamente, a cada meia hora ou 45 minutos, a partir das 21h até quase 15h30min, com balsas mais frequentes pela manhã e em horário ampliado durante o verão. Tente chegar cedo em um dia da semana para evitar as multidões que se aglomeram durante a tarde, nos finais de semana e nos feriados. Uma parada em **Ellis Island** 𝒢𝒢 (página 124) está incluída na tarifa, mas se você tomar a última balsa poderá visitar a estátua ou Ellis Island, e não ambas.

Você pode solicitar bilhetes para a balsa antecipadamente pelo site **www.statuereservations.com**, que lhe permite embarcar sem pegar filas, que às vezes podem ser longas; porém, há uma taxa adicional de serviço de US$ 1,75 por bilhete. Mesmo se já tiver comprado seus bilhetes, chegue pelo menos 30 minutos antes do horário de sua balsa por causa dos procedimentos de segurança mais rígidos antes do embarque. Ao chegar à Liberty Island, você começará a ter uma ideia da imensidade da estátua: ela pesa 225 toneladas e mede 45,6 metros, do pé até a sua chama. Somente o nariz mede 1,35 metro, e seu dedo indicador, 2,4 metros.

Na Liberty Island, porto de Nova York. 📞 **212/363-3200** (informações gerais) ou 212/269-5755 (informações sobre ingressos e balsa). www.nps.gov/stli ou www.statuecruises. com. Entrada grátis; bilhete para balsa até a Estátua da Liberdade e Ellis Island US$ 12 adultos, US$ 10 idosos, US$ 5 crianças entre 3 e 17 anos. Diariamente, das 9h às 15h30min (a última balsa parte por volta das 15h30min); horário ampliado no verão. Metrô: 4, 5 até Bowling Green; 1 até South Ferry. Caminhe sentido sul pelo Battery Park até Castle Clinton, o forte onde fica a bilheteria da balsa.

Times Square *(Superestimado* Não há dúvida de que Times Square se desenvolveu em algo muito diferente do que era há uma década, quando tinha uma reputação merecidamente frágil. Ainda, há muito debate entre os nova-iorquinos sobre qual encarnação era melhor. Para os nova-iorquinos, Times Square é um lugar que nos esforçamos ao máximo para evitar. As multidões, mesmo para os padrões de Nova York, são sufocantes; os restaurantes, na maioria redes nacionais, não são muito bons; as lojas, igualmente na maioria redes nacionais, são sem imaginação; e as atrações, como o museu de cera **Madame Tussauds New York**, são bregas. Suponho que seja um pouco Las Vegas para nós. Porém, você viajou tanto que deve, pelo menos, dar uma olhada, nem que seja apenas pelo surpreendente espetáculo de néon.

A maioria dos teatros da Broadway está ao redor de Times Square, portanto planeje sua visita de acordo com os horários das peças. Para uma refeição antes do jantar caminhe dois quarteirões a oeste até a Ninth Avenue, onde você encontrará muitos restaurantes, relativamente baratos e bons. Se estiver com crianças, a roda gigante na loja **Toys "R" US** faz a visita a Times Square valer a pena.

AS PRINCIPAIS ATRAÇÕES 133

Local do World Trade Center (Ground Zero)

Você chama um lugar onde 3.000 pessoas perderam suas vidas de "atração"? Ou seria um santuário? Este é o dilema do local onde estava o World Trade Center. O que tem sido um enorme buraco por 5 anos é, agora, algo mais que isso; a construção da proposta "Freedom Tower" começou em 2006. Porém, mesmo com os trabalhos em andamento, há ainda muita discussão sobre o que emergirá deste buraco. O novo projeto mantém elementos essenciais do original — seus quase 533 metros e seu mastro iluminado evocando a tocha da Estátua da Liberdade. A partir de sua base quadrada, a Torre irá afunilar em oito altos triângulos isósceles, formando um octógono em seu centro. Um deck de observação estará a mais de 400 metros do chão.

No momento, você pode ver o local por uma plataforma no lado da Church Street; neste "Wall of Heroes" estão os nomes daqueles que perderam suas vidas naquele dia, junto com a história do local, incluindo fotos da construção do World Trade Center no final dos anos 60 e como, a partir de sua inauguração em 1972, ele mudou a silhueta e o centro de Nova York. Uma caminhada pelo "Wall of Heroes" continua a ser uma experiência dolorosamente tocante.

O local é delimitado pelas ruas Church, Barclay, Liberty e West. Ligue para ℭ **212/484-1222** ou acesse **www.nycvisit.com** ou **www.southstseaport.org** para informações sobre a vista; vá para **www.downtownny.com** para saber mais sobre a área de lower Manhattan, além de dados atualizados da reconstrução. Ligue para ℭ **212/422-3520**, ou acesse **www. tributewtc.org** para mais informações. Excursões estão disponíveis de segunda a sexta, às 11h, 13h e 15h; sábado e domingo ao meio-dia, 13h, 14h e 15h. A taxa é de US$ 10 para adultos; crianças até 12 anos, grátis.

Metrô: 1, 2, 3, 7, N, Q, R, S, W até Times Sq.; A, C, E até rua 42- Port Authority.

Wall Street & the New York Stock Exchange   Wall Street – um ícone, o centro principal para as altas e baixas em todos os mercados acionários do mundo. Esta pequena rua do século XVIII (você ficará surpreso por ver o quanto é pequena) é apropriadamente monumental, com torres neoclássicas enfileiradas nas calçadas que chegam tão longe quanto os sonhos e a ambição dos investidores que a tornou o mais famoso centro financeiro do mundo.

No coração da ação está a **New York Stock Exchange (NYSE)**, a maior bolsa de valores de mundo, onde bilhões trocam de mãos. A NYSE foi fundada em 1792,

134   CAPÍTULO 4 - EXPLORANDO A CIDADE DE NOVA YORK

quando mercadores se encontravam diariamente debaixo de um sicômoro para tentar vender, entre si, os títulos que os Estados Unidos emitiram para financiar a Guerra da Independência. Em 1903, estavam negociando ações de companhias de capital aberto neste "templo" Beaux Arts de colunas coríntias projetado por George Post. Cerca de 3 mil companhias estão agora listadas na bolsa, negociando quase 314 bilhões de ações avaliadas em cerca de US\$ 16 trilhões. Infelizmente, a NYSE não está mais aberta para excursões ao público.

20 Broad St. (entre Wall St. e Exchange Place). ✆ **212/656-3000.** www.nyse.com. Metrô: J, M, Z até Broad St.; 2, 3, 4 e 5 até Wall St.

Whitney Museum of American Art ✿✿ O que é, indiscutivelmente, a melhor coleção de arte norte-americana do século XX no mundo pertence ao Whitney graças aos esforços de Gertrude Vanderbilt Whitney. Uma escultora, Whitney organizou apresentações de artistas norte-americanos que saíam das academias tradicionais, reunidas em uma grande coleção, e fundou o museu no Greenwich Village em 1930.

O museu, hoje, é uma presença imponente na Madison Avenue – uma pirâmide invertida de três níveis, de concreto e granito cinza, com sete janelas aparentemente aleatórias projetado por Marcel Breuer, um líder do movimento Bauhaus. A coleção permanente, que se alterna, consiste em uma inteligente seleção dos principais trabalhos de Edward Hopper, George Bellows, Geeorgia O'Keefe, Roy Lichtenstein, Jasper Johns e outros artistas. Um espaço para exibições, no segundo piso, é dedicado exclusivamente para os trabalhos de sua coleção permanente, desde 1900 até 1950, enquanto o resto é dedicado para as exposições itinerantes.

As mostras são bem curadas e mais modernas do que você veria no MoMA ou no Guggenheim. Os temas variam de apresentações temáticas, como "American Art in the Age of Technology", e "The Warhol Look: Glamour Style Fashion", até profundas retrospectivas de movimentos e artistas famosos ou menos conhecidos (como o Flexus, o movimento que gerou Yoko Ono, entre outros, ou como Mark Rothko, Keith Haring, Duane Hanson, Bob Thompson). **Excursões grátis pela galeria** são oferecidas diariamente, e o calendário é preenchido com músicas, cinema e debates.

945 Madison Ave. (altura da rua 75). ✆ **800/WHITNEY** ou 212/570-3676. www.whitney.org. Entrada US\$ 15 adultos, US\$ 10 idosos, estudantes grátis com identificação válida, grátis também para crianças de até 12 anos. Pague o quanto quiser na sexta, das 18h às 21h. Quarta e quinta, e sábado e domingo, das 11h às 18h; sexta, das 13h às 21h. Metrô: 6 até a rua 77.

MAIS MUSEUS E GALERIAS EM MANHATTAN **135**

2 Mais Museus e Galerias em Manhattan

GALERIAS DE ARTE O SoHo continua colorido, se bem menos moderno no que costumava ser, com a ação centralizada na West Broadway e invadindo até a borda de Chinatown. Comece com a **Peter Brum Gallery**, 99 Wooster St. (€ **212/343-0441**), que exibiu Kim Sooja, um artista coreano que usa colchas tradicionais coreanas para comentar a promessa de bênção do casamento; **O. K. Harris**, 383 W. Broadway (€ **212/431-3600;** www.okharris.com), que exibe uma fascinante variedade de pintura, escultura e fotografias contemporâneas; e **Louis K. Meisel**, 141 Prince St. (€ **212/677-1340;** www.meiselgallery.com), especializada em fotorrealismo e arte pinup norte-americana (sim, as garotas Petty e Vargas). Em TriBeCa, experimente **Cheryl Hazan Arts Gallery,** 35 N. Moore St. (€ **212/343-8964;** www. cherylhazanarts.com) ou DFN Gallery, 210 11th Ave. 6th Fl. (€ 212/334-3400; www.dfngallery.com) que se concentra na arte contemporânea nova e diferente.

Children's Museum of Manhattan 🌟 (*Crianças* Aqui é um ótimo lugar para levar as crianças quando estiverem cansadas de ficarem ouvindo para não tocar em nada. Concebido para crianças de 2 até 12 anos, este museu é estritamente manual. Apresentações interativas e centros de atividade incentivam a autodescoberta. O Time Warner Media Center leva as crianças pelo mundo da animação e as ajuda a produzir seus próprios vídeos. O Body Odissey é uma jornada divertida e científica pelo corpo humano. Este não é um museu somente para crianças com mais de 5 anos – há apresentações também para bebês de colo e aqueles que engatinham. O calendário também inclui aulas de arte e contadores de histórias, e uma agenda completa de entretenimento nos finais de semana.

212 W. 83 St. (entre as avenidas Broadway e Amsterdam). € **212/721-1234.** www.cmom. org. Entrada US\$ 9 crianças e adultos, US\$ 6 idosos. Na temporada escolar, de quarta a domingo e nos feriados escolares, das 10h às 17h; verão, de terça a domingo, das 10h às 17h. Metrô: 1 até rua 86.

The Cloisters 🌟🌟 Se não fosse por esta filial do Metropolitan Museum of Art, muitos nova-iorquinos nunca chegariam a este ponto mais setentrional de Manhattan. Este lugar remoto, porém encantador, é devotado à arte e à arquitetura da Europa medieval. Acima de um desfiladeiro que olha o Hudson River de cima, você

136 CAPÍTULO 4 - EXPLORANDO A CIDADE DE NOVA YORK

Achados   **Arte de Vanguarda em Chelsea**

A área nas ruas que começam com 20, ao oeste, entre as avenidas Tenth e Eleventh, é lar da cena da atual arte de vanguarda em Nova York, com a West 26th servindo como a informal "rua das galerias" — e praticamente toda a arte é grátis para o público. Faça um favor a si mesmo e dê uma caminhada pelo bairro. Pegue as linhas C, E até a rua 23, de terça até sábado, das 10h às 18h. Consulte a *Time Out New York* ou o *New York Times* para ver a disponibilidade, e veja que muitas galerias fecham durante o verão.

---

encontrará uma casa capitular do século XII, partes de cinco claustros de monastérios medievais, uma capela Romanesca e um pórtico em forma de arco espanhol, do século XII, trazida intacta da Europa. Cercado por tranquilos jardins, este é o único lugar na ilha que pode até mesmo se aproximar do tipo de solidão compatível para tal coleção. Dentro, você encontrará trabalhos extraordinários que incluem as famosas tapeçarias do Unicórnio, esculturas, manuscritos iluminados, vitrais e preciosos trabalhos de metalurgia.

Apesar de sua distância, os Cloisters são populares, especificamente no tempo bom, portanto tente agendar sua visita durante a semana, ao invés de uma lotada tarde de fim de semana. Uma excursão guiada gratuita, **Highlights Tour**, é oferecida de terça a domingo, às 1h em maio, junho, setembro e outubro; debates e outros programas especiais são sempre aos domingos, do meio-dia às 14h; e concertos de música medieval ocorrem regularmente na impressionante capela espanhola do século XII. Para uma experiência mais especial, você pode planejar sua visita em torno de 1h.

Na extremidade norte de Fort Tyron Park. © **212/923-3700**. www.metmuseum.org. Entrada sugerida (inclui entrada no mesmo dia no Metropolitan Museum of Art) US$ 20 adultos, US$ 15 idosos, US$ 10 estudantes, grátis para crianças até 12 anos. De novembro a fevereiro, de terça a domingo, das 9h30min às 16h45min; de março a outubro, de terça a domingo, das 9h30min às 17h15min. Metrô: A até a rua 190, depois uma caminhada de 10 minutos ao norte pela Margaret Corbin Dr., ou pegue o ônibus M4 na estação (1 para até Cloisters). Ônibus: M4 Madison Ave. (Fort Tyron Park — The Cloisters).

Cooper-Hewitt National Design Museum ✿

Parte do Instituto Smithsoniano, o Cooper-Hewitt fica no Carnegie Mansion, construído pelo magnata do aço Andrew Carnegie em 1901, e submetido a uma renovação nas residências Fox e Miller e no Museum Mansion, que criará um terceiro andar e expandirá o espaço da galeria em 80%. A reforma está prevista para terminar em 2010. Durante as reformas, o museu permanece aberto e as galerias continuarão a se dedicar a mudar

MAIS MUSEUS E GALERIAS EM MANHATTAN 137

as exibições que são, invariavelmente, bem concebidas, atraentes e educacionais. As exibições são tanto históricas quanto contemporâneas em natureza, e os temas variam de "The Work of Charles and Ray Eames: A Legacy of Invention", passando por "Russell Wright: Creating American Lifestyle" até "The Architecture of Reassurance: Designing the Disney Theme Parks". Muitas instalações são retiradas da vasta coleção própria do museu de desenho industrial, desenhos, têxteis, pinturas de parede, livros e impressos. E visite o jardim, com bancos de várias eras do Central Park.

2 E. 91st St. (altura da Fifth Avenue). ✆ **212/849-8400.** www.cooperhewitt.org. Entrada US$ 15 adultos, US$ 10 idosos e estudantes, grátis para crianças abaixo de 12 anos, grátis para todos na sexta-feira, das 17h às 21h. De segunda a quinta, das 10h às 17h; sexta, das 10h às 21h; sábado, das 10h às 18h; domingo, do meio-dia às 18h. Metrô: 4, 5, 6 até a rua 86.

El Museo Del Barrio O que começou em 1969, com uma pequena exibição em uma sala de aula da escola no East Harlem, é hoje o único museu nos Estados Unidos dedicado à arte de Porto Rico, Caribe e da América Latina. A instituição Museum Mile, mais ao norte, tem uma exibição permanente que varia de artefatos da Era Pré-Colombiana até arte fotográfica e vídeo. A exibição dos *santos de palo* (figurinos religiosos gravados na madeira) é especialmente algo que vale a pena, assim como "Taíno, Ancieny Voyagers of the Caribbean", dedicada às ativas e altamente desenvolvidas culturas que Colombo encontrou quando aportou no "Novo Mundo". As exibições itinerantes, bem curadas, tendem a se concentrar nos artistas do século XX e em temas contemporâneos.

1230 Fifth Ave. (altura da rua 104). ✆ **212/831-7272.** www.elmuseo.org. Entrada sugerida US$ 6 adultos, US$ 4 idosos (grátis nas quintas) e estudantes, grátis para crianças abaixo de 12 anos. De quarta a domingo, das 11h às 17h. Metrô: 6 até rua 103.

The Frick Collection ✹✹ Henry Clay Frick tinha condições de ser um ávido colecionador de arte europeia, depois de amealhar uma fortuna como pioneiro das indústrias de coque e aço, na virada do século XX. Para acomodar seus tesouros, e ele próprio, Frick contratou os arquitetos Carrère & Hastings para construir esta mansão no estilo francês do século XVIII (1914), um dos mais belos que ainda permanecem na Fifth Avenue.

O mais atraente sobre a coleção Frick é seu tamanho intimista e o cenário. Este é um testamento vivo da Era Dourada que passou por Nova York – o interior ainda tem um ar de lar particular (embora o de um cara muito, mas muito rico), agraciado com belos quadros, ao invés de um museu. Venha ver os clássicos de alguns dos mais famosos pintores do mundo: Ticiano, Bellini, Rembrandt, Turner, Vermeer, El Greco e Goya, para citar alguns poucos. Um destaque da coleção é a **Fragonard Room**, agraciada com a sensual série rococó "The Progress of Love". O retrato de Montesquieu, por Whistler, também é impressionante. Incluída no preço da en-

138 CAPÍTULO 4 - EXPLORANDO A CIDADE DE NOVA YORK

trada, a excursão de áudio AcousticGuide é particularmente útil, porque permite que você siga sua própria rota ao invés de uma já definida. Uma apresentação em vídeo, de 22 minutos e grátis, é exibida na Music Room a cada meia hora, das 10h às 16h30min (a partir das 13h30min, aos domingos); começar com ela ajuda a definir o tom para o que você verá.

1 E. 70th St. (altura da Fifth Avenue). ☎ **212/288-0700.** www.frick.org. Entrada US$ 15 adultos, US$ 10 idosos, US$ 5 estudantes. Crianças com menos de 10 anos não são permitidas; crianças até 16 anos precisam ser acompanhadas por um adulto. De terça a sábado, das 10h às 18h; domingo, das 11h às 17h. Fecha nos principais feriados. Metrô: 6 até rua 68/ Hunter College.

International Center of Photography ⭐ *(Achados)* O ICP é um dos principais educadores, colecionadores e museus de fotografia. O espaço privilegiado da galeria é ideal para ver as exibições itinerantes das mais de 50 mil impressões do museu, assim, como mostras visitantes. A ênfase é em trabalhos fotográficos contemporâneos, mas fotógrafos historicamente importantes não são ignorados. Este é obrigatório em qualquer lista de fãs de fotografia.

1133 Sixth Ave. (altura da rua 43). ☎ **212/857-0000.** www.icp.org. Entrada US$ 12 adultos, US$ 8 idosos e estudantes, abaixo de 12 anos grátis. De terça a quinta, e de sábado e domingo, das 10h às 18h; sexta, das 10h às 20h. Metrô: B, D, F, V até a rua 42.

USS *Intrepid* Sea-Air-Space Museum ⭐⭐ *(Crianças)* Depois de quase 2 anos em um porto seco, o USS *Intrepid* está previsto para retornar ao seu lar reformado, no Píer 86, em outubro de 2008; e o museu será reaberto no Dia dos Veteranos, 11 de novembro de 2008. O mais surpreendente sobre o porta-aviões USS *Intrepid* é como ele pode ser, ao mesmo tempo, tão grande e tão pequeno. Ele é do tamanho de alguns campos de futebol, pesa 40 mil toneladas, contém 40 aeronaves e, às vezes, duplica de tamanho com um salão para eventos sociais. Mas pare um pouco e pense em um jato A-12 pousando no deck, e então repentinamente ele fica minúsculo. E, nas estreitas passagens abaixo, você verá que não é o mais espaçoso dos navios. Agora um Marco Histórico Nacional, a exibição também inclui o destroyer USS *Edson* e o submarino USS *Growler*, o único submarino de mísseis estratégico aberto ao público em todo o mundo, assim como uma coleção de aeronaves antigas e modernas, incluindo o A-12 Blackbird e um jato Concorde, da British Airways, aposentado.

As crianças amam este lugar. Elas, e você, podem entrar em uma réplica de um submarino da Guerra da Independência, sentar no lugar do piloto de um A-6 Intruder e seguir o progresso dos astronautas norte-americanos enquanto trabalham no espaço. Há até mesmo simuladores de vôo – incluindo um programa "Fly with the Blue Angels" – para viagens excitantes e educacionais. Procure por atividades e eventos familiares a cada sábado por mês.

MAIS MUSEUS E GALERIAS EM MANHATTAN 139

Se vista com muitas roupas para visitas durante o inverno – é quase impossível ficar quente em um porta-aviões.

Píer 86 (W. 46th St., altura da Twelfth Ave.). ℂ **212/245-0072**. www.intrepidmuseum. org. No momento de impressão deste livro, não haviam sido anunciados os preços de entrada e os horários. Ligue ou verifique o website para informações mais atualizadas, e para ver se a reabertura do museu não foi adiada. Metrô: A, C, E até rua 42/Port Authority. Ônibus: M42 Crosstown.

Lower East Side Tenement Museum ⭐ *Crianças* Este museu é o primeiro lugar da National Trust for Historic Preservation que não foi o lar de alguém rico ou famoso. É algo bem diferente: uma habitação de cinco andares que 10 mil pessoas, de 25 países, chamaram de lar entre 1863 e 1935 – pessoas que vieram aos Estados Unidos buscando o sonho norte-americano e fizeram de 97 Orchard St. sua primeira parada. O museu na habitação conta a história da grande onda da imigração no final do século XIX e começo do XX, quando o Lower East Side era considerado a "Entrada para os Estados Unidos". Uma visita aqui é um bom complemento a uma viagem até Ellis Island.

O único meio de ver o museu é por uma visita guiada. Duas primeiras excursões pela habitação, oferecidas em todos os dias de funcionamento e durando uma hora, oferecem uma satisfatória exploração do museu: **Piecing It Together: Immigrants in the Garment Industry**, que se concentra no apartamento restaurado e nas vidas dos inquilinos na virada para o século XX, uma família imigrante judia chamada Levine, da Polônia; e **Getting By: Weathering the Great Depression of 1873 and 1929**, apresentando os lares da família judia alemã Gumpertz e da família católica da Sicília Baldizzi, respectivamente. Um guia de grande conhecimento conduz a cada cápsula do tempo urbano, onde vários apartamentos foram reformados para a condição de vida da época, e reconta as histórias reais das famílias que os ocuparam. Você pode conjugar as excursões com uma profunda olhada ao museu, já que os apartamentos e as histórias são tão diferentes; porém, uma excursão serve como uma excelente apresentação.

Estas excursões não são para crianças, que não gostarão do tom sério e da política do "não toque". Mais apropriada para elas é a excursão **Confino Family Apartment**, de 45 minutos apenas e somente aos finais de semana, que permite às crianças conversarem com uma atriz que interpreta a imigrante italiana Victoria Confino (em torno de 1916); as crianças também podem mexer no que quiserem, e vestir roupas do período.

A excursão de uma hora pelas tradições do bairro, **Streets Where We Lived**, é também oferecida nos finais de semana, de abril até dezembro. Pequenas exibições, permanentes e itinerantes, incluindo fotos, vídeos e uma habitação modelo, estão abrigadas no centro de visitantes e espaço de exibição no edifício da habitação, em 97 Orchard St. Excursões e programas especiais estão, às vezes, no calendário.

140 CAPÍTULO 4 - EXPLORANDO A CIDADE DE NOVA YORK

As excursões têm capacidade limitada e se esgotam rapidamente, portanto ajuda comprar entradas antecipadamente, o que você pode fazer online ou pelo telefone, ligando para Ticketweb no ☏ **800/965-4827.**

108 Orchard St. (entre suas Delancey e Broome). ☏ **212/431-0233.** www.tenement.org. Excursões externas e pelo museu, US$ 15 adultos, US$ 11 idosos e estudantes; Confino Apt., US$ 17 adultos, US$ 13 idosos e estudantes. Excursões pela habitação saem de terça a quinta, a cada 40 minutos, das 13h às 16h; sábado e domingo a cada meia hora, das 11h às 16h45min. Excursão pelo Confino Apt., sábado e domingo a cada hora, do meio-dia às 15h. Excursão externa de abril a dezembro, sábado e domingo às 13h e às 15h. Metrô: F até Delancey St.; J, M, Z até Essex St.

Morgan Library ✦✦ ⟮*Achados*⟯ Este tesouro de Nova York, abrigando uma das mais importantes coleções do mundo de manuscritos originais, livros e publicações raras, desenhos mestres e escritos pessoais, reabriu depois de 2 anos de amplas reformas. Estas incluem uma bem-vinda entrada pela Madison Avenue; galerias novas e restauradas, para que mais itens do acervo da galeria possam ser expostos; um moderno auditório; e uma Reading Room com maior capacidade, recursos eletrônicos e espaço expandido para armazenar coleções. Algumas das mostras recentes da Biblioteca incluem uma sobre a vida de Bob Dylan, por meio de música, cartas e memorabília, e uma sobre o ilustrador Saul Steinberg. Você pode almoçar na intimista **Morgan Dining Room**, como se estivesse comendo nos próprios aposentos de JP.

225 Madison Ave. (entre as ruas 36 e 37). ☏ **212/685-0008.** www.themorgan.org. US$ 12 adultos, US$ 8 idosos e estudantes, abaixo de 12 anos, grátis. De terça a quinta, das 10h30min às 17h, sexta das 10h30min às 21h, sábado das 10h às 18h e domingo, das 11h às 18h. Metrô: 6 até rua 33.

Museum of the City of New York Uma ampla variedade de objetos – roupas, fotografias, impressões, mapas, dioramas e memorabília – traçam a história da cidade de Nova York, desde seu começo como uma humilde colônia holandesa, no século XVI, até sua proeminência atual. Duas coleções permanentes de destaque são a recriação do quarto principal, e da sala de vestir, de John D. Rockefeller, e o espaço dedicado à "Broadway!", uma história do teatro em Nova York. As crianças irão amar "New York Toy Stories", uma exibição permanente mostrando brinquedos e bonecas que foram adoradas por crianças nova-iorquinas durante os séculos. A permanente "Painting the Town: Cityscapes of New York" explora a mutante paisagem urbana de 1809 até 1997, e traz mais profundidade depois dos ataques terroristas de 11 de setembro de 2001. Em 2008, as exibições "Manhattan Noon: The Photographs of Gus Powell" e "Catholics in New York" foram apresentadas.

1220 Fifth Ave. (altura da rua 103). ☏ **212/534-1672.** www.mcny.org. Entrada sugerida US$ 9 adultos, US$ 5 idosos, estudantes e crianças, US$ 20 famílias. De terça a domingo, das 10h às 17h. Entrada grátis aos domingos, das 10h ao meio-dia. Metrô: 6 até rua 103.

MAIS MUSEUS E GALERIAS EM MANHATTAN **141**

Museum of Jewish Heritage – A Living Memorial to the Holocaust ♿ Na

extremidade sul de Battery Park City, o Museum of Jewish Heritage ocupa um impressionante edifício de seis lados simples, projetado pelo premiado arquiteto Kevin Roche, com um teto de seis níveis aludindo à Estrela de David e os seis milhões assassinados no Holocausto. As mostras permanentes – "Jewish Life a Century Ago, The War Against the Jews" e "Jewish Renewal" – recontam as suas vidas antes da Guerra, o inesquecível horror que os destruiu e a obstinada renovação vivida pelos judeus europeus e imigrantes nos anos a partir do século XIX até o presente. A força do museu deriva do modo como conta a história: por meio de objetos, fotografias, documentos e, mais pungentemente, os testemunhos gravados das vítimas, sobreviventes e suas famílias, do Holocausto – reunidas pelo Survivors of the Shoah Visual History Foundation, de Steven Spielberg. A tarde de quinta é dedicada a painéis de discussão, performances e música, enquanto o domingo é para programas familiares e oficinas; uma série de filmes também faz parte da agenda.

Embora ingressos antecipados não sejam necessários, em geral, você pode comprá-los para garantir a entrada; ligue para ☎ **212/945-0039.** Excursões de áudio, narradas por Meryl Streep e Itzhak Perlman, estão disponíveis no museu, por US$ 5 a mais.

36 Battery Place (em 1st Place), Battery Park City. ☎ **646/437-4200**. www.mjhnyc.org. Entrada US$ 10 adultos, US$ 7 idosos, US$ 5 estudantes, grátis para crianças até 12 anos e para todos, nas quartas, das 16h às 20h. Verifique o website para desconto de US$ 2 para a entrada (disponível no tempo de impressão deste livro). De domingo a terça, e de quinta, das 10h às 17h45min; quarta, das 10h às 20h; sexta e vésperas de feriados judaicos, das 10h às 15h. Metrô: 4, 5 até Bowling Green.

New Museum of Contemporary Art ♿ Como caixas empilhadas de qualquer

jeito umas sobre as outras, o New Museum of Contemporary Art, de sete andares, erguendo-se sobre as habitações do Lower East Side, é o mais novo (2007) ícone dos museus de Nova York. Mas não é apenas o exterior que atrai a atenção; as mostras refletem o leve ar alternativo e inclinado do museu. A mostra de inauguração, "Unmonumental", uma série de quatro partes exibindo esculturas, objetos, vídeo e colagem do século XXI por 30 artistas internacionais, foi um começo apropriado ao que promete ser um futuro brilhante. No primeiro sábado de cada mês, o museu oferece programas para famílias com excursões temáticas, conversas com artistas e atividades criativas, todas grátis. Exigem-se inscrições antecipadas.

235 Bowery (altura da Prince St.). ☎ **212/219-1222**. www.newmuseum.org. Entrada: US$ 12 adultos, US$ 8 idosos, US$ 6 estudantes; até 18 anos, grátis. Grátis para todos, todas as quintas, das 19h às 22h. Quarta, do meio-dia às 18h; quinta e sexta, do meio-dia às 22h; sábado e domingo, do meio-dia às 18h. Metrô: 6 até Spring St.; N, R até Prince St.

142 CAPÍTULO 4 - EXPLORANDO A CIDADE DE NOVA YORK

New-York Historical Society 🔊 Lançada em 1804, a New-York Historical Society é o maior depósito de história, cultura e arte norte-americana, com foco especial em Nova York e seu amplo significado cultural. O grande edifício neoclássico, perto do Museum of Natural History finalmente surgiu da tenda da reforma. Aberto, agora, no quarto andar, está o **Henry Luce III Center for the Study of American Culture**, uma instalação para estudos de ponta e uma galeria de artes finas e decorativas, que exibe mais de 40 mil objetos em mais de 200 anos – incluindo pinturas, esculturas, lâmpadas Tiffany, têxteis, móveis e mesmo carruagens – que estiveram armazenados antes por décadas. De interesse particular aos acadêmicos e fãs efêmeros, são as amplas Library Collections, que incluem livros, manuscritos, mapas, jornais, fotografias e outros documentos relatando a experiência norte-americana (pode ser necessário agendar para ver a Library Collections, portanto ligue com antecedência). A exibição "Slavery in New York", de 2006, foi tão popular que se tornou permanente e a sua companheira, "New York Divided: Slavery and the Civil War", foi apresentada em 2007.

Um calendário abrangente e de primeira qualidade dos programas cobre todas as possibilidades, desde horas de história, noites com música de Irving Berlin, debates com notáveis como Ric Burns a caminhadas conduzidas por especialistas pelos bairros de Manhattan; ligue ou acesse o site para saber as datas.

170 Central Park (altura da rua 77). 📞 **212/873-3400**. www.nyhistory.org. Entrada US$ 10 adultos, US$ 7 idosos e educadores, US$ 6 estudantes, grátis para crianças até 12 anos; grátis às sextas, das 18h às 20h. De terça a domingo, das 10h às 18h (sexta, até 20h). Metrô: B, C até rua 81; 1 até rua 79.

The Paley Center for Media Antes conhecido como Museum of Television and Radio, se você conseguir resistir ao fascínio desse museu, eu apostaria que você passou os últimos 70 anos em uma bolha. Você pode assistir e ouvir todas as grandes personalidades da TV e do rádio – desde Uncle Miltie, Johnny Carson até Jerry Seinfeld – em um console particular (disponível por 2 horas). Você também pode fazer buscas no computador para escolher os grandes momentos da história, vendo praticamente tudo o que foi transmitido, desde a primeira aparição dos Beatles no *The Ed Sullivan Show* até a queda do Muro de Berlim (a coleção consiste de 75 mil programas e comerciais). Programas selecionados também são apresentados em dois cinemas e duas salas de projeção, que variam desde "Barbra Streisand: The Television Performances" até os pouco vistos episódios de Monty Python.

25 W. 52nd St. (entre as avenidas Fifth e Sixth). 📞 **212/621-6600**. www.mtr.org. Entrada US$ 10 adultos, US$ 8 idosos e estudantes, US$ 5 crianças abaixo de 14 anos. De terça a domingo, do meio-dia às 18h (quinta, até 20h). Metrô B, D, F, V até ruas 47-50/Rockefeller Center; E, V até a rua 53.

MAIS MUSEUS E GALERIAS EM MANHATTAN   143

> **Momentos**   ### Solo Sagrado

Em 1991, durante a construção de um edifício federal na esquina da Duane Street com Broadway, os trabalhadores desencavaram restos humanos. Estes restos, se descobriu, eram de escravos cativos e libertos africanos, e o lugar onde foram descobertos era parte do maior cemitério para negros da Era Colonial norte-americana. A construção foi interrompida e, em 1993, o local foi declarado um Marco Histórico Nacional. Em 2006, se tornou um monumento nacional e foi colocado sob a jurisdição do National Park Services. Em 2007, depois de quase 16 anos, o **African Burial Ground Memorial** (entre as ruas Duane e Elk; ℂ **212/637-2019; www.nps.gov/afbg**) foi construído para homenagear o lugar de descanso final de estimados 15 mil africanos.

O memorial de granito, apertado entre edifícios federais de ferro e vidro, tem sete elementos de design, incluindo uma estrutura triangular que simboliza a passagem de navio entre o Novo Mundo e a África, e símbolos religiosos de 20 países da Diáspora Africana em um muro em espiral que leva a um mapa-múndi com o centro na África Ocidental. É um memorial tocante, e que vale a pena visitar, durante a exploração do centro de Manhattan.

Há um pequeno **centro de visitantes** no edifício do IRS na 290 Broadway, adjacente ao memorial, mas você precisa se identificar para entrar. O memorial é aberto ao público, gratuitamente, das 9h às 17h todos os dias, exceto nos feriados de Ação de Graças, Natal e Ano Novo.

Skyscraper Museum   Assustado com a verticalidade vertiginosa nesta cidade? Surpreso com a maravilha arquitetônica dos arranha-céus? Você não é o único. Se quiser saber mais sobre a tecnologia, a cultura e os músculos por trás de tudo isso, vá a este museu, que já foi itinerante, e se mudou para seu primeiro lar permanente em 2004, na torre Skidmore, Owings & Merrill, de 38 andares (que também abriga o Ritz-Carlton New York, em Battery Park). O espaço compreende duas galerias, uma abrigando uma mostra permanente, dedicada à evolução da silhueta comercial arquitetônica de Manhattan e a outra apresentando mostras itinerantes. Em 2008, o museu apresentou "Vertical Cities: Hong Kong / New York", uma mostra sobre as duas cidades com o maior número de arranha-céus do mundo.

144   CAPÍTULO 4 - EXPLORANDO A CIDADE DE NOVA YORK

39 Battery Place (Little West St. com 1st Place). ✆ **212/968-1961**. www.skyscraper.org. Entrada: US$ 5 adultos, US$ 2,50 idosos e estudantes. De quarta a domingo, do meio-dia às 18h. Metrô: 4, 5 até Bowling Street.

South Street Seaport & Museum *(Crianças*   Datando do século XVII, este distrito histórico no East River abrange 11 quarteirões de edifícios históricos, um museu marítimo, vários píeres, lojas e restaurantes. Você pode explorar a maior parte do Seaport sozinho. É um lugar bonito, mas de certa forma, estranho. Os edifícios dos séculos XVII e XIX se alinham nas ruas de pedras e as vielas estão impecavelmente restauradas, mas apesar disso, há um ar de parque temático nelas, sem dúvida graças às lojas semelhantes às de shopping que elas abrigam. A maior atração turística no Seaport é o Píer 17, um barco histórico convertido em shopping, com pátio de alimentação e quiosques de bijuterias.

Apesar de seu desenfreado apelo comercial, o Seaport vale bem uma olhada. Há muita história para ser descoberta no lugar, a maior parte ao redor do **South Street Seaport Museum**, um tributo adequado ao comércio marítimo que, uma vez, prosperou aqui. Aos finais de semana, o museu dedica as tardes de sábado e domingo para entretenimento familiar, com música, arte e outras atividades para crianças a partir de 4 anos.

Além das galerias – que abrigam pinturas e impressos, modelos de navios, estampas e projetos náuticos, assim como exibições de curta duração – há muitos navios históricos ancorados no píer para serem explorados, incluindo o navio de 4 mastros, de 1911, *Peking* e a escuna Gloucester de pesca *Lettie G. Howard*, de 1893. Alguns dos botes são museus vivos e trabalhos de restauração em andamento; a escuna de carga *Pioneer* (✆ **212/748-8786**), de 1885, oferece duas horas de navegação diariamente, do começo de maio até setembro. Mesmo o **Píer 17** tem seus méritos. Siga até o deck no terceiro piso, com vista para o East River, onde as longas cadeiras de madeira farão você pensar como era atravessar o Atlântico no *Normadie*. Deste nível, você pode, olhando para o sul, ver a Estátua da Liberdade, para o norte, a majestade gótica da Brooklyn Bridge, e na margem oposta, Brooklyn Heights.

Na entrada para Seaport, esquina com as ruas Fulton e Water, há o *Titanic* **Memorial Lighthouse**, um monumento para aqueles que perderam suas vidas quando o transatlântico afundou, em 15 de abril de 1912. Foi construído com vista para o East River, em 1913, e se mudou para este local em 1968, depois que o distrito foi designado como histórico.

Na esquina das ruas Water e South; o centro de visitantes do museu está em 12 Fulton St. ✆ **212/746-6800** ou 212/SEA-PORT. www.southseaport.org. Entrada para o museu, US$ 8 adultos, US$ 6 estudantes e idosos, US$ 4 crianças entre 5 e 12 anos, grátis para crianças com menos de 5 anos. Museu, de abril a outubro, de terça a domingo, das 10h às 18h,

ARRANHA-CÉUS & OUTROS DESTAQUES ARQUITETÔNICOS **145**

quinta das 10h às 20h. De novembro a março, sexta a segunda, das 10h às 17h. Metrô: 2, 3, 4, 5 até Fulton St. (caminhe para leste, ou descendo, pela Fulton St. até Water St.).

3 Arranha-céus & Outros Destaques Arquitetônicos

Para detalhes sobre o **Empire State Building** ✦✦✦ veja a página 125; sobre o **Grand Central Terminal** ✦✦, página 126; sobre o **Rockefeller Center** ✦✦, página 128; e sobre a **Brooklyn Bridge** ✦✦, página 122. Você também verificar "Lugares de Culto", abaixo, para tesouros como **St. Patrick's Cathedral, Temple Emanu-El** e a **Cathedral of St. John the Divine.**

O Upper West Side é lar de dois dos principais exemplos de arquitetura residencial da cidade. Na Broadway, ocupando o quarteirão entre as ruas 73 e 74, está o **Ansonia**, que todo mundo acha ser parecido com um bolo de casamento arquitetônico. Este esplêndido edifício Beaux Arts foi o lar de Stravinsky, Toscanini e Caruso, graças aos seus aposentos praticamente à prova de som (foi aqui também que os membros do Chicago White Sox planejaram lançar as World Series de 1919, um ano antes de Baby Ruth se mudar após vestir as listras do New York Yankees). Ainda mais notável é o **Dakota**, na rua 72 com Central Park West. A lenda conta que este prédio de apartamentos – decorado com cumeeiras, trapeiras e janelas ogivais que lhe dão um ar taciturno – ganhou sua fama quando seu visionário construtor, Edward S. Clark, foi provocado por amigos que lhe diziam que ele estava construindo tão ao norte da cidade, que ele bem poderia estar construindo no estado de Dakota. O mais famoso residente, John Lennon, foi assassinado na entrada do prédio, na rua 72, em 8 de dezembro de 1980; Yoko Ono ainda mora lá.

Chrysler Building ✦✦   Construído como a sede da Chrysler Corporation em 1930, este é talvez o feito arquitetônico mais romântico do século XX, especialmente à noite, quando as luzes em suas aberturas triangulares acendem sua coroa de aço. Enquanto admira sua fachada, preste atenção nas gárgulas se estendendo a partir dos andares superiores, parecendo, para todo o mundo, como ornamentos de cobertura góticos unidos. O deck de observação foi fechado há muito tempo, mas você pode visitar seu luxuoso térreo, que é Art Déco ao máximo.

405 Lexington Ave. (altura da rua 42). Metrô: S, 4, 5, 6, 7 até rua 42/Grand Central.

Flatiron Building   Esta obra-prima triangular foi um dos primeiros arranha--céus. Sua forma pontiaguda é o único modo pelo qual o edifício poderia preencher o terreno triangular criado pela intersecção da Fifth Avenue com a Broadway, e esta feliz coincidência criou um dos mais característicos edifícios da cidade. Erguido em 1902 e revestido com calcário e terracota (não ferro), o Flatiron mede apenas 1,8 metro em sua ponta mais estreita. Assim chamado por sua semelhança com um eletrodoméstico (flatiron quer dizer "ferro de engomar"), seu nome original era Fuller

146   CAPÍTULO 4 - EXPLORANDO A CIDADE DE NOVA YORK

Building, depois "Loucura de Burnham", porque as pessoas estavam certas de que a estrutura de 21 andares do arquiteto Daniel Burnham desabaria. Não desabou. 175 Fifth Ave. (altura da rua 23). Metrô: R até a rua 23.

New York Public Library ✴✴ A New York Public Library, adjacente ao **Bryant Park** ✴ e projetado por Carrère & Hastings (1911), é um dos melhores exemplos no país da arquitetura Beaux Arts, uma majestosa estrutura de mármore branco de Vermont com colunas coríntias e estátuas alegóricas. Antes de escalar a ampla sequência de degraus até a entrada pela Fifth Avenue, veja as famosas esculturas de leões – *Força*, à esquerda e, à direita, *Paciência* – assim chamadas pelo antigo e astuto prefeito,   Fiorello La Guardia. Na época de Natal, eles são vestidos com elegantes grinaldas para ficarem quentinhos.

Esta biblioteca é, atualmente, a **Humanities and Social Sciences Library**, apenas uma biblioteca de pesquisa do sistema da New York Public System. O interior é um dos melhores na cidade, e apresenta o **Astor Hall**, com teto de mármore abobadado de pé-direito alto e grandes escadas. Graças às reformas e modernização, o estupendo **Main Reading Rooms** retornou à sua imponente glória e se mudou para a idade do computador (adeus, catálogos de cartões!). Depois de uma restauração de US$ 5 milhões, o que foi conhecido somente como Room 117, uma obra-prima das Beaux Arts com vistas incríveis para a Fifth Avenue e a rua 42, reabriu e é agora conhecido como Lionel Pincus and Princess Firyal Map Division. Aqui, você encontrará possivelmente a mais ampla coleção de mapas do mundo.

Mesmo se você não parar para ler os periódicos, é possível verificar uma das excelentes **mostras** itinerantes. E, a partir de 2008, a fachada irá passar por uma reforma de 3 anos, a ser concluída no centenário do edifício, em 2011.

Fifth Ave., altura da rua 42. ✆ **212/930-0830** (mostras e eventos) ou 212/661-7220 (horário de funcionamento da biblioteca). www.nypl.org. Entrada grátis para todas as mostras. Terça e quarta, das 11h às 19h30min. Quinta a sábado, das 10h às 18h; domingo, das 13h às 17h. Metrô: B, D, F, V até a rua 42; S, 4, 5, 6, 7 até Grand Central/rua 42.

United Nations   No meio da cidade de Nova York está este monumento à paz mundial. A sede da ONU ocupa uma área de quase 73 mil metros quadrados de território internacional – ao longo do East River, da rua 42 à 48. Projetado por uma equipe internacional de arquitetos (liderados pelo norte-americano Wallace K. Harrison e incluindo Le Corbusier) e concluído em 1952, o complexo às margens do East River combina o Secretariado de 39 andares de laje coberta com vidro com a Assembléia Geral, de forma livre, no belo arranjo paisagístico do terreno doado por John D. Rockefeller, Jr. Cento e oitenta nações usam as instalações para arbitrar disputas mundiais. **Visitas guiadas** partem a cada meia hora e duram de 45 minutos a uma hora.

LUGARES DE CULTO 147

Na First Ave com rua 46. © **212/963-8687**. www.un.org/tours. Visitas guiadas US$ 14 adultos, US$ 9 idosos, estudantes universitários e segundo grau, US$ 7,50 crianças de 5 a 14 anos. Crianças com menos de 5 anos não são permitidas. Excursões diárias a cada meia hora, a partir das 9h30min até 16h45min; de janeiro e fevereiro, sábado e domingo das 10h às 16h30min; calendário limitado pode estar em vigor durante os debates gerais (final de setembro até o meio de outubro). Metrô: S, 4, 5, 6, 7 até a rua 42/Grand Central.

4   Lugares de Culto

Abyssinian Baptist Church ⋇   A mais famosa dentre as mais de 400 casas de culto do Harlem é esta igreja Batista, fundada em downtown por mercadores afro-americanos e etíopes, em 1808. Ela se mudou para uptown, no Harlem, nos anos 20 por Adam Clayton Powell, Sr., que a transformou na maior congregação protestante – branca ou negra – nos Estados Unidos. Seu filho, Adam Clayton Powell, Jr., (por quem o bulevar adjacente é nomeado), prosseguiu sua tradição e se tornou, também, congressista. A Abyssinian é agora o domínio do exaltado ativista Rev. Calvin O. Butts, quem a câmara de comércio chamou de "tesouro vivo". As missas das manhãs de domingo – às 9h e às 11h – oferecem uma maravilhosa oportunidade de viver a tradição gospel do Harlem.

132 Odell Clark Place (W 138th St., entre Adam Clayton Powell Blvd. e Lenox Ave.). © **212/862-7474**. www.abyssinian.org. Metrô: 2, 3 B, C até a rua 135.

Cathedral of St. John the Divine ⋇   A maior catedral gótica do mundo, St. John the Divine tem sido um trabalho em andamento desde 1892. Seu tamanho já é surpreendente – uma nave que se estende por dois campos de futebol e uma capacidade para 5 mil assentos – mas tenha em mente que não há suporte estrutural de aço. A igreja está sendo construída usando técnicas góticas tradicionais – blocos de granito e calcário são gravados por mestres pedreiros e seus aprendizes – o que pode explicar porque a construção ainda não terminou, mais de 100 anos depois de seu início, sem previsão de conclusão. Na verdade, em dezembro de 2001, um incêndio destruiu o transepto norte, que abrigava a loja de suvenires. Mas esta fênix se ergueu das cinzas rapidamente; a catedral foi reaberta aos visitantes em um mês. Isso é o que, precisamente, torna este lugar tão maravilhoso: a conclusão não é necessariamente o tema. Embora, talvez, seja; no fim de 2007, finalmente foram removidos os andaimes da torre sudoeste da igreja, expondo sua magnífica estrutura pela primeira vez em mais de 15 anos. E, no final de 2008, depois de uma limpeza e reparos do incêndio de 2001, que custaram US$ 16,5 milhões, espera-se que a grande nave seja reaberta.

Embora seja a sede da Diocese Episcopal de Nova York, Sr. John abraça uma tradição ecumênica. O internacionalismo é um tema encontrado por toda a iconografia da catedral. Cada capela é dedicada a um grupo nacional, étnico ou so-

148 CAPÍTULO 4 - EXPLORANDO A CIDADE DE NOVA YORK

cial diferente. O memorial sobre o genocídio na capela Missionária – dedicada às vítimas do Império Otomano na Armênia (1915-23), do Holocausto (1939-45) e na Bosnia-Herzegovina desde 1992 – me levou às lágrimas, assim como o memorial FDNY na capela do Trabalho. Embora seja concebida para homenagear os 12 bombeiros mortos em 1966, centenas de notas pessoais e bugigangas de lembrança a tornaram um tributo aos 343 bombeiros mortos em 11 de setembro de 2001.

1047 Amsterdam Ave. (altura da rua 112). ℭ 212/316-7490 ou 212/932-7347 para informações sobre excursões e reservas, 212/662-2133 para informações sobre eventos e entradas. www.stjohnthedivine.org. Entrada sugerida US$ 2; excursões, US$ 5. De segunda a sábado, das 7h às 18h; domingo, das 7h às 19h. Excursões oferecidas de terça a sábado, às 11h; domingo, às 13h. Missas de segunda a sábado, às 8h e às 8h30min (reza matutina e Eucaristia sagrada), 12h15min e 17h30min (missa às 7h15min na primeira quinta); domingo, às 8h, 9h e 11h, além de 18h; missa no memorial AIDS no quarto sábado do mês, às 12h15min. Metrô: B, C, e 1 até Cathedral Pkwy.

St. Patrick's Cathedral Esta estrutura gótica de pedra e mármore branco é a maior catedral católica-romana nos Estados Unidos, assim como a sede da Arquidiocese de Nova York. Projetada por James Renwick, sua construção começou em 1859, e foi consagrada em 1879, embora não fosse concluída até 1906. Estranhamente, os católicos irlandeses escolheram um dos bairros mais WASP da cidade para a catedral. Depois da morte do amado John Cardinal O'Connor, em 2000, o Papa João Paulo II instalou o Bispo Edward Egan, que foi elevado a cardeal em 2001. A catedral abriga uma congregação de 2.200 pessoas; se não quiser chegar para a missa, você pode aparecer entre elas para observar seu impressionante interior. O altar de São Marcos e São Luis veio da Tiffany & Co. (também localizada na Fifth Ave.), enquanto o altar de Santa Elizabeth – homenageando Mãe Elizabeth Ann Seton, a primeira santa norte-americana – foi projetado por Paolo Medici, de Roma.

Fifth Ave. (entre as ruas 50 e 51). ℭ 212/753-2261. www.ny-archidiocese.org. Entrada grátis. De domingo a sexta, das 7h às 20h30min; sábado, das 8h às 20h30min. Missa de segunda a sexta, 7h, 7h30min e 8h, meio-dia e 12h30min, 13h e 17h30min; sábado, às 8h, meio-dia e 12h30min e 17h30min; domingo, às 7h, 8h, 9h e 10h15min (missa do cardeal), meio-dia, e 13h e 17h30min; dias sagrados, às 7h, 7h30min, 8h, 8h30min e 11h30min, meio-dia e 12h30min, 13h e 17h30min. Metrô: B, D, F, V até as ruas 47-50/Rockefeller Center.

Temple Emanu-El Muitas das famílias mais ricas e proeminentes de Nova York são membros desta congregação da Reforma – a primeira na cidade de Nova York – abrigada na mais famosa sinagoga da cidade. A maior casa de culto judeu no mundo é uma mescla dos estilos mouro e romanesco, simbolizando a união das culturas oriental e ocidental. O templo abriga uma pequena, mas notável, coleção judaica no Herbert & Eileen Bernard Museum, incluindo uma coleção de lâmpadas Hanukkah com amostras variando dos séculos XIV ao XX. Três galerias também con-

LUGARES DE CULTO 149

tam a história da congregação Emmanu-El, desde 1845 até o momento. Excursões são oferecidas após os serviços matinais, no sábado ao meio-dia. Peça uma agenda de debates, filmes, música, simpósios e outros eventos.

1 E. 65th St. (altura da Fifth Ave.). © **212/744-1400**. www.emanuelnyc.org. Entrada gratis. Diariamente, das 10h às 17h. Serviços de domingo à quinta, às 17h30min; sexta, às 17h15min; sábado, às 10h30min. Metrô: N, R até a Fifth Ave.; 6 até rua 68.

Trinity Church Servindo Deus e Mamon (deus pagão da riqueza), esta casa de culto na Wall Street – com contrafortes avançados neogóticos, belos vitrais e teto abobadado – foi projetada por Richard Upjohn e consagrada em 1846. Naquele tempo, seu pináculo de 84 metros dominava a paisagem. Suas portas principais, enfeitadas com cenas bíblicas, foram inspiradas, em parte, nas famosas portas feitas por Ghibertti para o Batistério de Florença. A histórica igreja episcopal permaneceu forte enquanto as torres de escritórios desmoronavam ao seu redor, em 11 de setembro de 2001; porém, um órgão eletrônico substituiu, temporariamente, o histórico órgão de tubos, danificado pela poeira e pelos detritos. Os portões da igreja servem, atualmente, como um memorial às vítimas do atentado, com incontáveis mensagens póstumas deixadas pelos locais e pelos turistas.

A igreja oferece uma excursão diária, a partir das 14h (no domingo, uma segunda excursão segue a Eucaristia das 11h15min); grupos com cinco pessoas ou mais devem ligar para © **212/602-0872** para fazer reservas. A **St. Paul Chapel**, na Broadway com Fulton Street, também é parte da Trinity Church. Única remanescente da era pré-Independência em Nova York, e um abrigo de transição para homens sem teto até que foi transformada em um centro de socorro depois de 11 de setembro de 2001; voltou às suas funções originais no meio de 2002. Construída por Thomas McBean, com um pórtico semelhante a de um templo e colunas jônicas apoiando um massivo frontão, a capela lembra St. Martin-in-the-Fields, em Londres. No cemitério, notáveis dos séculos XVIII e XIX descansam em paz e modernos homens de negócios sentam para almoçar.

Na Broadway, com Wall Street. © **212/602-0800** ou 212/602-0872 para informações sobre concertos. www.trinitywallstreet.org. Entrada e excursões grátis; doação sugerida de US$ 2 para os concertos do meio-dia. Museu, de segunda a sexta, das 9h às 11h45min; de domingo a sexta, das 13h às 15h45min; sábado, das 10h às 15h45min. Missas, de segunda a sexta, 8h15min, 12h05min e 17h15min (Serviço de Cura adicional nas quintas, 12h30min); sábado, às 8h45min; domingo, às 9h e às 11h15min (também serviço de Eucaristia às 8h, na St. Paul's Cathedral, entre ruas Vesey e Fulton). Metrô: 4, 5 até Wall St.

5 Central Park & Outros Lugares para se Divertir

CENTRAL PARK

Sem o milagre do planejamento cívico, que é o **Central Park** ✿✿✿, Manhattan poderia ser um quarteirão maciço de edifícios. Ao invés disso, embutido no meio

150   CAPÍTULO 4 - EXPLORANDO A CIDADE DE NOVA YORK

de Gotham, um retiro de quase 3,5 milhões de metros quadrados oferece uma válvula de escape e tranquilidade diárias para milhões de pessoas.

Enquanto estiver na cidade, aproveite os muitos encantos do parque – dos quais o seu sublime desenho não é o último. Frederick Law Olmsted e Calvert Vaux venceram uma competição com um plano que combinava caminhos fluentes com pontes robustas, integrando-as na paisagem ondulante com seus afloramentos rochosos, lagos artificiais e bolsões de árvores. Os projetistas esconderam o tráfego dos olhos e dos ouvidos dos frequentadores do parque ao construir ruas que são bem escondidas da vista bucólica.

CHEGANDO LÁ   Para chegar à entrada mais ao sul, no lado oeste, pegue as linhas A, B, C, D e 1 até a rua 59/Columbus Circle. Para chegar à entrada da esquina sudeste, pegue as linhas N, R, W até a Fifth Avenue; a partir daqui, basta uma caminhada fácil pelo parque até o Centro de Informações no **Dairy (212/794-6564;** diariamente, das 11h às 17h, até 16h no inverno), no meio do parque, altura da rua 65. Aqui, é possível pedir informações, pegar dados sobre o parque e comprar um bom mapa.

Se seu tempo de exploração for limitado, sugiro entrar no parque pela rua 72 ou 79 para exposição máxima (metrô: B, C até rua 72 ou 81/Museum of Natural History). A partir daqui, você pode pegar informações sobre o parque no centro de visitantes, no **Belvedere Castle (℃212/772-0210;** de terça a domingo, das 10h às 17h, até as 16h no inverno), no meio do parque, altura da rua 79. Há também um terceiro centro de visitante no **Charles A. Dana Discovery Center (212/860-1370;** diariamente das 11h às 17h, até 16h no inverno), na esquina a nordeste do parque, em Harlem Meer, na rua 110, entre as avenidas Fifth e Lenox (metrô: 2, 3 até Central Park N./rua 110). O Dana Center é também um centro de educação ambiental, sediando oficinas, mostras, programas de música e excursões pelo parque e empresta varas de pescar para pesca no Harlem Moor (a política do parque é pegar e soltar).

Carrinhos de comida e vendedores estão nos principais pontos de encontro do parque. Você também encontrará um balcão de comida fixo no **Conservatory,** no lado leste do parque, ao norte da entrada da rua 72, e petiscos casuais e refeições mais sofisticadas norte-americanas no **The Boat House**, no lago perto da rua 72 e Park Drive North (℃ **212/517-2233).**

PASSEIOS GUIADOS   O **Central Park Conservancy** oferece uma lista de excursões de caminhadas grátis pelo parque; ligue para ℃ 212/360-2726 ou acesse **www.centralparknyc.org** para obter a programação mais atual (clique no botão "Walking Tours", à esquerda). O Dana Center oferece excursões guiadas por patrulheiros por ocasião (ligue para ℃ 212/860-1370 ou 800/201-PARK para a programação). Considere também uma excursão de caminhada particular; muitas das companhias listadas em "Excursões Organizadas pelas Atrações", abaixo, oferecem visitas guiadas pelo parque.

Central Park

Alice in Wonderland Statue 15
Balto Statue 21
The Bandshell 19
Belvedere Castle 7
Bethesda Terrace &
  Bethesda Fountain 17
Boathouse Cafe 12
Bow Bridge 9
Carousel 27
Central Park Zoo 24
Charles A. Dana
  Discovery Center 1
Cleopatra's Needle
  (The Obelisk) 10
Conservatory 14
Conservatory Garden 1
The Dairy Information
  Center 26
Delacorte Clock 23
Delacorte Theater 8
Diana Ross Playground 5
Hans Christian Andersen
  Statue 13
Hecksher Ball Fields 29
Hecksher Playground 30
Henry Luce
  Nature Observatory 7
Imagine Mosaic 18
Jacqueline Kennedy Onassis
  Reservoir 3
Lasker Rink and Pool 1
Loeb Boathouse 16
The Mall 20
North Meadow Ball Fields 2
Pat Hoffman Friedman
  Playground 11
The Pool 2
Rustic Playground 22
Shakespeare Garden 9
Spector Playground 4
Swedish Cottage
  Marionette Theatre 6
Tavern on the Green 28
Tisch Children's Zoo 24
Wollman Rink 25

Jacqueline Kennedy Onassis Reservoir
85th St. Transverse Rd.
South Gate House
E. 85th St.
Great Lawn
Metropolitan Museum of Art
Turtle Pond
American Museum of Natural History
79th St. Transverse Rd.
E. 79th St.
East Drive
Fifth Ave.
The Ramble
The Lake
Conservatory Water
E. 72nd St.
Central Park West
Strawberry Fields
72nd St. Transverse Rd.
Sheep Meadow
65th St. Transverse Rd.
E. 65th St.
West Drive
Baseball fields
Center Drive
East Drive
The Pond
E. 60th St.
(i) Informação
(M) Estação de Metrô
Columbus Circle
Central Park South
Grand Army Plaza

0   1/5 mile
0   200 meters

152 CAPÍTULO 4 - EXPLORANDO A CIDADE DE NOVA YORK

PARA MAIS INFORMAÇÕES Ligue para o número principal em ✆ **212/360-3444**, para informações gravadas, ou 212/310-6600, ou ainda 212/628-1036 para falar com um funcionário. Ligue para ✆ **888/NY-PARKS** para informações sobre eventos especiais. O parque também tem dois sites amplos que valem a pena verificar antes de ir: o site do departamento de parques da cidade, **www.centralpark.org**, e o site do Central Park Conservancy, **www.centralparknyc.org**, ambos apresentando excelentes mapas e uma descrição bem mais aprofundada das atrações e das atividades do parque do que eu tenho espaço aqui. Se você tiver uma **emergência** no parque, ligue para **800/201-PARK**, que lhe colocará imediatamente em contato com os patrulheiros do parque.

DICA DE SEGURANÇA Embora o parque tenha a menor taxa de crimes de todos os lugares da cidade, mantenha-se atento, especialmente na parte mais remota, ao norte. É uma boa ideia evitar o parque por completo à noite, a menos que esteja indo a um restaurante para jantar ou para o evento **Shakespeare in the Park.**

EXPLORANDO O PARQUE

O melhor modo de ver o Central Park é vaguear pelos seus mais de 93 quilômetros de caminhos sinuosos para pedestres, tendo em mente os seguintes destaques.

Antes de começar, pare no **Information Center** no Dairy (✆ **212/794-6464;** diariamente, das 11h às 17h, 16h no inverno), no meio do parque em um prédio no estilo século XIX, com vista para Wollman Rink, perto da rua 65, para pegar um mapa e outras informações sobre vistas e eventos, e para analisar a mostra infantil sobre a história e o projeto do parque.

INDO AO ZOOLÓGICO

Central Park Zoo/Tisch Children's Zoo ✮ *Crianças* Eis um agradável refúgio dentro de um refúgio, onde leões do mar se divertem na área da piscina central com estilo zombeteiro, ursos polares gigantes, mas graciosos, deslizando para cima e para baixo através de uma piscina que tem muros de vidro, pelos quais você pode observar patas enormes dando ágeis golpes, macacos que parecem considerar aqueles no outro lado da cerca com desdém, e na quente e úmida Tropic Zone, pássaros coloridos precipitam-se pelo ar em completa liberdade, às vezes pousando perto dos visitantes perplexos.

Por causa do seu pequeno tamanho, o zoológico fica melhor quando exibe os pequenos animais. O interior cheio de níveis da Tropic Zone é um destaque, sua floresta tropical úmida abriga desde macacos colobus branco e preto, a jiboias constritoras e até saúvas; procure pelas rãs Dendrobatidae, que são bem legais. Da mesma forma é o grande anexo para os pinguins no Polar Circle, que é bem melhor do que o do SeaWorld, em San Diego. No Temperate Territory, procure pelos pandas asiáticos vermelhos (primos dos grandes branco-e-pretos), que se parecem com os mais bonitos guaxinins do mundo. Apesar de sua piscina e das pilhas de gelo, porém, os ursos polares ainda têm um ar triste.

CENTRAL PARK & OUTROS LUGARES PARA SE DIVERTIR   153

Todo o zoológico é bom para passeios de pouca atenção; você pode ver tudo em 1 hora e meia a 3 horas, dependendo do tamanho da multidão e de quanto tempo você se demora. Também é bem propício às crianças, com muitos cartazes bem escritos e ilustrados, que as crianças mais velhas podem entender. Para os menores, há o **Tisch Children's Zoo** ⊛, que custou US$ 6 milhões. Com bodes, lhamas, porcos pançudos e mais, este aconchegante zoológico e parque de diversões é de impressionar as crianças de 5 anos ou menos.

830 Fifth Ave. (altura da rua 64, dentro do Central Park). ☎ **212/439-6500**. www.wcs.org/zoos. Entrada US$ 8 adultos, US$ 4 idosos, US$ 3 crianças de 3 a 12 anos, grátis para crianças abaixo de 3 anos. De abril a outubro, de segunda a sexta às 10h às 17h, sábado e domingo, das 10h às 17h30min; de novembro a março, diariamente das 10h às 16h30min. Última entrada 30 minutos antes de fechar. Metrô: N, R até Fifth Ave; 6 até rua 68.

ATIVIDADES

A estrada ondulosa de quase 10 quilômetros ao redor do parque, **Central Park Drive**, tem uma pista à parte para bicicletas, corredores e patinadores. O melhor horário para usar é quando o parque está fechado ao tráfego: de segunda a sexta, das 10h às 15h (exceto do dia de Ação de Graças até o Ano Novo), e das 19h às 22h. Também fecha das 19h da sexta até 6h da segunda, mas quando o tempo está bom, as multidões podem ser malignas.

BICICLETA   Andar de bicicleta fora do caminho não é permitido; fique na Central Park Drive ou sua bicicleta pode ser confiscada pela polícia do parque.

Você pode alugar bicicletas de 3 e 10 marchas, assim como bicicletas de dois assentos, no Central Park, no **Loeb Boathouse**, no meio do parque, perto da rua 72 e da Park Drive North, do lado da Fifth Avenue (☎ **212/517-2233** ou 212/517-3623), por US$ 9 a US$ 15 a hora, com uma seleção completa de bicicletas infantis, de corrida, com dois assentos e por aí vai (exige depósito de US$ 200); na **Metro Bicycles,** 1311 Lexington Ave., altura da rua 88 (☎ **212/427-4450)** por cerca de US$ 7 a hora, ou US$ 35 por dia; e na **Toga Bike Shop,** 110 West End Ave., altura da rua 64 (☎ **212/799-9625;** www.togabikes. com) por US$ 30 ao dia. Não importa onde você alugar prepare-se para deixar um depósito por cartão de crédito.

BOTE   De março até novembro, passeios de gôndola e aluguéis de barcos a remo são disponíveis no **Loeb Boathouse**, no meio do parque próximo da rua 74 e da Park Drive North, ao lado da Fifth Avenue (☎ **212/517-2233** ou 212/517-3623). Os barcos a remo custam US$ 10 na primeira hora e US$ 2,50 por cada 15 minutos subsequentes, e um depósito de US$ 30 é exigido; aceita reservas (veja que as tarifas não eram para o verão, quando da impressão deste livro, portanto podem mudar).

154   CAPÍTULO 4 - EXPLORANDO A CIDADE DE NOVA YORK

PASSEIOS DE CARRUAGEM A CAVALOS   Na entrada do parque, na rua 59 com Central Park South, você verá uma linha de **carruagens puxadas a cavalos** esperando para levar passageiros pelo parque ou por certas ruas da cidade. Os cavalos estão para as ruas da cidade assim como penicos estão para os nossos quartos. Você não precisa me dizer o quão caídos estão a maioria dos cavalos; se insistir, um passeio custa US$ 50 por casal, meia hora, mas eu sugiro esquecer isso.

PATINAÇÃO NO GELO   O **Wollman Rink** ⚘, no Central Park, no lado leste do parque, entre as ruas 62 e 63 **(212/439-6900;** www.wollmanskatingrink.com) é o melhor lugar da cidade para patinar ao ar livre, mais espaçoso do que o rinque no Rockefeller Center. Fica aberto para patinação desde o meio de outubro até o meio de abril, dependendo do clima. As tarifas são US$ 9,50 para adultos (US$ 12 aos finais de semana), US$ 4,75 para idosos e crianças com menos de 12 anos (US$ 8,25 aos finais de semana) e o aluguel dos patins é de US$ 5; armários estão disponíveis (chaves custam US$ 3,75). **Lasker Rings** ☎ 212/534-7639, no lado leste, perto da rua 106, é uma alternativa mais econômica para o mais cheio Wollman Rink. Aberto de novembro até março, as tarifas são de US$ 4,50 para adultos, US$ 2,25 para crianças abaixo de 12 anos e o aluguel dos patins é de US$ 4,75.

PATINAÇÃO IN-LINE   O Central Park é o lugar mais popular da cidade para patinação in-line. Veja no começo desta seção para mais detalhes sobre o Central Park Drive, a principal atração para patinadores. Nos finais de semana, vá para West Drive na rua 67, atrás do Tavern on the Green, onde você encontrará hábeis patinadores correndo pelo percurso slalom da New York Roller Skating Association (NYRSA), ou para o Mall, defronte ao coreto (acima da Bethesda Fountain), para dar uns rodopios. No verão, o **Wollman Rink** ⚘ se transforma em um fervente rinque de patinação, com half-pipes e aulas disponíveis (ver "Patinação no Gelo", acima).

Você pode alugar patins por US$ 20 ao dia na **Blades Board and Skate,** 120 W. 72nd. St., entre a Broadway e Columbus Avenue (☎ **212/787-3911;** www. blades.com). O Wollman Rink (ver acima) também aluga patins in-line para uso no parque, a preços similares.

PLAYGROUNDS   Dezenove Adventure Playgrounds estão espalhados pelo parque, perfeitos para pular, deslizar, engatinhar, balançar e cavar. No Central Park West, com rua 81, está o **Diana Ross Playground** ⚘, votado o melhor da cidade pela revista *New York*. Também ao lado oeste está o **Spector Playground**, na rua 85 e Central Park West e, um pouco mais ao norte, o **Wild West Playground,** na rua 93. No lado leste está o **Rustic Playground,** na rua 67 com a Fifth Avenue, um espaço belamente decorado, cheio de ilhas, pontes e grandes inclinações; e o **Pat Hoffman Friedman Playground**, bem atrás do Metropolitan Museum of Art na East 79th Street, é direcionado para bebês mais velhos.

CORRIDA   Maratonistas e aqueles que querem ser correm regularmente no Central Park, pela **Central Park Drive** de quase 10 quilômetros, que dá a volta

EXCURSÕES ORGANIZADAS PARA ATRAÇÕES 155

pelo parque (por favor, corra na direção do tráfego, para evitar ser desviado por ciclistas e patinadores, que seguem o fluxo do tráfego). Os **New York Road Runners** (℃ 212/860-4455; www.nyrrc.org), organizadores da Maratona de Nova York, agenda grupos de corrida todos os dias da semana, das 6h às 18h, partindo da entrada do parque, na rua 90 com Fifth Avenue.

NATAÇÃO **Lasker Pool** (no lado leste, perto da rua 106; ℃ 212/534-7639) fica aberto de 1º de julho até o fim de semana do Dia do Trabalho. A entrada custa US$ 4 para adultos, US$ 2 para crianças com menos de 12 anos. Leve toalhas.

6 Excursões Organizadas para Atrações

Reservas são exigidas para algumas das excursões abaixo, mas mesmo se não forem, ligue antes para confirmar preços, horários e lugares de encontro.

EXCURSÕES EM ÔNIBUS DE DOIS ANDARES
Gray Line New York Tours A Gray Line oferece quase todas as opções e combinações de excursões pela cidade que você pode desejar. Há excursões de ônibus ao dia e à noite, que vão uptown, downtown e por toda a cidade, assim como combinações de ônibus com cruzeiros da Circle Line, voos de helicópteros, entradas em museus e visitas guiadas por atrações. Não há nenhum motivo real para comprar algumas excursões combinadas – você não precisa de um guia para lhe levar até a Estátua da Liberdade, e você não precisa poupar dinheiro com entradas para adquirir o ingresso combinado.

777 Eighth Ave. (entre as ruas 47 e 48). As excursões partem de várias localidades. ℃ **800/669-0051** ou 212/445-0848; www.graylinenewyork.com. Excursões de ônibus entra-e-sai começam com US$ 49 adultos, US$ 39 crianças de 3 a 11 anos.

CRUZEIROS SAINDO DO PORTO
Circle Line Sightseeing Cruises 𝕱𝕱 Uma instituição de Nova York, o Circle Line é famoso por sua excursão de 3 horas ao redor das inteiras 35 milhas de Manhattan. Este cruzeiro **Full Island** passa pela Estátua da Liberdade, Ellis Island, a Brooklyn Bridge, as Nações Unidas, o Yankee Stadium, a George Washington Bridge e mais, incluindo a parte selvagem setentrional de Manhattan. O panorama é instigante e o comentário não é depreciativo. Os grandes barcos são básicos, porém ótimos, com muito espaço para todos apreciarem a vista. Aperitivos, refrigerantes, café e cerveja estão disponíveis a bordo, para comprar.

Se 3 horas são mais do que você e as crianças podem suportar, prefira tanto os cruzeiros de 2 horas **Semi-Circle** ou o **Sunset/Harbor Lights**, ambos lhe mostram os destaques da silhueta da cidade. Há também uma versão, de 1 hora, chamada **Seaport Liberty**, que se mantém perto da ponta sul da ilha. Mas, de todas as excursões, as crianças podem gostar mais da **The Beast**, um passeio em bote de alta velocidade emocionante, oferecido apenas no verão.

156 CAPÍTULO 4 - EXPLORANDO A CIDADE DE NOVA YORK

Além do mais, vários **cruzeiros com música ao vivo e DJ**, apenas para adultos, partem regularmente do porto, de maio a setembro (entre US$ 20 e US$ 40 por pessoa). Dependendo da noite da semana, você pode dançar aos ritmos do jazz, música latina, gospel, dance music ou blues, enquanto navega observando a silhueta da cidade.

Partindo do Píer 83, na W. 42nd. St. e Twelfth Ave. Também partindo do Píer 16, na South St. Seaport, 207 Front St. ☎ **212/563-3200**. www.circleline42.com e www.seaportmusiccruises.com. Verifique o website ou ligue para obter a programação mais atualizada. Excursões de cruzeiros US$ 12- US$ 29 adultos, US$ 16-US$ 24 idosos, US$ 13-US$ 16 crianças de até 12 anos. Metrô para o Píer 83: A, C, E até a rua 42. Metrô para o Píer 16: J, M, Z, 2, 3, 4, 5 até Fulton St.

EXCURSÕES TEMÁTICAS

A **Municipal Art Society** ☎ (☎ **212/439-1049** ou 212/935-3960; www.mas.org) oferece caminhadas históricas e arquitetônicas para viajantes inteligentes e individualistas. Cada uma é conduzida por um guia altamente especializado que oferece insights sobre o significado dos edifícios, bairros e história. Os temas variam da história urbana de Greenwich Village até "Williamsbourg: Beyond the Bridge", passando por um exame da "nova" Times Square. Durante os dias da semana, as caminhadas custam US$ 12; aos finais de semana, US$ 15. Reservas podem ser necessárias, dependendo da excursão, portanto é melhor ligar com antecedência. A programação completa está disponível online ou ligando para ☎ **212/439-1049**.

A **92nd Street Y** ☎ (☎ **212/415-5500**; www.92ndsty.org) oferece uma maravilhosa variedade de excursões a pé ou de ônibus, muitas apresentando temas esquisitos ou visitas por trás das cenas. Os temas podem variar de "Diplomata da ONU por um Dia" a "Segredos do Chelsea Hotel", ou de "Artistas do Meatpacking District" até "Harlem Judeu". Os preços variam de US$ 25 a US$ 60 (às vezes, o preço sobe para excursões de ônibus), mas muitos incluem passeios de balsa, chá da tarde, jantar ou o que convier ao programa. Os guias são bem selecionados, especialistas em seus temas, variando de historiadores respeitados a um poeta, místico e crítico de arte do East Village (para "Allen Ginsberg's New York" e "East Village Night Spots"), e muitos itinerários passam pelos bairros mais afastados; algumas viagens de um dia chegam a sair da cidade. Inscrição antecipada é exigida para todas as excursões a pé ou de ônibus. A agenda é planejada com meses de antecedência, portanto acesse o website para ver as excursões que lhe interessam.

Myra Alperson, fundadora e principal guia da **NoshWalks** (☎ **212/222-2243**; www.noshwalks.com), conhece a comida em Nova York e sabe onde encontrá-la. Nos últimos 6 anos, Alperson tem levado caminhantes famintos a alguns dos mais deliciosos bairros da cidade. Dos mercados uzbeque, tadjique e russo de Rego Park, Queens até os cafés dominicanos de Washington Heights, em upper Manhattan, Alperson não deixou de explorar nenhum bairro étnico. As excursões são no sábado

EXCURSÕES ORGANIZADAS PARA ATRAÇÕES 157

e no domingo, partindo cerca das 11h30min e das 14h30min. O meio de transporte preferido é o metrô; as excursões levam cerca de 3 horas e custam perto de US$ 33, não incluindo o que você sem dúvida comprará na excursão. O espaço é limitado, portanto agende com muita antecedência.

Harlem Spirituals (© 800/660-2166 ou 212/391-0900; wwwharlemspirituals.com) se especializa em excursões gospel e jazz do Harlem, que podem ser combinadas com uma tradicional refeição típica do Harlem. Uma variedade de opções está disponível, incluindo uma excursão pelas atrações do Harlem, com missa gospel e um almoço, ou brunch, de comida tradicional, como opção. A excursão pelo jazz do Harlem inclui um passeio pelo bairro, jantar em um restaurante tradicional familiar e uma visita ao clube de jazz local; há também uma variação do Apollo Theater nesta excursão. As excursões pelo Bronx e pelo Brooklyn também são opções para quem quer provar um pouco dos bairros mais distantes. Os preços começam em US$ 49, US$ 39 para crianças, para a excursão Harlem Heritage e sobem a partir daí, baseados em extensão e inclusões (excursões que incluem comida e entretenimento são de preço fixo). Todas as excursões partem do escritório da Harlem Spirituals, em Midtown (690 Eighth Ave., entre as ruas 43 e 44), e o transporte está incluído.

Turistas ativos podem ficar com a **Bike the Big Apple** (© 201/837-1133; www.bikethebigapple.com). As excursões da Bike oferecem excursões de meio dia, dia inteiro e personalizadas, por uma variedade de bairros da cidade, incluindo os fascinantes, mas pouco explorados, upper Manhattan e Harlem; uma excursão étnica que lhe leva pela lendária Brooklyn Bridge, através de Chinatown e Little Italy, até Ground Zero; e por Flushing, Queens, onde você se sentirá como se estivesse pedalando por Hong Kong. Você não tem de ser candidato ao Ironman para participar; as excursões são planejadas pelo ciclista médio, com ênfase na segurança e na diversão; passeios mais curtos estão disponíveis, mas os passeios geralmente duram aproximadamente 5 horas. As excursões são oferecidas durante o ano inteiro; os preços variam em torno de US$ 80 e incluem a bicicleta e todo o equipamento.

Por algo mais extravagante em sua excursão, **Levy's Unique New York** (© 877/692-5869; www.levysuniqueny.com) oferece um olhar mais tranquilo aos marcos e à história da cidade. As excursões são todas personalizadas, dependendo das necessidades e do tamanho do grupo; a maioria é a pé, mas algumas são conduzidas por ônibus. Algumas excursões incluem a "Bohemians and Beats of Greenwich Village Literary Tours", e "Hey Ho! Let's Go! Punk Rock on the Bowery". O grupo é baseado no Brooklyn, e é extremamente conhecedor do bairro de onde vem; as excursões para Coney Island e outra, chamada "Edible Ethnic Brooklyn Eats" são apenas algumas que apresentam o Brooklyn. As excursões variam de US$ 25 a US$ 65 por pessoa.

158 CAPÍTULO 4 - EXPLORANDO A CIDADE DE NOVA YORK

7 Destaques dos Bairros Mais Afastados

THE BRONX

Bronx Zoo Wildlife Conservation Park *** ícone Fundado em 1899, o Zoológico do Bronx é o maior parque animal metropolitano nos Estados Unidos, com mais de 4 mil animais vivendo em mais de 1.000 metros quadrados, e uma das melhores atrações da cidade.

Uma das mostras mais impressionantes é a **Wild Asia Complex.** Este zoológico dentro de um zoológico compreende o centro de educação **Wild Asia Plaza; Jungle World,** uma recriação indoor das florestas asiáticas, com pássaros, répteis, gibões e leopardos; e o **Bengali Express Monorail** (aberto de maio a outubro), que lhe conduz por um passeio narrado bem acima dos tigres siberianos soltos, elefantes asiáticos, rinocerontes indianos e outros nova-iorquinos não nativos (mantenha seus olhos abertos – os animais não estão tão interessados em ver você). As **Himalayan Highlands** são o lar de 17 leopardos brancos extremamente raros, assim como de pandas vermelhos e grous de nucas brancas. A **Congo Gorilla Forest,** de 24,2 mil metros quadrados, é lar de gorilas, okapi, porcos selvagens e outros animais das florestas africanas.

O **Children's Zoo** (aberto de abril a outubro) permite que jovens humanos conheçam seus colegas selvagens. Se os cenários naturais e os programas de reprodução não são o bastante para manter os residentes do zoológico ocupados, eles sempre podem optar por olhar enigmaticamente para os dois milhões de visitantes anuais. Mas há modos de vencer a multidão. Tente visitar em um dia útil ou em um bom dia de inverno. No verão, chegue logo de manhã, antes que o calor do dia mande os animais de volta para seus esconderijos. Espere passar um dia inteiro aqui – será necessário.

Chegando lá: O ônibus expresso da Liberty Lines, BxM11, que faz várias paradas na Madison Avenue, leva diretamente ao zoológico; ligue para ☎ **718/652-8400**. De metrô, pegue o trem número 2 até Pelham Parkway e então caminhe a oeste, até a entrada em Bronxdale.

Fordham Rd. e Bronx River Pkwy., Bronx. ☎ **718/367-1010**. www.bronxzoo.com. Entrada US$ 14 adultos, US$ 12 idosos e US$ 10 crianças entre 2 e 12 anos; entrada com desconto de novembro a março; quartas grátis o ano inteiro. Pode haver cobranças nominais adicionais para algumas atrações. De novembro a março, diariamente das 10h às 16h30min (horários ampliados para Holiday Lights, do final de novembro ao começo de janeiro); de abril a outubro, segunda a sexta, das 10h às 17h, sábado e domingo das 10h às 17h30min. Transporte: Veja "Chegando lá", no parágrafo anterior.

New York Botanical Garden Um Marco Histórico Nacional, o New York Botanical Garden, com mais de um milhão de metros quadrados, foi fundado em

DESTAQUES DOS BAIRROS MAIS AFASTADOS   159

1891 e, hoje, é um dos jardins públicos mais visitados do país. O cenário é espetacular – um terreno natural de afloramentos rochosos, um rio com quedas d'água, serras, lagos e pântanos.

Os destaques do Jardim Botânico incluem os 27 **jardins temáticos**, um excepcional **orquidário** e 160 mil metros quadrados de **florestas virgens**, o mais próximo que Nova York chega de seu estado original antes da chegada dos europeus. O **Enid A. Haupt Conservatory**, uma surpreendente série de pavilhões vitorianos de vidro que relembram o Crystal Palace de Londres, abriga uma rica coleção de plantas tropicais, subtropicais e desérticas, assim como exposições sazonais de flores. Há também um **Children's Adventure Garden**. *Chegando lá:* Pegue o Metro-North (© **800/ METRO-INFO** ou 212/532-4900; www.mta.nyc.ny.us/mnr), no Grand Central Terminal, até a estação New York Botanical Garden; a tranquila viagem leva cerca de 20 minutos. De metrô, pegue o trem D ou 4 até Bedford Park, depois o ônibus Bx26, ou caminhe pelo sudeste no Bedford Park Boulevard por longos 8 quarteirões.

Rua 200 e Kazimiroff Blvd, Bronx. © **718/817-8700.** www.nybg.org. Entrada US$ 6 adultos, US$ 3 idosos, US$ 2 estudantes, US$ 1 crianças de 2 a 12 anos. Cobrança adicional para Everett Children's Adventure Garden, Enid A. Haupt Conservatory, T. H. Everett Rock Garden, Native Plant Garden e excursão narrada de bonde; o completo pacote Garden Passport US$ 13 adultos, US$ 11 idosos e estudantes, US$ 5 crianças de 2 a 12 anos. De abril a outubro, terça a domingo e feriados de segunda, das 10h às 18h; de novembro a março, terça a domingo, e nos feriados de segunda, das 10h às 17h. Transporte: veja "Chegando lá", no parágrafo acima.

BROOKLYN

É fácil ligar as visitas ao Brooklyn Botanic Garden, ao Brooklyn Museum of Art e ao Prospect Park, já que estão a uma pequena caminhada um do outro, bem ao lado do **Grand Army Plaza.** Projetado por Frederick Law Olmsted e Calvert Vaux, como uma grande entrada ao seu Prospect Park, possui um arco memorial da Guerra Civil projetado por John H. Duncan (1892-1901) e o principal **Brooklyn Public Library**, uma obra-prima Art Déco concluído em 1941 (o jardim e o museu estão exatamente do outro lado da biblioteca, descendo a Eastern Pkwy.). Toda a área está a uma viagem de meia hora de metrô, desde Midtown Manhattan.

Brooklyn Botanic Garden ⚘   Descendo a rua do Brooklyn Museum of Art (ver abaixo) está o jardim botânico mais popular da cidade. Este pacífico santuário, com mais de 210 mil metros quadrados, é ainda mais espetacular em maio, quando florescem milhares de botões de flores de cerejeira. Também vale a pena ver o espetacular **Cranford Rose Garden**, um dos maiores e melhores jardins do país; o **Shakespeare Garden**, um jardim inglês apresentando plantas mencionadas nas suas peças; um **Children's Garden;** o **Osborne Garden**, um jardim formal com mais de 12 mil metros quadrados; o **Fragrance Garden**, projetado para cegos, mas apreciado por todos os narizes; e o extraordinário **Japanese-Hill-and-Pond Gar-**

160 CAPÍTULO 4 - EXPLORANDO A CIDADE DE NOVA YORK

den. O renovado **C. V. Starr Bonsai Museum** é lar da mais antiga e maior coleção de bonsai do mundo, enquanto o impressionante Steinhardt Conservatory, de US$ 2,5 milhões, abriga a ampla coleção interna de plantas do jardim.

900 Washington Ave. (altura da Eastern Pkwy.). ✆ **718/623-7200**. www.bbg.org. Entrada US$ 8 adultos, US$ 4 idosos e estudantes, grátis para crianças com menos de 16 anos, grátis para todos em todas as terças e sextas e nas sextas, das 10h ao meio-dia, mais de quarta a sexta, a partir do meio de novembro até fevereiro. De abril a setembro, de terça a sexta, das 8h às 18h, de sábado e domingo, das 10h às 18h; de outubro a março, de terça a sexta, das 8h às 16h30min, sábado e domingo, das 10h às 16h30min. Metrô: Q até Prospect Park; 2, 3 até Eastern Pkwy/Brooklyn Museum.

Brooklyn Museum of Art ⭑   Uma das principais instituições de arte do país, o Brooklyn Museum of Art voltou ao interesse público em 1999, com a altamente controversa "Sensation: Young British Artists from the Saatchi Collection", que atraiu a atenção da mídia internacional e multidões recordes que vieram ver o que somente um artista – e alguns políticos conservadores – poderiam fazer com o esterco de um pequeno elefante.

De fato, o museu é mais bem conhecido pelas suas notáveis mostras temporárias, assim como sua excelente coleção permanente. O grande edifício Beaux Arts do museu, projetado por McKim, Mead & White (1897), convém ao maravilhoso terreno que o cerca, mais notavelmente as coleções de esculturas, alto relevo e múmias egípcias, clássicas e do Velho Oriente Médio. A coleção de artes decorativas inclui 28 quartos do período americano, datando de 1675 a 1928 (o extravagante quarto de fumar em estilo mouro, de John D. Rockefeller, em sua mansão na rua 54, é meu favorito). Outros destaques incluem as galerias de artes africana e asiática, dúzias de trabalhos de Rodin, uma coleção de boas roupas e têxteis, e uma coleção diversa de pinturas e esculturas norte-americanas e europeias, que incluem trabalhos de Homer, O'Keeffe, Monet, Cézanne e Degas.

200 Eastern Pkwy. (altura da Washington Ave.), Brooklyn. ✆ **718/638-5000**. www. brooklynmuseum.org. Entrada sugerida US$ 8 adultos, US$ 4 idosos e estudantes, grátis para crianças abaixo de 12 anos, grátis para todos no primeiro sábado do mês, das 11h às 23h. De quarta a sexta, das 10h às 17h; primeiro sábado do mês, das 11h às 23h; a cada sábado posterior, das 11h às 18h; domingo, das 11h às 18h. Metrô: 2, 3 até Eastern Pkwy./ Brooklyn Museum.

Coney Island ⭑⭑ *(Momentos* Claro, Coney Island é apenas uma sombra do que foi em seu auge no começo do século XX. Mas é esta sombra, e o que permanece dela, que a torna uma atração intrigante. O quase mítico Parachute Jump, recentemente remodelado, embora há muito tempo inoperante, continua o monumento de Coney Island. Mas este não é um parque de diversões morto: Astroland, lar da famosa montanha russa Cyclone, tem grandes passeios para crianças e adultos, embora 2008 seja sua última temporada. Os novos proprietários manterão o Marco

DESTAQUES DOS BAIRROS MAIS AFASTADOS 161

Histórico Nacional Cyclone, porém; e a Wonder Wheel, vizinha ao Deno's, ainda pode estar girando. A melhor diversão de todas, porém, é observar as pessoas. Talvez porque esteja na margem extrema de Nova York, Coney Island atrai mais do que a sua parte de estranhos, malucos e esquisitos. É aqui onde Nathan's Famous Hot Dogs realiza seu concurso anual de comer cachorros quentes, ao meio-dia do dia 4 de julho; onde o muito divertido **Mermaid Parade** ⍟ parodia os velhos desfiles de belezas em trajes de banho (final de junho); e onde os membros do Polar Bear Swin Club mostram seu gosto masoquista ao mergulhar no gelado oceano, em 1º de janeiro. A melhor época para visitar é entre o Memorial Day e o meio de setembro, quando os passeios e o parque de diversões estão abertos. Leve sua roupa de banho e experimente as águas.

Se estiver aqui no verão, ou mesmo se não estiver, recomendo uma visita à Coney Island apenas para conhecê-la; e se puder, visite o **Coney Island Museum**, ali perto, 1208 Surf Ave. (© 718/372-5159; www.coneyisland.com). Aberto aos sábados e domingos o ano inteiro, aqui você encontrará relíquias do auge de Coney Island como o primeiro parque de diversões do mundo. Verifique um original "circuito de corrida de cavalo", carros de batida antigos, ou a casa de espelhos. E, por apenas 99 cents, mesmo se tudo o que você quiser fazer for usar o banheiro limpo, o museu é uma barganha.

Brooklyn. Metrô: D, F, N, Q até Coney Island-Stillwell Ave.

New York Aquarium *Crianças*   Por causa da longa viagem de metrô (cerca de uma hora desde Midtown Manhattan), e sua proximidade à Coney Island, é melhor combinar as duas atrações, preferivelmente no verão. Este pequeno, porém bom, aquário é lar de centenas de criaturas marinhas. Ocupando o palco central estão os golfinhos do Atlântico, e os leões marinhos da Califórnia, que se exibem diariamente durante o verão no **Aquatheater.** Também em destaque estão os polvos do Pacífico, tubarões e uma mostra nova de cavalos marinhos. Pinguins de pés pretos, lontras da Califórnia e uma variedade de focas vivem na **mostra Sea Cliffs**, uma recriação de um habitat litorâneo do Pacífico. Mas meus favoritos são as belas baleias Beluga, que lançam jatos de encanto aquático. As crianças amam as mostras manuais no **Discovery Cove.** Há uma cafeteria interna, com vista para o oceano, e um bar de aperitivos externo, mais mesas de piquenique.

502 Surf Ave. (altura da W. 8th St.), Coney Island, Brooklyn. © **718/265-FISH.** www.nya-quarium.com. Entrada US$ 12 adultos, US$ 8 idosos e crianças de 2 a 12 anos. Diariamente, das 10h às 16h30min. Metrô: F, Q até West 8th. St.

162 CAPÍTULO 4 - EXPLORANDO A CIDADE DE NOVA YORK

8 Destaques de Compras

CHINATOWN

Não espere encontrar a compra da sua vida nas ruas cheias de Chinatown, mas há alguma procura de qualidade a ser feita. Os mercados de peixes e de ervas pelas ruas Canal, Mott, Mulberry e Elizabeth são divertidos, pela sua agitação e exotismo. Dispersos entre eles (especialmente pela **Canal St.**), você encontrará uma coleção intrigante de imitações de óculos escuros e relógios, mochilas baratas, produtos de couro com desconto e suvenires exóticos. É uma divertida busca diurna, mas não espere qualidade – e negocie.

Mott Street, entre Pell Street e Chatham Square, possui as compras mais interessantes além de Canal Street, com alguns antiquários dispersos entre as pequenas vitrines vendendo aparelhos de jantar chineses azuis e brancos. Ao virar a esquina, olhe para **Ting's Gift Shop** (18 Doyer St.; ✆ **212/962-1081**), um dos mais antigos negócios em operação em Chinatown. Sob um teto antigo de latas amassadas, vende brinquedos, conjuntos e lanternas chinesas de boa qualidade.

THE LOWER EAST SIDE

As barganhas não são o que costumavam ser no **Historic Orchard Street Shopping District** – que vai de Houston até Canal, pelas ruas Allen, Orchard e Ludlow, espalhando-se por ambos os lados da Delancey Street – mas os preços em bolsas de couro, malas, roupas de cama e tecidos em rolo ainda são bons. Esteja ciente, porém, que conseguir uma boa compra na Orchard Street pode ser difícil de conseguir. Porém, o distrito é um bom lugar para descobrir uma parte de Nova York que está desaparecendo. Venha durante a semana; muitas lojas são de propriedade de judeus, e fecham nas tardes de sexta e todo o sábado. O domingo tende a ser uma loucura.

Os artistas e outros formadores de opinião que transformaram este bairro em um bastião da moda também adicionaram uma vantagem. Você encontrará uma crescente – e cada vez mais sofisticada – safra de lojas alternativas ao sul da Houston e norte da Grand Street, entre as ruas Allen e Clinton ao leste e a oeste, especializadas em modas instantâneas e roupas de clubes para jovens de 20 anos, além de mobílias retrô esquisitas, brinquedos japoneses e outros artigos alternativos. Pare no **Lower East Side Visitor Center,** 261 Broome St., entre as ruas Orchard e Allen (✆ **866/224-0206** ou 212/226-9010; Metrô: F até Delancey St.) para obter um guia de compras que inclui lojistas tanto da velha quanto da nova escola. Ou visite **www.lowereastsideny.com.**

SOHO

As pessoas adoram reclamar do super na moda SoHo – se tornou muito moderna, muito elegante, muito Shopping dos Estados Unidos. Verdade, a **J. Crew** é ape-

DESTAQUES DE COMPRAS 163

nas uma das grandes marcas que suplantaram os lofts de artistas que costumavam habitar seus prédios históricos. Mas o SoHo ainda é um dos melhores bairros para compras na cidade – e um dos mais divertidos para olhar as vitrines. A arquitetura de ferro fundido, as ruas de pedras, e a vibração cheia de arte: o SoHo tem um ar e uma aparência sem igual em qualquer outro bairro de Manhattan.

O circuito de compras do SoHo vai do oeste da Broadway até a Sixth Avenue, e do sul da Houston Street até Canal Street. A **Broadway** é a faixa mais comercial, com nomes reconhecidos como **Pottery Barn, Banana Republic, Sephora** e **A/X Armani Exchange. H&M,** a popular loja de departamentos sueca com moda inovadora vendida a preços inacreditavelmente baixos, tem duas lojas, uma de frente para a outra, na Broadway. A **Bloomingdale's** abriu uma filial downtown no antigo espaço da Canal Jean. A loja símbolo da **Prada**, também na Broadway, vale a pena ser visitada apenas pelo seu espaço, o projeto sozinho é quase calmante (pelo arquiteto holandês Rem Koolhaus). Um destaque definitivo é o empório chinês de dois andares **Pearl River**, que oferece de tudo, desde cheongsam de seda (vestidos tradicionais chineses de gola alta) até louças para chá.

As grandes marcas da moda de vanguarda pousaram no SoHo, mas você também encontrará butiques únicas, tais como a **Hat Shop**, 120 Thompson St., entre as ruas Prince e Spring (**C 212/219-1445)**, uma completa chapeleira para mulheres.

NOLITA

Não há muito tempo atrás, **Elizabeth Street** era um tranquilo anexo a Little Italy. Hoje, é uma das ruas comerciais mais quentes do bairro conhecido como Nolita. Elizabeth, e as vizinhas **ruas Mott e Mulberry**, estão salpicadas com um número cada vez maior de lojas entre a Houston Street e o Bowery. É uma caminhada pequena da estação Broadway/Lafayette na linha F, V até o bairro, já que começa bem ao leste da Lafayette Street; você pode pegar o trem número 6 até Sprring Street, ou o N, R até Prince Street, e caminhar ao leste a partir daí.

Suas butiques de paredes coladas são principalmente a província de lojistas especializados em produtos de alta qualidade e de moda inovadora. Mais e mais, se tornou a baliza de designs étnicos de todo o mundo. **Indomix** (232 Mulberry St.; **C 212/334-6356;** www.indomix.com) oferece túnicas adornadas com contas e outros coloridos estilos do sul da Ásia por cinco principais designers da Índia. O designer e skatista **Tracy Faith**, nascido no Texas (209 Mulberry St.; **C 212/334-3097)** cria vestidos de alças irresistivelmente belos, assim como saias e tops com cores berrantes e em seda indiana, leve como o ar, em sua loja de mesmo nome na Mulberry Street.

Nolita também é uma mina de ouro em acessórios; pare na **Sigerson Morrison** (20 Prince St.; **C 212/219-3893)** para ótimos sapatos ou na **Push** (240 Mulberry St.; **212/965-9699)** para comprar atraentes jóias.

164 CAPÍTULO 4 - EXPLORANDO A CIDADE DE NOVA YORK

THE EAST VILLAGE

O East Village personifica o comportamento boêmio, embora muitos nova-ior-quinos pudessem argumentar que a sofisticação do SoHo também o engoliu. O acesso mais fácil por metrô é o trem número 6 até Astor Place.

East 9th Street, entre a Second Avenue e a Avenue A, é alinhada com uma cada vez mais esperta coleção de butiques, prova de que o East Village já não é mais apenas para crianças. Designers, incluindo **Jill Anderson** (331 E. 9th St.; © **212/253-1747**) e **Huminska** (315 E. 9th St.; © **212/677-3458**) vendem roupas de excelente qualidade e originais, para mulheres.

Se for estranho, ilegal ou esquisito, provavelmente estará disponível em **St. Marks Place**, que domina a rua 8, correndo a leste da Third Avenue até Avenue A. Esta faixa é um mercado de rua permanente, com incontáveis estandes de camisetas, tatuagens e jóias falsas. O pico da ação está entre as avenidas Second e Third. Se estiver em busca da parte obscura do East Village, e se sentir um pouco corajoso, explore as ruas laterais perto da Avenue A ao sul, na direção do Bowery.

GREENWICH VILLAGE

O West Village é ótimo para ver vitrines e comprar lembranças. Livrarias temáticas e lojas de discos, antiquários e lojas de artesanato, além de mer-cados de alimentos gourmet, predominam. Na rua 8 – território da NYU, entre a Broadway e a Sixth Avenue – você pode encontrar sapatos modernos e roupas acessíveis.

Mas o maior boom comercial dos últimos tempos aconteceu na **Bleecker St.,** a oeste da Sixth Avenue. Entre a Carmine Street e a Seventh Avenue, os glutões se deliciarão com a faixa de lojas sofisticadas de alimentos, incluindo **A**my's **Bread, Wild Edibles** e **Murray Cheese.** Entre elas, há lojas de discos, de guitarras e algu-mas lojas artísticas salpicadas. Na **Christopher Street**, você encontrará tais mara-vilhas como **Aedes De Venutas**, uma bela e pequena butique vendendo fabulosos perfumes e velas perfumadas que são difíceis de encontrar nos Estados Unidos, e a

DESTAQUES DE COMPRAS   165

> **Dicas**   **Fontes Adicionais para Compradores Inverterados**
>
> Se estiver procurando por produtos específicos, verifique as listas de compras em **www.newyork.citysearch.com**, **www.timeoutny.com** e **www.nymag.com**, antes de sair de casa.
>
> Para um guia online para ver ofertas de vendas ou de designers, visite **www.nysale.com**, que lhe deixará por dentro de vendas não anunciadas ocorrendo em toda a cidade.
>
> Informações sobre vendas atualizadas, novas lojas, vendas de amostras ou de fechamento de lojas, além de exibições de arte, artesanato e antiquários, são encontradas na seção "Check Out" da *Time Out New York*, ou nas seções "Sales & Bargains", "Best Bets" e "Smart City" da revista *New York*. A revista também publica atualizações diárias de vendas em **www.nymag.com**, e a *Time Out* publica um guia de compras duas vezes ao ano, disponível em bancas por cerca de US$ 6.
>
> Outras fontes na internet incluem **www.dailycandy.com**, um newsletter diário destacando inaugurações de lojas e onde encontrar as ofertas do dia, e **www.girlshop.com**, um website dedicado às notícias exclusivas da moda em Nova York. Em 2005, a flagship **Girlshop Boutique** abriu na 819 Washington St., entre as ruas Little W. 12th e Gansevoort (© **212/255-4985**).

> **Dicas**   **Taxa de Vendas**
>
> A taxa de venda na cidade de Nova York é de 8,375%, mas não se aplica para **roupas e sapatos abaixo de US$ 110**. Se você for de fora do estado, considere enviar suas compras diretamente para casa, a fim de evitar o imposto. Como com qualquer compra enviada para casa, pegue a documentação da venda e mantenha os recibos até que as mercadorias cheguem à sua porta.

The Porcelain Room, 13 Christopher St. (© **212/367-8206**), que está localizada abaixo do nível da rua e oferece surpreendentes porcelanas antigas e contemporâneas, que você precisa ver para crer.

A **The Oscar Wilde Bookshop**, a primeira livraria gay do mundo, está na ponta leste da Christopher St. desde 1967. Siga a rua na direção oeste, onde a Bleecker se torna uma via de butiques, e uma loja melhor que a outra se segue. Entre elas: **Intermix, Olive & Bette, Ralph Lauren, Lulu Guiness** e **Marc Jacobs**.

166   CAPÍTULO 4 - EXPLORANDO A CIDADE DE NOVA YORK

Aqueles que amam olhar vitrines devem passear pelo **oeste da Seventh Avenue** e pela **Hudson Street**, onde lojas encantadoras, tais como a **House of Cards and Curiosities,** 23 Eighth Ave., entre as ruas Jane e 12 (℃ **212/675-6178)**, a versão própria do Village sobre uma loja de triquetraques tradicional, está enfiada entre o arenito pardo.

CHELSEA/MEATPACKING DISTRICT

A área bem a oeste de Chelsea se transformou no **Chelsea Art District**, onde mais de 200 galerias brotaram em um até então enclave moribundo de oficinas e armazéns. O distrito, informalmente, fica entre as ruas 14 e 29, e entre a West Side Highway e Seventh Avenue, mas a área de alta densidade fica entre as ruas 20 e 26, entre as avenidas Tenth e Eleventh.

O Meatpacking District também se elevou de esquisito para popular (e alguns dizem exagerado) em pouquíssimo tempo, com designers famosos como **Stella McCartney** (429 W. 14th St.; ℃ **212/255-1556)**, **Christian Louboutin** (59 Horatio St.; ℃ **212/255-1910)** e **Alexander McQueen** (417 W. 14th St.; ℃ **212/645-1797)** em residência. **Jeffrey New York**, um desmembramento da loja de departamentos de Atlanta, tem roupas caras de designer, uma impressionante coleção de sapatos, e o atendimento mais amigável de Nova York.

UNION SQUARE / THE FLATIRON DISTRICT

O bairro mais popular para compras, restaurantes e baladas na cidade pode ser Union Square. O lado sul da praça é uma área mega shopping, com **Whole Foods, Filene's Basement** e **DSW (Designer Shoe Warehouse).** Ao norte, **Barnes & Noble** está situada em um belo prédio restaurado de ferro fundido, dos anos 1880. Claro, o coração pulsante de Union Square é o **Greenmarket**, que funciona quatro dias por semana, o maior mercado de produtos agrícolas da cidade.

Na Broadway, alguns quarteirões ao norte de Union Square, está o surpreendente empório **ABC Carpet & Home**, onde andares do tamanho de um loft abrigam brilhantemente decadentes exposições de móveis, aparelhos domésticos, roupas de cama (os fios são um caso a parte) e adereços judeus de todos os tamanhos e formatos.

Lojistas mais refinados, que redescobriram a majestade arquitetônica da **lower Fifth Avenue**, incluem **Banana Republic, Victoria's Secret** e **Kenneth Cole.** Você não encontrará muito de novo por aqui, mas ainda assim, é uma parte agradável da avenida.

Quando a rua 23 estava no ápice da moda sofisticada nova-iorquina, há mais de 100 anos, as principais lojas de departamento se estendiam pela **Sixth Avenue** por cerca de 2 quilômetros, a partir da rua 14. Estas elegantes lojas estavam em enormes edifícios de ferro fundido, que há muito foram abandonados e começaram a enferrujar. Nos últimos anos, porém, a área se tornou o centro de compras de baixo custo, com grandes lojas e lojistas de baixos preços preenchendo os espaços

DESTAQUES DE COMPRAS **167**

reformados: **Filene's Basement, TJ Maxx** e **Bed Bath & Beyond** estão todas em 620 Sixth Ave., enquanto **Old Navy** está ao lado, e **Barnes & Noble** está a um par de quarteirões, na Sixth Avenue, próxima a rua 22.

HERALD SQUARE & THE GARMENT DISTRICT

Herald Square – onde a rua 34, a Sixth Avenue e a Broadway se encontram – é dominada pela **Macy's** (℗ 212/695-4400), a "maior loja de departamentos do mundo". Na Sixth Avenue com a rua 33, está o **Manhattan Mall** (℗ 212/465-0500; www.manhattanmallny.com), que é justamente isso (um shopping), com a maior parte de lojas de rede de varejo (roupas, eletrônicos, eletrodomésticos) e um pátio de alimentação.

TIMES SQUARE & THE THEATER DISTRICT

Você não encontrará, no coração de Times Square, muito para atrair o comprador sério, já que você pode encontrar em casa a maioria das mercadorias vendidas aqui. Entre as exceções, está a fabulosa loja símbolo da **Toys "R" Us** na Broadway com rua 44, que tem até mesmo uma roda gigante de tamanho natural.

A West 47th Street, entre as avenidas Fifth e Sixth, é o famoso **Diamond District** da cidade. A rua é orlada de vitrines, dispostas lado a lado; e você dará voltas e pechinchará com os negociantes Hasídicos, que se destacam bastante em relação às multidões.

FIFTH AVENUE & RUA 57

O coração do varejo de Manhattan vai da Fifth Avenue até a rua 57, e mais. **Tiffany & Co.,** que há muito tempo reinou suprema, fica bem perto da **NIKETOWN,** a **NBA Store,** e a enorme loja símbolo da **Louis Vuitton,** na esquina da rua 57 com a Fifth Avenue. Além do mais, um bom número de grandes varejistas, como a **Banana Republic,** têm lojas símbolo pela Fifth Avenue, alterando a amplitude de compras sofisticadas para a Madison Avenue, ao norte da rua 59. Você encontrará vários designers famosos e caros irradiando-se pelos cruzamentos, incluindo **Versace, Chanel, Dior** e **Cartier.** Você também encontrará joalherias famosas aqui, assim como grandes e velhas lojas de departamentos, como **Bergdorf Goodman, Henri Bendel** e **Saks Fifth Avenue** – todas as atrações da Fifth Avenue que devem, ao menos, serem olhadas, mesmo se seu orçamento não permita mais do que longas olhadas.

A alguns quarteirões ao leste, pela Lexington, está a loja símbolo do mundo, a **Bloomingdale's,** 1000 Third Ave., (Lexington Ave. com rua 59; ℗ 212/705-2000; www.bloomingdales.com), um ótimo lugar para compras.

MADISON AVENUE

A Madison Avenue, entre as ruas 57 e 79, possui os imóveis comerciais mais caros do mundo. Traga muitos cartões de crédito. Esta faixa extremamente luxuosa – particularmente na altura das ruas começando com 60 – é lar *das* mais luxuosas

168 CAPÍTULO 4 - EXPLORANDO A CIDADE DE NOVA YORK

butiques de designer, com a **Barneys New York** como âncora. Não se intimide com o glamour, ou com qualquer uma das celebridades com quem você irá se deparar. Há tesouros a preços razoáveis, tais como o aromatizador de ambientes Ginger Flower, na **Shanghai Tang** (714 Madison Ave.; ℂ **212/888-0111**) ou um par de abotoaduras de cristal na boutique **Lalique**, na porta ao lado: 712 Madison Ave. (ℂ **212/355-6550).**

UPPER WEST SIDE

A melhor rua de compras no Upper West Side é a **Columbus Avenue.** Pequenas lojas que se dirigem ao público executivo de jovens modernos e famílias orlam ambas as calçadas da agradável avenida, a partir da rua 66 (onde você encontrará uma excelente filial da **Barnes & Noble**) até quase a rua 86. Os destaques incluem **Maxilla & Mandible** para presentes inspirados em ciências naturais, com qualidade de museu, e a **Harry's Shoes**, mas você não sentirá falta do que olhar por aqui. **The Shops at Columbus Circle**, que também é um shopping, embora um dos mais sofisticados na região, com alguns dos principais restaurantes da cidade, e lojas que variam de Armani, Coach até um Whole Foods Market.

NovaYork
À Noite

5

Para listas mais atualizadas e abrangentes sobre a vida noturna, desde teatros e artes performáticas, até shows de rock, jazz e cobertura sobre danceterias, *Time Out New York* (www.timeoutny.com) é a minha fonte semanal favorita; novas edições sempre às quintas. O semanário gratuito *Village Voice* (www.villagevoice. com) está disponível no final de terça, em downtown, e na quarta de manhã em toda a cidade. Praticamente todas as casas de shows anunciam nele. O *New York Times* (www.nytoday.com) apresenta uma excelente cobertura de entretenimento, particularmente na seção dupla "Weekend", às sextas. Outras grandes fontes são o *New Yorker* (www.newyorker.com) em sua seção "Goings on About Town"; a revista *New York* (www.nymag.com) apresenta os últimos acontecimentos em sua seção "The Week".

Frequentadores de bar não podem perder *Shecky's New York Bar, Club & Lounge Guide*, impresso anualmente. O website (**www. sheckys.com**) oferece notícias atualizadas sobre a noite ao clique de um botão.

1   A Cena Teatral

Ninguém faz teatro melhor que Nova York. Nenhuma outra cidade – nem mesmo Londres – tem uma cena teatral com tanta amplitude e profundidade, com tantas alternativas escancaradas. A Broadway, claro, recebe mais atenção da imprensa e mais cobertura da televisão, merecidamente. É onde você encontrará as grandes produções, desde êxitos retumbantes como *O Rei Leão* até sucessos mais recentes como *Jersey Boys*. Mas a cena atual está pulsando além das fronteiras da Broadway – teatros pequenos e "alternativos" que também dominaram a imaginação popular. Com estrelas caras no palco, multidões se enfileirando para comprar ingressos e *hits* populares o suficiente para gerar discos de trilhas sonoras por grandes gravadoras, a Off-Broadway já não é mais apenas para urubus culturais (e a Off-Off-Broadway tem os ingressos de teatro mais baratos da cidade, geralmente menos de US$ 20).

Não posso lhe precisar o que estará em cartaz quando você estiver aqui, portanto consulte as publicações mencionadas no começo deste capítulo ou os websites listados

170 **CAPÍTULO 5 - NEW YORK À NOITE**

em "Fontes Online para Frequentadores de Teatro & Fãs de Artes Performáticas", para ter uma ideia do que você gostaria de ver. Outra fonte é a **Broadway Line** (*C* **888/BROADWAY;** www.livebroadway.com), onde você encontrará informações detalhadas sobre as peças atualmente em cartaz na Broadway, se informará sobre ofertas especiais e descontos e escolherá ser transferido para a Telecharge ou a Ticketmaster para comprar ingressos. O serviço gravado **NYC/Onstage** (*C* **212/768-1818;** www. tdf.org) fornece o mesmo tipo de informação para a Broadway e para a Off-Broadway.

QUANDO CHEGAR

Uma vez que você chegou à cidade, comprar ingressos pode exigir certa sabedoria das ruas – e na falta dela; o frio e duro dinheiro. Mesmo se parece improvável haver assentos disponíveis, sempre **ligue ou visite** a bilheteria antes. Assentos únicos são mais fáceis de conseguir, portanto pessoas que não se importam em sentar em lugares separados podem ter sorte.

Você pode também tentar o **Broadway Ticket Center**, mantido pela League of American Theatres and Producers (as mesmas pessoas por trás do Live-Broadway. com), no Times Square Visitors Center, 1560 Broadway, entre as ruas 46 e 47 (de segunda a sábado, das 10h às 18h; domingo, das 10h às 15h; horários sujeitos a mudança por temporada). Geralmente, eles têm ingressos disponíveis para peças já esgotadas, tanto para compra antecipada como no mesmo dia, e cobram apenas US$ 5 por cada ingresso.

Mesmo se economizar dinheiro não for uma preocupação para você, verifique os quadros no **TKTS Booth** na Times Square; mais informações sobre isso podem ser encontradas em "Comprando Ingressos a Preços Reduzidos", abaixo.

Além disso, o **concierge de seu hotel** pode ser uma fonte de compra de ingressos. Estes são geralmente adquiridos por meio de um intermediário e um preço extra será cobrado, mas há geralmente bons lugares e você pode confiar que os ingressos são legítimos (uma gorjeta de US$ 20 ao concierge, por este serviço, é razoável – talvez mais, se os ingressos forem para uma peça muito conhecido/famosos. Pelo tempo que pagou esta gorjeta, é possível se sair melhor ao entrar em contato, você mesmo, com um intermediário ou uma agência de ingressos). Se quiser comprar diretamente com um intermediário autorizado, **Keith Prowse & Co.** tem um escritório na 234 W. 44th St., entre as avenidas Seventh e Eighth, Suite 1000 (*C* **800/669-8687;** de segunda à sábado, das 9h às 20h; domingo, do meio-dia às 19h).

Se comprar de um dos **cambistas** em frente ao teatro, você está correndo riscos. Eles podem ser legítimos – um casal dos subúrbios que não pôde entrar para ver a peça, por exemplo – mas também podem ser golpistas vendendo ingressos falsos. É um risco que não vale a pena correr.

A CENA TEATRAL **171**

Um **truque dos nativos** é percorrer os arredores dos teatros da Broadway por volta das 18h, quando assentos não vendidos ficam disponíveis. Estes ingressos – reservados para VIPs, amigos do elenco, imprensa e assim por diante – são para ótimos lugares e são vendidos sem ágio.

Também, a **segunda-feira** é um bom dia para fazer o cerco a ingressos de peças famosos. Embora a maioria dos teatros esteja às escuras durante este dia, algumas opções bem procuradas não estão. Os nativos ficam em casa na primeira noite da semana útil, portanto todas as chances estão ao seu favor. Elas serão maiores nas noites dos dias úteis, ou para as matinês de quarta-feira, ao invés dos finais de semana.

COMPRANDO INGRESSOS A PREÇOS REDUZIDOS

Você pode conseguir comprar **ingressos a preços reduzidos** com antecedência, pelo telefone (ou pessoalmente, na bilheteria) ao se juntar a um ou mais dos clubes teatrais online. Tornar-se membro é gratuito e pode lhe render descontos de até 50% em peças selecionadas da Broadway e Off-Broadway. Para mais informações, veja "Recursos Online para Frequentadores de Teatro & Fãs de Artes Performáticas", abaixo.

As peças da Broadway – mesmo as mais populares – têm, às vezes, um número reduzido de ingressos mais baratos destinados a estudantes e idosos, ou sorteados por loteria antes de cada peça; ligue para a bilheteria a fim de se informar.

O melhor negócio da cidade para ingressos para o mesmo dia, tanto para peças na Broadway quanto para a Off-Broadway, é na **Times Square Theatre Centre**, mais conhecido como **TKTS**, uma cabina administrada pela organização sem fins lucrativos Theatre Development Fund. Uma nova e sofisticada cabina da TKTS está prevista para reabrir na Duffy Square, em outubro de 2008 (finalmente!). A nova cabina deve abrir no final de 2008. Os horários são das 15h às 20h para peças noturnas, das 10h às 14h para as matinês de quarta e sábado, das 11h às 20h no domingo, para todas as peças.

Os ingressos para peças no mesmo dia são geralmente vendidos pela metade do preço, com alguns preços reduzidos a 25%, e com uma taxa de serviço de US$ 2,50 por ingresso. Quadros ao lado das janelas listam as peças disponíveis; é improvável que você encontre o sucesso mais recente, mas outras peças aparecem. São aceitos apenas dinheiro e traveler cheques (cartões de crédito, não). Há, geralmente, grandes filas, portanto apareça cedo para obter os melhores lugares e prepare-se para esperar. Visite **www.tdf.org** ou ligue para **NYC/Onstage** no © **212/768-1818**, e pressione "8" para a informação mais atualizada da TKTS.

RECURSOS ONLINE PARA FREQUENTADORES DE TEATRO & FÃS DE ARTES PERFORMÁTICAS

Algumas das melhores, mais abrangentes e atualizadas fontes de informação para o que está acontecendo na cidade estão no ciberespaço.

172 CAPÍTULO 5 - NEW YORK À NOITE

Broadway.com (www.broadway.com), Playbill Online (www.playbill.com ou www.playbillclub.com) e TheaterMania (www.theatermania.com) oferecem muitas informações sobre peças na Broadway e Off-Broadway, com links para compra de ingressos. Cada um destes sites oferece um **clube teatral online** que é grátis para entrar e pode render descontos substanciais – até 50% - em compras antecipadas de ingressos para algumas peças. Você também pode se inscrever para receber emails regulares.

Para informações sobre as peças na Broadway, visite **LiveBroadway.com (www.livebroadway.com),** o website oficial da Broadway, patrocinado pela League of American Theatres and Producers.

2 Artes Performáticas: Principais Salas & Companhias

Apollo Theater ⭐ *Momentos*   Construído em 1914, este lendário teatro no Harlem lançou ou promoveu as carreiras de incontáveis ícones musicais – incluindo Bessie Smith, Billie Holiday, Dinah Washington, Duke Ellington, Ella Fitzgerald, Sarah Vaughan, Count Basie e Aretha Franklin. Milhares se enfileiraram nas ruas, em dezembro de 2006, para prestar suas últimas homenagens ao Godfather of Soul, no palco do Apollo, o lugar onde James Brown fez alguns dos melhores shows de todos os tempos. Atualmente, há um projeto de reforma estimado em US$ 65 milhões em execução, que deve estar concluído em 2009. A primeira fase – recuperar a fachada em terracota, uma nova bilheteria e uma marquise de alta tecnologia, mantendo o estilo e os adereços originais dos anos 40 – foi revelada em 2005. O teatro continua aberto durante as reformas, e é internacionalmente conhecido pelos shows Afro-Americanos de todos os gêneros musicais, desde hip-hop até os eventos "Jazz for Young People", de Wynton Marsalis. A "Amateur Night at the Apollo", às quartas-feiras, é uma noite estridente e divertida que atrai jovens talentos de todo o país com grandes esperanças de se tornarem famosos. 253 W. 125th St. (entre os bulevares Adam Clayton Powell e Frederick Douglass). ℂ 212/531-5300 ou 212/531-5301. www.apollotheater.com. Metrô: 1 até a rua 125.

Brooklyn Academy of Music *Achados*   O BAM é a instituição de artes contemporâneas mais conhecida da cidade, apresentando peças de teatro, ópera, espetáculos de dança e música inovadores. Os espetáculos incluem apresentações de tom histórico de ópera barroca por William Christie e Les Arts Florissants; ópera pop por Lou Reed; Marianne Faithfull cantando a música de Kurt Weill; dança por Mark Morris e Mikhail Baryshnikov; o Teatro Dramático Real da Suécia, dirigido por Ingmar Bergman; e muitos outros trabalhos experimentais por artistas renomados ou menos conhecidos, assim como companhias de todos os lugares.

ARTES PERFORMÁTICAS: PRINCIPAIS SALAS & COMPANHIAS 173

De particular atenção é o **Next Wave Festival**, de setembro até dezembro, o mostruário mais proeminente deste país para trabalhos novos e experimentais. Os **BAM Rose Cinemas** exibem filmes independentes inéditos, e há música ao vivo grátis todas as quintas, sextas e sábados à noite, que podem variar de música eletrônica com o cornetista Graham Haynes até jazz radical com o Harold Rubin Trio, passando pelo grupo de tango Tanguardia! 30 Lafayette Ave. (saindo da Flatbush Ave.), Brooklyn. ℭ 718/636-4100. www.bam.org. Metrô: 2, 3, 4, 5, M, N, Q, R, W até Pacific St/Atlantic Ave.

Carnegie Hall ✿✿ Talvez o espaço de artes mais conhecido do mundo (como *você* chega aqui?), o Carnegie Hall oferece de tudo, desde os grandes clássicos até a música de Ravi Shankar. O **Isaac Stern Auditorium**, a sala principal com 2.804 assentos, recebe orquestras de todo o país e do mundo. Muitos dos principais solistas e grupos do mundo dão recitais. O lendário salão é visual e acusticamente brilhante; não perca uma oportunidade de vê-lo, se houver algo que lhe interesse.

Há também o pequeno **Weill Recital Hall**, de 268 lugares, geralmente usado para exibir música de câmara e recitais cantados ou instrumentais. O Carnegie Hall recuperou, também, o subterrâneo **Zankel Concert Hall,** de 650 lugares, antes ocupado por um cinema por 38 anos. 881 Seventh Ave. (altura da rua 57). ℭ 212/247-7800. www.carnegiehall.org. Metrô: N, Q, R, W até a rua 57.

Lincoln Center for the Performing Arts Nova York é a primeira cidade em artes performáticas no mundo, e o Lincoln Center é sua instituição principal. Sempre

---

Lincoln Center É Reformado para os 50 Anos

O enorme complexo de artes performáticas está completando 50 anos em 2009, e comemorando seu aniversário com reformas que acrescentarão novos espaços para shows, um restaurante, um centro para visitantes e redesenho de seus espaços abertos. O **Alice Tully Hall** ficará fechado para uma reforma de 18 meses (será reaberto em 2009). As obras também bloquearam algumas das entradas e alguns espaços públicos, e podem desalojar algumas companhias por toda ou parte das temporadas de 2008 e 2009. Para uma descrição de todo o projeto, com vídeos, cronogramas e ilustrações de como tudo ficará, visite **www.lincolncenter.org/ load_screen.asp?screen=transforming**. Você também pode ligar para **212/LINCOLN** para informações atuais gravadas ou falar com um funcionário ao ligar para o Atendimento ao Frequentador, no ℭ **212/875-5456**, de segunda a sexta, das 9h às 20h.

---

174 **CAPÍTULO 5 - NEW YORK À NOITE**

Jazz no Lincoln Center: Na Verdade, não é no Lincoln Center

O **Jazz at Lincoln Center** pode ser encontrado a alguns quarteirões ao sul do Time Warner Center, na Broadway com a rua 60, em Columbus Circle (✆ 212/258-9800; www.jalc.org). Embora a mudança tenha sido para downtown, definitivamente foi uma mexida. O complexo, no quarto andar da torre norte da Time Warner, apresenta dois espaços para apresentações, um clube de jazz, um mini Salão da Fama para jazzistas e um átrio de 2.100 metros quadrados, com vistas para o Central Park. O local mais amplo é o **Rose Theater**, onde você pode ver a Lincoln Center Jazz Orchestra, regida por Wynton Marsalis, executando o swing de Thad Jones. A acústica é perfeita, e os assentos, espaçosos. A fulgurante joia do Centro é a **Allen Room**, com um pano de fundo com 1.350 metros quadrados de vidro, atrás do palco principal, com vistas do Central Park e do céu noturno de Manhattan. É difícil de acreditar que o que foi, uma vez, interpretado em porões esfumaçados é agora apresentado em lugares tão espetaculares e opulentos como estes.

Também no Jazz at Lincoln Center está o **Dizzy's Club Coca-Cola** (✆ **212/258-9595**; página 179), um clube de jazz intimista e cheio de estilo que fica aberto todos os dias.

---

que estiver planejando se divertir à noite, verifique o que está acontecendo aqui – o que pode incluir ópera, dança, sinfonias, jazz, teatro, cinema e mais, desde os clássicos até o contemporâneo. Os vários edifícios do Lincoln Center servem como lares permanentes para suas próprias companhias, assim como paradas principais para grupos de performances internacionais de todo o mundo.

As companhias residentes incluem a **Metropolitan Opera** (✆ 212/362-6000; www.metopera.org), com sua produção completa de repertório clássico e um calendário cheio de grandes sopranos e tenores de renome internacional; a Metropolitan Opera é a melhor do mundo.

A casa de ópera também abriga o **American Ballet Theatre** (www.abt.org) a cada primavera, assim como companhias em visita, tais como os balés Kirov, Royal e Paris Opera.

O **New York State Theater** (✆ 212/870-5570) é o lar da **New York City Opera** (www.nycopera.com), uma excelente companhia, que não apenas tenta atingir uma audiência maior do que a do Met, com sua escala mais "humana" e

ARTES PERFORMÁTICAS: PRINCIPAIS SALAS & COMPANHIAS 175

preços mais baixos, mas é também comprometida com novas produções dos clássicos, novos trabalhos e trabalhos de vanguarda ocasionais.

Em relação a sinfonias, você será bem pressionado a superar a fenomenal **New York Philarmonic** ✆ (✆ 212/875-5656; www.newyorkphilharmonic.org), interpretando no Avery Fisher Hall.

Outras companhias residentes incluem: a **Chamber Music Society of Lincoln Center** (✆ 212/875-5788; www.chambermusicsociety.org), que interpreta no Alice Tully Hall ou no Daniel and Joana S. Rose Rehearsal Studio; a **Film Society of Lincoln Center** (✆ 212/875-5600; www.filmlinc. com), que exibe um calendário diário de filmes no Walter Reade Theater e sedia festivais anuais de filmes e vídeos, assim como o programa infantil Reel to Real, emparelhando clássicos do cinema mudo com apresentações ao vivo; e o **Lincoln Center Theater** (✆ 212/362-7600; www.lct.org), que consiste no Vivian Beaumont Theater, uma moderna casa com ampla visão do palco, que tem sido o lar para bons dramas da Broadway, e o Mitzi E. Newhouse Theater, uma casa bem respeitada Off-Broadway que tem recebido numerosos triunfos.

As principais temporadas da maioria das companhias vai de setembro, ou outubro, até abril, maio ou junho. **Séries especiais**, como Great Performers e a nova American Songbook, mostrando canções clássicas de peças americanas, ajudam a fechar o calendário. Eventos internos e externos são realizados em meses quentes: o verão começa com o **JVC Jazz Festival,** em junho; julho vê o **Midsummer Night's Swing**, com dança com parceiros, lições e música na praça; em agosto, **Mostly Mozart** atrai talentos como Alicia de Larrocha e André Watts; o **Lincoln Center Festival** celebra o melhor das artes performáticas; o **Lincoln Center Out-of-Doors** é uma série de música ao ar livre grátis e apresentações de dança; há também o **New York Film Festival**, e mais. Verifique o "Calendário de Eventos da Cidade de Nova York", no capítulo 1, ou o site do Lincoln Center para ver quais eventos especiais acontecerão enquanto você estiver na cidade.

O Lincoln Center é também lar para a **New York Public Library for the Performing Arts** (✆ 212/870-1630; www.nypl.org), que reabriu recentemente depois de uma grande reforma.

Oferecidas diariamente, as **excursões guiadas** de uma hora pelo Lincoln Center contam a história do grande complexo de artes performáticas, e mesmo oferecem relances de ensaios; ligue para ✆ 212/875-5350. 70 Lincoln Center Plaza (na Broadway com rua 64). ✆ **212/546-2656** ou 212/875-5456. www. lincolncenter.org. Metrô: 1 até a rua 66.

176 CAPÍTULO 5 - NEW YORK À NOITE

Madison Square Garden U2, Springsteen, os Stones, Santana e outros monstros do rock e do pop regularmente enchem esta arena de 20 mil lugares, que também é lar de equipes esportivas profissionais como os Knicks, os Rangers e os

---

Momentos Uma Noite de Verão no Central Park

Shakespeare in the Park, uma instituição de Nova York desde 1957, é tão parte do verão nova-iorquino quanto os fogos de artifício no Dia da Independência. O evento grátis, ao ar livre, no teatro aberto Delacorte Theater, no Central Park, foi o fruto da imaginação do finado Joseph Papp, que fundou o Public Theater. Todos os verões geralmente apresentam uma reinterpretação de uma peça de Shakespeare, com grande elenco, incluindo pelo menos um, ou mais, dos "nomes" do cinema ou da televisão. A versão de 2008 teve e aquele outro musical shakespeariano clássico do rock (estou brincando), . As produções vão de junho até o começo de setembro. Dependendo da força da estrela, os ingressos podem ser bem escassos.

O Delacorte Theater, perto do Belvedere Castle, próximo a rua 79 com West Drive, é um sonho — em uma noite estrelada, não há melhor palco na cidade. Os ingressos são distribuídos gratuitamente aos que primeiro chegarem (dois por pessoa), às 13h do dia da apresentação. O Delacorte pode chegar a 1.881 lugares, mas cada um é extremamente valioso; seja qual for a peça, as pessoas se enfileiram perto do teatro com até 3 horas de antecedência (até mesmo mais, se houver um grande nome). Você também pode pegar ingressos para o mesmo dia entre 13h e 15h no Public Theater, em 425 Lafayette St. Para mais informações, ligue para o Public Theater no ℂ 212/539-8500 ou o Delacorte, no ℂ 212/5355-4284, ou visite **www.publictheater.org**.

Concertos grátis pela **New Yoork Philarmonic** e a **Metropolitan Opera** são realizados sob as estrelas no Great Lawn do Central Park e em parques por todos os cinco boroughs. Para saber as datas, ligue para a Filarmônica no 212/875-5656 ou o Metropolitan Opera no ℂ 212/362-6000. A Filarmônica lista suas próximas apresentações em www.newyorkphilharmonic.org, em "Attend Concerts".

Liberty. Uma pesada caverna de concreto, mais adequada a esportes do que a concertos, ou eventos de arena, como Ice Capades, Ringling Bros. e Barnum & Bailey Circus. Se você só puder conseguir assentos atrás, é melhor levar binóculos.

ARTES PERFORMÁTICAS: PRINCIPAIS SALAS & COMPANHIAS 177

Você terá visões bem melhores do palco no **Theater at Madison Square Garden**, um auditório ao estilo de anfiteatro com 5.600 lugares. Fique atento às encenações anuais de *O Mágico de Oz, Um conto de natal* e peças familiares como *Vila Sésamo ao vivo*. Novo ao MSG, é o Wamu Theater, para eventos como comédias, os drafts da NFL e da NBA e programação familiar.

Veja que os proprietários do MSG anunciaram um grande projeto de reforma que ocorrerá nos verões de 2009 e 2010. Para saber mais sobre o que irá mudar, visite **http://msg.com/renovation.**

A bilheteria fica na Seventh Avenue com a rua 32. Você pode comprar ingressos lá ou pela **Ticketmaster** (© 212/307-7171; www.ticketmaster.com). Na Seventh Avenue, a partir da rua 31 até a rua 33. 212/465-MSG1. www.thegarden. com. Metrô A, C, E, 1, 2, 3 até a rua 34.

92nd Street Y-Tisch Center for the Arts *(Valor* Este centro comunitário, generosamente dotado, oferece uma programação fenomenal de acontecimentos culturais de primeira qualidade, de música clássica a leituras, passando por música folk, jazz, *world music*, música de cabaré e teatro lírico. Grandes intérpretes clássicos – Isaac Stern, Janos Starker, Nadja Salerno-Sonnenberg – dão recitais aqui. Além disso, o calendário completo de concertos geralmente inclui notáveis como Max Roach, John Williams e Judy Collins; Jazz at the Y com Dick Hyman e convidados; a série Chamber Music at the Y, há muito tempo recorrente; a série clássica Music from the Jewish Spirits; e programas regulares de cabaré. O calendário de debates e leituras literárias é sem paralelos, com palestrantes como James Carville, Ralph Nader, Katie Couric, Erica Jong, Ken Burns, Elie Wiesel, Alan Dershowicz, A. S. Byatt... a lista segue sem fim. Há um calendário regular de dança moderna, pelo Harkness Dance Project. As leituras e os debates têm preços entre US$ 20 e US$ 40, em geral, para não membros, dança US$ 20, geralmente, e os concertos vão de US$ 15 até US$ 50 – metade ou um terço do que você pagaria em salas comparáveis. Um calendário completo de entretenimento, voltado para um público entre os 20 e os 30 anos – desde leitura de poesias até exibição de filmes e música ao vivo é oferecido no centro comunitário **Makor**, no Upper West Side. 1395 Lexington Ave. (altura da rua 92). © **212/415-5500.** www.92ndsty.org. Metrô: 4, 5, 6 até a rua 86; 6 até a rua 96. Makor: 35 W. 67th St. © **212/601-1000.** www.makor.org. Metrô: 1 até rua 66.

Radio City Music Hall Este surpreendente teatro em Art Déco, com 6.200 lugares, com design de interior assinado por Donald Deskey, abriu em 1932, e o Radio City continua a ser a casa preferida, onde apenas o teatro agrega um jorro de desenvoltura a qualquer apresentação. A estrela da temporada de Natal é a **Radio City Music Hall Christmas Spectacular**, estrelando as Rockettes. Líderes de vendas, de Neil Young a Gipsy Kings, também tocam aqui. Graças à perfeita acústica e vistas ininterruptas para o palco, dificilmente há um lugar ruim na casa. O teatro também recebe apresentações de dança; entretenimento familiar; vários shows de

178 CAPÍTULO 5 - NEW YORK À NOITE

premiação anuais, como o Essence Awards, o GQ Man of the Year e qualquer coisa que a MTV estiver armando na cidade. 1260 Sixth Ave. (altura da rua 50). ℂ **212/247-4777**, ou 212/307-7171 para Ticketmaster. www.radiocity.ccom ou www. ticketmaster.com. Metrô: B, D, F, V até ruas 49 e 50/Rockefeller Center.

3 Rock, Jazz, Blues e Mais – Ao Vivo

Arlene's Grocery   Este casual clube no Lower East Side possui um bar amigável e um bom sistema de som; infelizmente, a música já não é mais grátis, mas a qualidade dos artistas é bem alta, e o couvert geralmente não passa de US$ 7. O Arlene's Grocery geralmente apresenta bandas procurando por contrato ou promovendo seus próprios CDs. A multidão é uma mistura tranquila de frequentadores de clubes, fãs de rock e observadores de gravadoras, procurando por sangue novo. As noites de segunda apresentam o popular "Hard Rock Karaoke", que é exatamente o que o nome diz. 95 Stanton St. (entre ruas Ludlow e Orchard). ℂ **212/995-1652**. www. arlenesgrocery.net. Metrô: F até Second Ave.

B.B. King Blues Club & Grill   Esta casa com 550 lugares é uma das principais âncoras da nova rua 42, na Times Square. Apesar de seu nome, o B. B. King raramente fica preso ao blues; ao invés disso, o que provavelmente você encontrará são apresentações de bandas pop, funk e de rock, principalmente do passado. Os grandes talentos vão de George Clinton e a P. Funk All Stars, John Mayall and the Bluesbreakers, Tower of Power, Jimmy Cliff e Delbert McClinton. Os preços dirigidos aos turistas encarecem à noite, e os rumores dão conta de que a comida não é tão boa como no começo, mas não se discute a qualidade dos talentos. O almoço gospel de domingo é uma fatia de alegria. 237 W. 42nd St. (entre as avenidas Seventh e Eighth). ℂ ou 212/307-7171 para ingressos. www.bbkingblues.com. Metrô: A, C, E, Q, W, 1, 2, 3, 7, 9 até a rua 42.

Blue Note   O Blue Note atrai alguns dos maiores nomes do jazz ao seu cenário intimista. Aqueles que tocaram aqui incluem quase todos dignos de nota: Dave Brubeck, Ray Charles, B. B. King, Manhattan Transfer, Dr. John, George Duke, Chick Corea, David Sanborn, Arturo Sandoval, Gato Barbieri e o excelente Ahmad Jamal. O sistema de som é excelente, e cada assento na casa tem visão para o palco. Porém, em anos recentes, a vantagem que o Blue Note tinha desvanesceu. Um jazz mais suave e ágil é a tônica agora, portanto, se é o que você gosta, bom proveito. ***Mas esteja avisado:*** os preços são astronômicos. Há dois shows por noite, e é servido jantar. 131 W. 3rd St. (altura da Sixth Ave.). ℂ www.bluenote.net. Metrô: A, B, C, D, E, F, V até W. 4th St.

Bowery Ballroom   Administrado pelas mesmas pessoas por trás do **Mercury Lounge** (veja abaixo), o espaço do Bowery é maior, acomodando uma multidão de mais ou menos 500 pessoas. O palco é grande e alto o suficiente para permitir uma boa visão de qualquer lado. O som não poderia ser melhor, e os detalhes em Art

ROCK, JAZZ, BLUES E MAIS – AO VIVO 179

Déco dão ao lugar uma sofisticação que não é comum para salões públicos. A sacada tem seu próprio bar e alcovas para sentar. O lugar é predileto dos roqueiros alternativos, assim como artistas mais estabelecidos (Neil Finn, Patti Smith, Joan Jett & the Blackhearts), que pulsam em um ambiente intimista. Economize no serviço comprando ingressos antecipados na bilheteria do Mercury. 6 Delancey St. (com a Bowery). ℭ www. boweryballroom.com. Metrô: F até Delancey St.; J, M, Z até o Bowery.

Dizzy's Club Coca-Cola 🍿 Este belo e aconchegante clube de jazz é parte do complexo Jazz at Lincoln Center, no Time Warner Center, em Columbus Circle. A acústica e visões para o palco são excelentes e, embora nem de perto tão dramática quanto a janela na Allen Room, do complexo, há uma janela atrás do palco com vistas para o Central Park e a cidade. O clube atrai uma mescla interessante de bandas promissoras e famosas. A cada segunda-feira, o clube apresenta Upstarts, uma exibição estudantil de escolas locais, incluindo a Juilliard e a Manhattan School of Music. Minha única reclamação é o alto couvert de US$ 30 a cada dia da semana – mesmo para Upstarts. Time Warner Center, rua 60 com Broadway. ℭ www.jalc. org. Metrô: A, B, C, D, 1, 9 até Columbus Circle.

The Fillmore New York at Irving Plaza Esta sala de música de tamanho médio, mas de alta qualidade, é a primeira parada para bandas de rock de fama nacional que não são, ainda, grandes o bastante ainda (ou mais) para lotar o Hammerstein, o Roseland ou o Beacon. Pense em Five for Fighting, Eels, Jars of Clay, Badly Drawn Boy, The Reverend Horton Heat, o reformado Television, e Cheap Trick. De vez em quando, artistas famosos aparecem – Bob Dylan, Prince, Patti Smith e A. J. McLean, dos Backstreet Boys, já fizeram shows "secretos" aqui. É um ótimo lugar para ver um show, com um palco bem elevado e muito espaço aberto, mesmo em noites lotadas. Há uma sacada superior que oferece vistas sem paralelos, mas chegue cedo para pegar lugar. 17 Irving Place (1 quarteirão a oeste da Third Ave., altura da rua 15). ℭ ou 212/777-6800. www. irvingplaza.com. Metrô: L, N, Q, R, W, 4, 5, 6 até rua 14/Union Sq.

The Knitting Factory A principal casa de Nova York para música de vanguarda tem quatro espaços separados, cada um mostrando apresentações variando de jazz experimental e folk acústico até declamações e leituras de poesias, incluindo trabalhos de multimídia externos. Frequentadores que usam o Knitting Factory como seu laboratório preferido incluem o antigo membro do Lounge Lizard, John Lurie; o experimental e inovador John Zorn; os deuses da guitarra Vernon Reid, Eliot Sharp e David Torn; o inovador músico acompanhante (de Elvis Costello e Tom Waits, entre outros) Marc Ribot; e o membro do Television, Richard Lloyd. O calendário é apimentado com aparições de estrelas de vanguarda, como Yoko Ono, Taj Mahal, Mike Patton, do Faith No More, e Lou Reed. Há, frequentemente, duas apresentações por noite, no agradável espaço do palco principal, portanto é fácil assistir a um show, entre outras atividades. O Old Office Lounge oferece uma ampla lista de cervejas caseiras e entretenimento ao vivo grátis. 74 Leonard St. (entre Broadway e Church St.). ℭ www.knittingfactory.com. Metrô: 1 até Franklin St.

180   CAPÍTULO 5 - NEW YORK À NOITE

Mercury Lounge   O Merc é tudo que uma casa de shows ao vivo de primeira deveria ser: despretensiosa, educada e provida de um sistema de som matador. Os próprios salões não são nada de especial: um bar de frente e um espaço intimista de apresentação ao fundo, com um palco baixo e algumas mesas ao lado da parede. O calendário é recheado com uma mistura de roqueiros locais de fama e bandas de renome nacional, como Fat Possum, The Mekons e Sleepy Jackson. A multidão é adulta e tranquila. O único aspecto negativo é que o lugar está constantemente lotado, graças à alta qualidade da diversão e da natureza agradável que permeia toda a experiência. 217 E. Houston St. (altura da rua Essex/Ave. A). ℂ www.mercuryloun-genyc.com. Metrô: F até Second Ave.

Smoke ✩✩ *(Valor)*   Uma superestrela na cena jazzística de Nova York e o melhor lugar para ouvir jazz no Upper West Side, o Smoke é um bem-vindo retorno aos clubes informais e íntimos do passado – o tipo de lugar que, na maioria das noites, você pode entrar e sentir o sólido jazz. E embora haja apenas 65 lugares, por um couvert de não mais de US$ 30, o Smoke ainda consegue atrair grandes nomes como Steve Turre Quartet, Ron Carter, Eddie Henderson e John Hicks. De domingo à quinta, não há couvert. Aos domingos, o clube apresenta jazz latino; a cada terça, há ritmos B3 e soul jazz, e nas quartas, world jazz. Há três apresentações por noite, um menu de preço razoável e uma happy hour muito popular. 2751 Broadway (entre as ruas 105 e 106). ℂ www.smoke jazz.com. Metrô: 1 até rua 103.

S.O.B's   Se você gosta de sua música servida quente, bem quente, visite o S.O.B's, a principal casa de shows para world music da cidade, especializada em ritmos brasileiros, caribenhos e latinos. A casa lotada dança e canta toda noite aos ritmos do calipso, samba, mambo, tambores africanos, reggae ou outros sons globais, unidos em uma vibração positiva e de alta energia. Os shows incluem intérpretes famosos de todo o mundo; Astrud Gilberto, Mighty Sparrow, King Sunny Ade, Eddie Palmieri, Buckwheat Zydeco, Beausoleil e Baaba Maal são apenas alguns dos nomes que agraciaram este vigoroso palco. O estilo Tropicana Club da casa tem a audácia da ilha, que se estende até a cozinha influenciada pelo Caribe e o amplo menu de drinks tropicais. Este lugar é tão popular que é uma excelente ideia reservar com antecedência, especialmente se quiser sentar-se em uma mesa. A segunda é dedicada aos sons latinos, terça ao reggae, sexta apresenta uma festa dançante do Caribe Francês, que vai pela madrugada, enquanto o sábado é reservado para o samba. 204 Varick St. (altura da Houston St.). ℂ www.sobs.com. Metrô: 1 até Houston St.

Uptown Jazz Lounge at Minton's Playhouse ✩ *(Descobertas)*   O grande luminoso de néon na rua 118 permanece intacto e é uma referência cultural. O mural atrás do palco, de 1948, mostrando uma mulher bêbada dormindo enquanto quatro músicos improvisam ao seu lado, parece tão novo quanto sempre pareceu, mesmo depois de um hiato de 30 anos, quando o Minton's Playhouse foi fechado. Em 2006, o clube, onde Miles Davis, Charlie Christian, Dizzy Gillespie, Coleman

ROCK, JAZZ, BLUES E MAIS – AO VIVO 181

Hawkins e o pianista da casa, Thelonius Monk , reinou uma vez, reabriu. A aparência é esparsa; algumas fotografias cobrem as despojadas paredes cor de laranja; cadeiras duras e mesas de fórmica estão espalhadas pelo pequeno salão. Mas quem se importa? A música é jazz direto e a plateia, da velha guarda do Harlem, junto com turistas europeus e japoneses. No momento de impressão deste guia, Patience Higgins and the Sugar Hill Quartet tocavam toda quarta-feira, enquanto a quinta era liderada pelo vocalista Gerald Hines and the Qualified Gents. Não cobra couvert de segunda a quinta. 208 W. 118th St. (entre St. Nicholas Ave. e Adam Clayton Powell Blvd.). ℂ www.uptownatmintons.com. Metrô: B, C até rua 116.

The Village Vanguard ⭐⭐   O que o CBGB foi para o rock, o The Village Vanguard é para o jazz. Uma olhada nas fotos sobre as paredes revelará quem tocou no lugar desde 1935, desde Coltrane, Miles e Monk até recentes aparições de Bill Charlap e Roy Hargrove. Espere por uma mescla de nomes estabelecidos e talentos locais de alta qualidade, incluindo a própria orquestra de jazz do Vanguard, nas noites de segunda. O som é ótimo, mas as visões para o palco não, portanto chegue cedo para conseguir uma mesa na frente. Se estiver procurando por jazz sério, este é o lugar. 178 Seventh Ave. South (pouco depois da rua 11). ℂ www.villagevanguard. net. Metrô: 1, 2, 3, 9 até rua 14.

4   Cabarés

Café Carlyle ⭐   Nenhum cabaré é melhor que este. Aqui é onde o grande e finado Bobby Short foi músico residente por 35 anos. O clube ainda atrai talentos rarefeitos, como Betty Buckley e Barbara Cook. O salão é intimista e tão pretensioso quanto possível. Espere por uma conta alta – a entrada custa entre US\$ 65 e US\$ 75, com um consumo mínimo de US\$ 30 por pessoa; com o jantar, duas pessoas podem gastar US\$ 300 com facilidade – mas, se estiver atrás do melhor entre os melhores, não procure mais. Fãs de cabaré conscientes com dinheiro podem economizar ao reservar lugares em pé (o que resulta, geralmente, em um ponto no bar) por US\$ 35. Na maioria das segundas, Woody Allen se junta ao Eddy Davis New Orleans Jazz Band tocando clarineta, no estilo swing Dixie (couvert de US\$ 85). No Carlyle Hotel, 35 East 76th St. (altura da Madison Ave.). ℂ Fechado em julho e agosto. Metrô: 6 até rua 77.

Feinstein's at The Regency *Achados*   Este nightclub, de estilo cabaré íntimo e elegante, é propriedade do empresário alemão, premiado com o Grammy, Michael Feinstein. O preço do couvert pode subir à estratosfera, mas você pode confiar em uma memorável noite de jantar e músicas de primeira qualidade, e nenhum outro cabaré mescla o clima da velha guarda e apelo moderno tão bem. Recentes talentos de alta voltagem incluem Keely Smith, Patti LuPone e o próprio homem. Ligue com antecedência para reservar; você também pode comprar entradas pelo Ticket-

182 CAPÍTULO 5 - NEW YORK À NOITE

master. No Regency Hotel, 540 Park Ave. (altura da rua 61). ✆ ou 212/307-4100 para o Ticketmaster. www.feinsteinsattheregency.com ou www.ticketmaster.com. Metrô: 4, 5, 6, até a rua 59.

The Oak Room Recentemente reformado para relembrar seus dias de glória, o Oak Room é um dos cabarés mais intimistas, elegantes e sofisticados da cidade. As atrações incluem talentos de primeira linha, como Andrea Marcovici, Steve Ross, Dave Frishberg, a maravilhosa Julie Wilson e o manhoso guitarrista de jazz John Pizzarelli, mais nomes menos conhecidos, porém destinados à grandeza, ocasionalmente. No Algonquin Hotel, 59 W. 44th St. (entre as avenidas Fifth e Sixth). ✆ Fechado em julho e agosto. Metrô: B, D, F, V até a rua 42.

5 Humor de Cara Limpa

Ars Nova Você não encontrará o standup tradicional neste teatro de 99 lugares. Mas nada é tradicional no Ars Nova, e esta é a ideia. É uma casa para artistas emergentes, desde escritores de peças de teatro até artistas de cabaré, e o humor que você encontrará aqui, como o Viva La Diva, é do tipo alternativo. 511 W. 54th St. (altura da 10th Ave.). ✆ www.arsnovanyc.com. Metrô: B, D, E até Seventh Avenue — rua 53.

Carolines on Broadway Caroline Hirsch apresenta atrações nacionais em seu sofisticado palco no Theater District, que não tem um único assento ruim em toda a casa. Você será obrigado a reconhecer pelo menos um ou dois dos nomes estabelecidos e talentosos artistas promissores a cada semana, como Dave Chapelle, Janeane Garofalo, Colin Quinn, Bill Bellamy, Kathy Griffin, Jimmie Walker ("Dyn-o--mite!"), Pauly Shore ou Jay Mohr. A noite de segunda é, geralmente, a New Talent Night, enquanto a emissora HOT97 recebe comediantes negros promissores em terças selecionadas. 1626 Broadway (entre as ruas 49 e 50). ✆ www.carolines.com. Metrô: N, R até a rua 49; 1 até a rua 50.

Comedy Cellar ⟨*Achados* Este clube subterrâneo é a casa preferida dos fãs de comédia standup esclarecidos, graças a mais constante e impressionante lista de artistas de todo o gênero. Gosto muito do Comedy Cellar por me apresentar um estrondoso e engraçado desconhecido chamado Ray Romano, há alguns anos. 117 MacDougal St. (entre Bleecker e W. 3rd St.). ✆ www.comedycellar.com. Metrô: A, B, C, D, E, F, V até W. 4th St. (use a saída para a rua 3).

BARES E LOUNGES PARA COQUETÉIS 183

6 Bares e Lounges para Coquetéis

Lembre-se: fumar é proibido em bares, mas permitido em áreas externas.

DOWNTOWN
Church Lounge   O grande e cheio de estilo bar e restaurante, no átrio-lobby desenhado por Larry Bogdanow no Tribeca Grand Hotel é um ótimo lugar para apreciar um coquetel de primeira e ficar ao lado dos elegantes nativos do bairro (que inclui praticamente todo mundo que faz negócios com a Miramax). Se vista bem e ligue com antecedência para ver o que está acontecendo naquela noite, se quiser viver o peso da ação – ao redor das 23h. 2 Sixth Ave. (altura das ruas White e Church). ✆ 212/519-6600. Metrô: 1 até Franklin St.; A, C, E até Canal St.

Ear Inn *(Valor*   Há muito debate sobre qual é o bar mais velho em Nova York, e com suas origens datando dos anos 1870, o Ear Inn é um sério concorrente para tal coroa. No super elegante SoHo, este pub é um bem-vindo e excêntrico alívio. Eles tiram uma excelente taça de Guiness e fazem uma margarita surpreendentemente boa, também. Às tardes de sábado, leituras de poesia podem fazer você chorar em sua cerveja. Em dias quentes, as mesas são dispostas na área externa, distantes o suficiente do depósito da UPS, perto do bar. *Aviso:* Respeite a política de desligar o celular, ou sofrerá as conseqüências. 326 Spring St. (entre as ruas Greenwich e Washington). ✆ 212/226-9060. Metrô: C, E até Spring St.

Employees Only ✿   Não deixe que a leitora de mão na porta de entrada do exterior sem cartaz deste bar lhe engane; embora ela leia sua mão, eu posso garantir que ela irá predizer que você rapidamente saboreará uma bebida irresistível. O Employees Only vai longe ao recriar um antro ilegal de bebidas da década de 20, com um teto de estanho e bartenders vestidos como na época. Mas quem precisa destes truques quando os coquetéis são tão bons? Os empregados foram bem treinados e os drinks são feitos cuidadosamente, preparados com os ingredientes mais frescos e bebidas das melhores marcas. O daiquiri que eu experimentei estava tão bom, que Hemingway ficaria orgulhoso. Na verdade, o drink é chamado de Hemingway Daiquiri. Há um menu completo disponível, mas pule as entradas e peça alguns dos muito bons aperitivos, o melhor sendo a ampla porção de petiscos sérvios. 510 Hudson St. (entre as ruas Christopher e W. 10th). ✆ 212/242-3021. www.employeesonlynyc.com. Metrô: 1 até Christopher St.

KGB Bar   Este antigo clube social ucraniano tem um decoração baseada na era soviética, e diversão grátis quase toda noite, graças à sua excelente e eclética série de leituras, onde uma turma talentosa de escritores promissores e estabelecidos lê sua prosa em vários gêneros (ficção, ficção científica, poesia e por aí vai) para uma multidão receptiva às 19h. Leitores passados incluem a dramaturga Tina Howe (*Painting Churches*), Janice Erlbaum *(Girlbomb)* e Dave King (*The Ha-Ha*). 85 E.

184 CAPÍTULO 5 - NEW YORK À NOITE

4th St. (entre as avenidas Second e Third). ℭ **212/505-3360**. www.kgbbar.com. Metrô: 6 até Astor Place.

Marion's Continental   Antigamente um ponto de encontro para artistas e músicos, mantido pela ex-modelo Marion Nagy nos anos 50 e 60, o bar foi ressuscitado pelo seu filho nos anos 90, onde agora permanece como um tributo à sua mãe. O bar ainda serve excelente martinis e oferece uma alternativa brega, porém confortável, à desgastada cena do East Village. A decoração retrô, com assentos coloridos de veludo, iluminação "mood" e adornos bregas nas paredes, soma-se à fascinação. Nas quintas-feiras, é "Girls Night Out" no Marion's, enquanto nos domingos, é Fondue para todos; isso sim é uma volta ao passado. **354 Bowery (entre ruas Great Jones e a East 4th).** ℭ **212/475-7621.** www.marionsnyc.com. Metrô: B, D, F, V até Broadway-Lafayette.

Pegu Club ⍟⍟   A bartender e proprietária Audrey Saunders, que trabalhava no Bemelmans Bar, no Carlyle Hotel, faz mágica com os coquetéis. Em 2005, ela abriu seu próprio ponto de encontro em downtown, onde ela pode demonstrar seus imensos talentos. Os coquetéis aqui mudam de acordo com a estação e irão lhe surpreender pela criatividade. Ajuda o fato de que o *staff* utilize sucos de frutas feitos na hora, cerveja de gengibre caseira e a maior coleção de bebidas amargas que

---

> *Dicas*   **Curtindo as Happy Hours**
>
> Muitos dos melhores bares da cidade repentinamente se tornam mais baratos das 16h às 20h, por aí, quando definitivamente se tornam horas felizes se puder agarrar um dos característicos coquetéis (martinis de US$ 14, alguém?), por metade do preço ou dois por um; ou talvez alguma comida de bar grátis, ou outra oferta vantajosa. O happy hour é um grande momento para experimentar aqueles lugares caros que tanto você ouviu falar. Para saber mais sobre as happy hours em vários pontos de encontro de Nova York, verifique **www.sheckys.com** ou **Murph's NYC Bar Guide** em **www.murphguide.com**, atualizado diariamente.

---

você não encontrará em lugar algum. Você sabe que está em um sério refúgio para coquetéis quando seus drinques são servidos com condimentos líquidos; seu Pisco Punch precisa de um pouco mais de açúcar, basta despejar uma colherada. Ou seu Gin-Gin Mule não tem a força cítrica que você gostaria, então jogue um pouco de lima. A menos que seja amendoins ou pretzels salgados, eu geralmente desprezo a comida do bar, mas para os surpreendentes mini hambúrgueres de escalope Diver e as viciantes ovas defumadas de truta, eu abriria tranquilamente uma exceção. **77**

BARES E LOUNGES PARA COQUETÉIS 185

W. Houston St. 2nd Floor (altura da W. Broadway). ℂ **212/473-PEGU;** www.peguclub. com. Metrô: A, B, C, D, E, F, V até W. 4th St.

Rose Bar 𝄞 Eu geralmente abomino bares que são "cenas"; onde você precisa estar em uma lista para poder entrar. Mas o que Ian Schrager e o artista Julian Schabel criaram no Gramercy Park Hotel faz com que passar pelas várias humilhações necessárias para entrar *quase* valha a pena. O espaço é espetacular, com cadeiras de veludo cor de rosa, Warhols e Schnabels originais nas paredes, uma lareira, um piso com ladrinhos vermelhos e brancos e uma mesa de bilhar que lhe intimidará a aproximação. Sente-se em uma destas fofas poltronas, saboreie seu coquetel de US$ 20, aprecie o impecável sistema de som comandado por DJs famosos e, por alguns momentos, você esquecerá que não pertence a este ambiente pretensioso e carregado de celebridades. As reservas (difíceis de obter) são obrigatórias depois das 22h e a segurança é rígida. **2 Lexington Ave (entre as ruas 20 e 21).** ℂ **212/920-3300.** Metrô: 6 até rua 23.

Temple Bar Um dos primeiros a entrar na cena lounge de Nova York, o Temple Bar é, ainda, um belo ponto de encontro Art Déco, com um comprido bar em forma de L levando a uma área de assentos com cortinas de veludo, iluminação traseira e cantores a la Sinatra ao fundo. Os coquetéis não são melhores do que o clássico Martini (com apenas um beijo de vermute) ou o Manhattan, liso como um peignoir de seda (Johnnie Walker Black, vermute suave e licores amargos). Traga um namorado – ou fique à vontade para me convidar. Procure pelos lagartos desenhados como pinturas rupestres na fachada sem letreiros. **332 Lafayette St. (bem ao norte da Houston St., no lado a oeste da rua).** ℂ **212/925-4242.** Metrô: 6 até Bleecker St.

MIDTOWN

Aspen Minha parte favorita de férias esquiando sempre foi tomar um coquetel no calor de uma habitação, enquanto todos aqueles esquiadores imbecis tropeçam na neve fria. Agora que eu não preciso ir até as montanhas para obter este sentimento caloroso, posso descer até Aspen, onde as bebidas são quentes, mas a atmosfera – cabeças de veado Lucite nas paredes, um salão de jantar branco como a neve, bétulas e celeiros originais de Aspen, e um bar perto de um fogo brilhante – ainda mais quente. Enquanto você cuida do seu chocolate, é possível mastigar uma variedade de pequenas porções inspiradas no oeste. E, quem sabe, talvez uma dose de Aspen, junto com uma bebida fria, nos quentes dias de agosto lhe refrescará o pensamento. **30 W. 22nd. St. (entre as avenidas Fifth e Sixth).** ℂ **212/645-5040.** www. aspen-nyc.com. Metrô: F, V até a rua 23.

The Ginger Man A grande isca neste sofisticado bar de cervejas são as 66 torneiras de cerveja que orlam o bar de metal e madeira, enchendo copos com tudo, desde Sierra Nevada e Hoegaarden, até cervejas armazenadas em barris. O espaço

186 CAPÍTULO 5 - NEW YORK À NOITE

cavernoso tem um ar de clube. A fumaça dos Cohiba subia alta aqui, antes que fumar fosse proibido, mas as novas leis antitabaco não impediram as multidões de vir a este popular ponto de encontro em Murray Hill. 11 E. 36th St (entre as avenidas Fifth e Madison). ℂ **212/532-3740**. Metrô: 6 até a rua 33.

King Cole Bar O lugar onde o Bloody Mary nasceu, este lugar teatral pode ser apenas o mais histórico bar de hotel em Nova York. Somente o mural Maxfield Parrish vale o preço de um coquetel clássico (peça ao bartender para lhe contar sobre o significado "oculto" da pintura). O único ponto negativo é o pequeno tamanho do bar; fica lotado depois do trabalho ou em feriados. No St. Regis, 2 E. 55th.St, altura da Fifth Ave. ℂ **212/744-4300**. Metrô: E, V até Fifth Ave.

Mickey Mantle's *(Crianças)* Antes que o Mickey Mantle's abrisse, anos atrás, passei pelo restaurante, olhei pela janela e lá estava meu herói da adolescência, o Mick, sentado no bar sozinho. Pela janela eu acenei – e ele respondeu. Aquilo me fez ganhar o dia. E embora a comida não seja muito boa, e as bebidas muito caras, eu ainda tenho boas recordações do Mickey Mantle's, e sempre terei. Com muita memorabília dos Yankees nas paredes, e esportes em todas as TVs, é um lugar ideal para ver um jogo, mas fique com o básico: cerveja e hambúrgueres. 42 Central Park South (entre as avenidas Fifth e Sixth). ℂ **212/688-7777**. www.theswearingens.com/mick/mmrest.htm. Metrô: F até rua 57.

Monkey Bar Este bar lendário foi recentemente reformado e parece estar melhor do que nunca. O espaço pretensioso é enfeitado como um clube de jantares em Hollywood dos anos 30, as bebidas são impecáveis e os lendários murais de macacos valem a pena por si só. Pule a sala de jantar e vá ao piano bar, para experimentar o melhor do Monkey Bar.

Russian Samovar ☞ Sim, é um restaurante com comida russa, mas a principal atração desta lenda do Theater District é a vodka. Há mais de 20 sabores de vodkas com infusões feitas em casa, incluindo endro, alho, gengibre, estragão e, a favorita do anfitrião e empresário Roman Kaplan, cranberry com limão. Apesar do que isso pode lhe causar, e como afetará os planos que você tem para as próximas 24 horas, é difícil resistir prová-las enquanto ouve a *Standards* tocados pelo pianista da casa. Você pode suavizar a força da vodka com algumas entradas, como o Royal Fish Platter, uma seleção de peixes defumados e um pouco de caviar. Não faça do lugar uma parada antes do teatro – você não vai conseguir assistir a peça. 256 W. 52nd. St. (entre a Eighth Ave. e a Broadway). ℂ **212/757-0168**. www.russiansamovar.com. Metrô: 1 até rua 50.

Under the Volcano *(Descobertas)* Se estiver fazendo compras na Macy's ou escalando as linhas do Empire State Building e quiser (precisar?) de uma bebida, uma das poucas opções na área, mas uma boa opção, é esse bar de tequilas de decoração mexicana. A decoração é popular mexicana, com subtons de Frida Kahlo, mas as principais atrações são as 16 variedades de tequilas e margaritas suaves e potentes.

BARES E LOUNGES PARA COQUETÉIS **187**

O bar apresenta uma excelente seleção de runs envelhecidos. 12 E. 36th. St. (entre as avenidas Fifth e Madison). **℃ 212/213-0093.** Metrô: B, D, F, N, R até a rua 34.

UPTOWN

Bemelmans Bar Este é a minha escolha como o melhor bar de hotel em Nova York. Ele tem tudo que você quer de um bar de hotel: atendimento impecável; cadeiras luxuosas com cantos escuros românticos para se enfiar; uma boa mistura de locais e convidados; e coquetéis incríveis, como o Old Cuban, um mojito recoberto de champanhe. O bar é chamado em homenagem ao ilustrador infantil Ludwig Bemelmans, que criou a série de livros *Madeline*, depois que ele pintou um caprichoso mural aqui. No Carlyle Hotel, 35 E. 76th St. (com a Madison Ave.). **℃ 212/744-1600.** Metrô: 6 até a rua 77.

Creole Enfiado no coração de El Barrio (também conhecido como West Harlem) está uma relativamente nova e bem-vinda adição à cena musical em uptown. O Creole é um bar/restaurante intimista que apresenta jazz, música latina, R&B e, aos domingos, gospel de primeira. Sente-se ao bar ou aprecie a música enquanto engole especialidades sulistas/Cajun excelentes – o gumbo pode ser o melhor da cidade. A diversão começa às 20h30min, mas você pode se aventurar um pouco mais cedo para o divertido happy hour do Creole, das 17h às 19h. 2167 Third Ave. (altura da rua 118). **℃ 212/876-8838.** www.creolenyc.com. Metrô: 6 até rua 118.

The Den ✿ ⟨*Achados*⟩ Não apenas pelos coquetéis mais criativos ao norte da rua 96, mas também pelos nomes de bebidas mais imaginativos em toda a Manhattan, venha a uptown pelo divertido e esquisito Den. Aqui, você pode saborear preparados como o "Pimp Slap", "Sex in the Inner City", "Bahama Baby Mama Drama" e o "Harlem Ice Tea", enquanto assiste a um filme de "*blaxploitation*" exibido na parede de tijolos do bar/restaurante. Não me pergunte o que há nos drinks, apenas saiba que são coloridos, doces e muito potentes. Aos sábados, a parede de tijolos é a tela para filmes de kung fu, enquanto às quartas, há R&B ao vivo da velha e da nova guarda. Para se fortalecer depois dos drinks, experimente a cozinha do The Den, com criações como o "Not ya mama's chicken and waffles", "Bruce LeeRoy's popcorn shrimp", "Mississipi Burnin' wings", ou um "soul roll", a versão do The Den para sushi, recheado não com peixe cru, mas com carne de porco na brasa. 2150 Fifth Ave. (entre as ruas 131 e 132). **℃ 212/234-3045.** www.thedenharlem.com. Metrô: 3 até rua 135.

Dublin House Por anos, como um farol bem-vindo, a harpa de néon do Dublin House piscou convidativamente. Este velho pub é um salão irlandês sem frescuras, e o lugar perfeito para uma bebida depois de visitar o Museum of Natural History ou o Central Park. Há um longo e estreito salão de bar e um salão maior ao fundo, que é bom para grupos. Detalhes embutidos de madeira original ainda permanecem, elevando o charme do pub. A Guiness é barata e tirada com perfeição,

188   CAPÍTULO 5 - NEW YORK À NOITE

A Experiência de Mergulhar em Nova York

Nem toda a vida noturna de Nova York significa clubes com cobrança de couvert, coquetéis caros, pessoas bonitas e cortinas de veludo. Há lugares onde você será recompensado por desbravar; lugares velhos e escuros, onde as bebidas são baratas e as personagens, coloridas. Estes são as espeluncas, e são tão Nova York quanto seus pares mais modernos. Há alguns deles que são meus preferidos; pare em um para uma experiência de Nova York.

Jimmy's Corner, 140 W. 44th St., entre a Broadway e a Sixth Avenue (✆ **212/221-9510).** De propriedade de um antigo treinador de boxe, o Jimmy's é um lugar para fortes que já está aberto há 30 anos, e sobreviveu à Disneyficação da Times Square. Figuras de boxeadores adornam as paredes, e a jukebox toca muito R&B e disco dos anos 70. Nos dias em que se podia fumar, a fumaça ficava tão grossa no Jimmy's que você precisaria de óculos noturnos para ver algo entre as brumas. A cerveja é barata e as bebidas não são sofisticadas. Troque os bares e os restaurantes temáticos na área e apareça no Jimmy's depois do teatro.

Rudy's Bar & Grill, 627 Ninth Ave., entre as ruas 44 e 45 (✆ **212/974-9169).** Este estabelecimento no Hell's Kitchen não é nenhum segredo; sua happy hour é lendária e o lugar geralmente fica lotado com preguiçosos bebendo cerveja barata, incluindo a marca da casa, Rudy's Red, uma cerveja fraca servida em um enorme copo plástico por US$ 3. Meu conselho é chegar aqui antes da happy hour, sente-se em uma das poucas banquetas quebradas e fique com os olhos abertos no cara que dá hot dogs de graça. Você

pelos capazes e, às vezes, rabugentos bartenders. Mais apreciado no fim da tarde ou no começo da noite, quando os frequentadores regulares enchem o bar. Fique longe nas noites de finais de semana, e no St. Patrick's Day, quando o lugar é invadido por amadores: universitários enchendo a cara. 225 W. 79th St. (entre Broadway e Amsterdam Ave.). ✆ **212/874-9528.** Metrô: 1 até rua 79.

Great Hall Balcony Bar ⟨**Momentos**⟩   Um dos melhores bares de coquetéis de Manhattan abre apenas às sextas e aos sábados – e somente das 16h às 20h30min. O Metropolitan Museum of Art transforma o lobby do mezanino em um lounge de coquetéis e música clássica duas vezes por semana, oferecendo uma experiência possível apenas em Nova York. A música é fornecida por um grande piano e um quarteto de cordas. Você terá de pagar a "contribuição exigida" de US$ 10, mas as galerias ficam abertas até 21h. No Metropolitan Museum of Art, Fifth Ave., altura da rua 82. ✆ **212/535-7710.** www.metmuseum.org. Metrô: 4, 5, 6 até a rua 86.

BARES E LOUNGES PARA COQUETÉIS 189

precisará de um para equilibrar um balde de Rudy's Red. No verão, o Rudy's abre seu jardim cimentado para bebidas "alfresco".

Subway Inn, 143 E. 60th. St., com a Lexington Avenue (© **212/223-8929).** Minha espelunca preferida em qualquer ocasião, o Subway funciona por mais de 60 anos, e eu acredito que alguns dos frequentadores estiveram apoiados no bar por todo este tempo. O luminoso de néon vermelho brilha ao lado de fora enquanto lá dentro, não importa a hora do dia, está escuro. O bartender é um ancião e, até recentemente, servia Schaeffer pela torneira. O fim da Schaeffer foi problemático, mas nada mais mudou. Os assentos são ainda duvidosos, e os modelos de Godzilla e ET, junto com outras besteiras empoeiradas, continuam a decorar as estantes atrás do bar. Na última vez em que estive lá, fui barrado na entrada do salão masculino pela polícia, que estava revistando um dos frequentadores durante uma busca por drogas. Você pode encontrar trabalhadores de lojas sofisticadas na vizinhança e escritores procurando por "material" vadiando no Subway, mas este lugar permanece o auge das espeluncas.

7 Danceterias & Festas

A vida noturna de Nova York começa tarde. Com a exceção de lugares que têm espetáculos programados, os clubes ficam quase vazios até perto das 23h. Não confie no cartão de crédito – leve dinheiro, e planeje gastar muito na maioria dos lugares. O couvert varia de US$ 7 até US$ 30, e geralmente fica mais caro enquanto a noite passa.

Cafe Wha? Você encontrará uma multidão despreocupada dançando nos corredores deste clube subterrâneo informal, em quase todas as noites da semana. De quarta a domingo, o palco apresenta a própria banda da casa, a Wha Band, que faz um excelente trabalho em executar covers de sucessos conhecidos do rock dos anos 70, 80 e 90 que agradam a multidão. A noite de segunda tem a popular Brazilian-Dance Party, enquanto a noite de terça apresenta a Classic Funk Night. Aos finais

190 CAPÍTULO 5 - NEW YORK À NOITE

Coquetéis Alfresco (Quem é Al Fresco?)

Refeições e bebidas sempre ganham mais sabor ao ar livre. Eis alguns dos meus lugares favoritos para coquetéis além das portas.

O espaço externo no rude **Jeremy's Ale House,** 228 Front St. (© **212/964-3537;** www.jeremysalehouse.com), perto de South Street Seaport, não é nenhum conto de fadas, mas tem uma das melhores vistas para a Brooklyn Bridge. Talvez seja porque o bar esteja praticamente sob a ponte (ao lado de Manhattan). O Jeremy está tão perto do rio que você acha que pode cheirar o mar, mas o que está realmente exalando cheiro é a lula e os mariscos em frigideiras fundas e litros de cerveja Coors, que são servidas em copos Styrofoam de quase 1 litro.

Alguns dos melhores lugares para beber ao ar livre podem ser encontrados em poucos hotéis selecionados. O melhor dos melhores, bem em downtown, na ponta sul de Manhattan, é o **Rise Bar ***, no Ritz-Carlton New York, Battery Park, 2 West St., bem ao norte de Battery Place (© **212/344-0800).** No 14º andar do hotel, o bar apresenta vistas incomparáveis de Lady Liberty e do Porto de Nova York, do massivo terraço em frente à água.

Dance Party, enquanto a noite de terça apresenta a Classic Funk Night. Aos finais de semana, espere ser surpreendido por muitos adolescentes de New Jersey e gente de fora da cidade, mas e daí? Reservar é uma boa ideia. O couvert varia de nada até US$ 10. 115 MacDougal St. (entre a Bleecker St. e W. 3rd St). © **212/254-3706.** www.cafewha.com. Metrô: A, B, C, D, E, F, V até a W. 4th. St.

Cain   No Cain, o tema é a África – a África do Sul, para ser específico. A porta da rua, se você conseguir entrar, tem maçanetas de tromba de elefante, há peles de zebra em todos os lugares e o nome do jogo é a observação de celebridades. O DJ manda *house music* energética para manter as hordas em movimento, mas você pode se dar melhor ao experimentar os excelentes coquetéis da casa, no "premium seating lounge". Deus sabe o que é necessário fazer para conseguir um assento ali. 544 W. 27th St. (entre as avenidas Tenth e Eleventh). © **212/947-8000.** Metrô: C, E até a rua 23.

Cielo   No Cielo, você encontrará o melhor sistema de som de qualquer clube pequeno na cidade. House é o destaque aqui, e eles trazem alguns dos melhores DJs do mundo. O renomado Louis Vega é o DJ às quartas. Há uma pista de dança rebaixada e uma bola disco autêntica brilhando e girando acima. O que mais você poderia querer? 18 Little W. 12th St. (entre a Ninth Ave e Washington St.). © **212/645-5700.** www.cieloclub.com. Metrô: A, C, E até a rua 14; L até a Eighth Ave.

DANCETERIAS & FESTAS 191

Para um cenário mais moderno, onde o prazer dos olhos não são as vistas espetaculares, pegue o elevador até o topo do Hotel Gansevoort, 18 Ninth Ave., com a rua 13 (℃ **212/206-6700**) até o **Plunge**, onde você pode encarar New Jersey, inalar os fumos de cloro da piscina do hotel (que apenas os convidados podem usar), tudo enquanto saboreia caros coquetéis. Alguns quarteirões ao norte do Maritime Hotel, 363 W. 16th St, com a Ninth Avenue, a cena no teto do **Cabanas** (℃ **212/242-4300**) é algo como se fosse de Hollywood. Na verdade, você provavelmente reconhecerá alguns residentes de Hollywood, se bronzeando com drinks coloridos, com agitadores de guarda-chuva e tudo, equilibrados em seus abdomens anormalmente firmes. Mais para cima, no coração de Midtown, o **Pen-Top Bar**, na clássica grande dama Peninsula Hotel, 700 Fifth Ave., com a rua 55 (℃ **212/956-2888**), oferece vistas para os pináculos brilhantes do bairro, e para a agitação da Fifth Avenue, abaixo, que não é apenas relaxante, mas romântico, se for de fato possível.

Club Shelter Fãs de house vão em revoada para esta danceteria da velha guarda. O grande ímã é a "Saturday Night Shelter Party", quando a música house do fim dos anos 80 domina. A multidão é racial e sexualmente variada, e as roupas não são sofisticadas; use o que for confortável para suar muito na pista de dança. 20 W. 39th St. (entre a Fifth Ave e Sixth Ave.). ℃ **212/719-4479**. www.clubshelter.com . Metrô: B, D, F, Q, V, 7 até a rua 42.

Mansion Localizado no velho espaço do Crobar e depois de uma reforma milionária, este clube, com uma irmã em Miami, abriu no começo de 2008. A pista de dança é pequena (o que quer dizer íntima) e a música ressoa com *Euro beat* até as 4h. No momento da impressão deste livro, a moda era branco, mas sabemos que a turma da dança é volúvel e essa moda pode sumir rapidamente. 530 W. 28th St (entre as avenidas 10 e 11). ℃ **212/629-9000**. www.mansionnewyork.com. Metrô: C, E até a rua 23.

Pacha Não, você não está na exótica Ibiza, mas no Hell's Kitchen, Nova York. Mas adentre pelo Pacha e vagueie pelos quatro andares do clube, maravilhe-se com as palmeiras, espie discretamente as go-go girls de biquíni dançando nos chuveiros iluminados de vermelho e você, por algumas horas, será transportado a algum lugar menos infernal do que Hell's Kitchen. 618 W. 46th St (entre a Avenida 11 e a West Side Hwy.). ℃ **212/209-7500**. www.pachany.com. Metrô: A, C, E, 7 até rua 42.

192 CAPÍTULO 5 - NEW YORK À NOITE

13 *Valor* Este pequeno lounge é um ótimo lugar para dançar a noite inteira. É cheio de estilo, mas despretensioso, com uma programação semanal de festas divertidas. A festa de pop britânico das noites de domingo, Shout!, continua tão popular quanto sempre – e sem couvert. O resto da semana vai da New Wave dos anos 70 e 80 e noites *glam* até *progressive house* e *trance*, passando por exibições de poesia e arte performática. Se houver couvert, geralmente é de US$ 5, ocasionalmente US$ 7 ou US$ 10. A *happy hour* oferece drinks a dois por um (sem couvert), das 16h às 20h. 35 E. 13th St. (entre Broadway e University Place), 2º andar. © **212/979-6677.** www.bar13.com. Metrô: 4, 5, 6, L, N, R, Q, W até rua 14/Union Sq.

8 A Cena Gay & Lésbica

Para obter uma versão completa e atualizada sobre o que está acontecendo na vida noturna LGBT, pegue uma edição da *HX* (www.hx.com), *Gay City News* (www.gaycitynews.com), a *New York Blade* (www.nyblade.com), *GONYC* (www.gomag.com) ou *Next*. Estão todos disponíveis gratuitamente em bares e clubes por toda a cidade, ou no **Lesbian and Gay Community Center,** no 208 W. 13th St., entre a Seventh Ave. e a Eighth Ave (© **212/620-7310;** www.gaycenter.org).

Barracuda Chelsea é o centro da vida gay – e dos bares gays. Este lugar moderno e com ar de lounge é sempre um favorito, regularmente votado "Melhor Bar" pelos leitores da *HX*, enquanto a *Paper* destaca os musculosos bartenders. Há um sexy bar para desfilar na frente e um confortável lounge no fundo. Procure pelos regulares shows drag. 275 W. 22nd St. (entre a Seventh Ave. e a Eighth Ave.). © **212/645-8613.** Metrô: C, E, 1 até rua 23.

Boiler Room Este bar despojado no East Village é a espelunca gay favorita de todos. Apesar da multidão homem-mulher, é uma séria cena para desfile de garotos bem esculpidos e um perfeitamente adequado ponto de encontro para quem prefere jogar bilhar. 86 E. 4th St. (entre as avenidas First e Second). © **212/254-7536.** Metrô: F até Second Avenue.

The Cubby Hole Eles chamam isto de *fusion bar*, mas as mulheres sabem que este é um ponto de encontro lésbico há bastante tempo. É pequeno, mas ao invés de reduzir seu apelo, o tamanho apenas o aumenta. Procure por drinks especiais a noite toda, desde Bloody Marys até Pomegranate Martinis. 281 W. 12th St. (com a W. 4th St.). © **212/243-9041.** www.cubbyholebar.com. Metrô: A, C, E, L até a rua 14.

Splash/SBNY Belos bartenders, telas de vídeo, as melhores drag queens de Nova York – o Splash está com tudo. As noites temáticas são o destaque. As melhores são Musical Mondays, dedicadas aos vídeoclips e músicas da Broadway. Cantar junto no Musical Mondays é uma diversão. 50 W. 17th St. (entre as avenidas Fifth e Sixth). © **212/691-0073.** www.splashbar.com. Metrô: F, V até rua 14; 4, 5, 6, L, N, Q, R, W até rua 14/Union Sq.

A CENA TEATRAL 193

Atravesse até o Cattyshack, no Brooklyn

Em Park Slope (também conhecido como "Dyke Slope"), o bar lésbico favorito de Nova York é o **Cattyshack** ⚔ (249 Fourth Ave., entre as ruas Carroll e President; ✆ **718/230-5740**; www.cattyshackbklyn.com; Metrô: R até Union St; F até Fourth Ave./rua 9).

O clube de dois andares oferece vários tipos de ambientes, desde salão de bilhar informal, lugar para beber cerveja e sala de TV, no andar inferior, até grupos de dança no salão acima, onde os DJs tocam todos os tipos de música, frequentemente apresentando .

As noites temáticas são populares, com concursos de cultura geral regularmente agendados, noites , competições de e (claro) grupos e eventos para assistir ao seriado

Aos domingos, há pizza e cerveja livres durante a temporada de futebol norte-americano (e depois). Com tempo bom, todos vão para o pátio traseiro, onde uma festa de churrasco com cerveja (com opções para vegetarianos!) atrai multidões por todo o verão.

Stonewall Bar   Onde tudo começou. Uma multidão misturada de gays e lésbicas – velhos e jovens, bonitos e grandes personalidades – torna este lugar fácil para começar. Apareça, pelo menos, para reviver um momento definitivo na história homossexual. 53 Christopher St. (a leste da Seventh Ave.). ✆ **212/463-0950**. Metrô: 1 até Christopher St.

Apêndice:
Fatos Rápidos: Nova York

American Express Há escritórios de ajuda ao viajante em muitos endereços de Manhattan, incluindo 295 Park Avenue South com rua 23 (℃ **212/691-9797**); no New York Marriott Marquis, 1535 Broadway, no lobby do oitavo andar (℃ **212/575-6580**); no mezanino da Macy's Herald Square, rua 34 com Broadway (℃ **212/695-8075**); e na 374 Park Ave. com rua 53 (℃ **212/421-8240**). Ligue para ℃ **800/AXP-TRIP**, ou acesse **www.americanexpress.com** para mais endereços ou informações.

Códigos de Área Há quatro códigos de área na cidade; dois em Manhattan, **212** e **646**; e dois nos demais boroughs, o original **718** e o novo **347**. Também comum é o código de área **917**, para celulares, pagers e semelhantes. Todas as ligações entre estes códigos de área são chamadas locais, mas você precisa discar 1 + código de área + os sete dígitos para todas as chamadas, mesmo aquelas dentro do seu código de área.

Horários de Funcionamento Em geral, **lojas de varejo** abrem de segunda a sábado, das 10h até 18h ou 19h; quintas das 10h às 20h30min ou 21h; e domingo, do meio-dia até 17h (veja o capítulo 8). **Bancos** costumam abrir de segunda a sexta, das 9h às 17h. Muitos abrem também aos sábados de manhã, e alguns até mesmo aos domingos.

Médicos Para emergências médicas exigindo atenção imediata, vá ao pronto--socorro mais próximo (veja "Hospitais", abaixo). Para problemas de saúde menos urgentes, Nova York dispõe de vários centros médicos pessoais, tais como **DOCS at New York Healthcare,** 55 E. 34th St., entre as avenidas Park e Madison (℃ **212/252-6001**), para doenças não emergenciais, e 202 W. 23rd, com Seventh Avenue ℃ **212/352-2600**. A clínica, afiliada ao Beth Israel Medical Center, abre de segunda a sexta, das 8h às 19h, sábado e domingo, das 9h às 13h. O **NYU Downtown Hospital** oferece consultas médicas no ℃ **212/312-5800**.

Leis sobre Consumo de Álcool Em Nova York, a idade legal mínima para compra e consumo de bebidas alcoólicas é de 21 anos. Bebidas destiladas e vinhos

DADOS RÁPIDOS: NOVA YORK 195

são vendidos apenas em lojas autorizadas, que abrem 6 dias por semana, embora algumas fechem aos domingos e outras em um dia do começo ou do meio da semana (você pode, em geral, encontrar uma loja de bebidas aberta aos domingos). As lojas de bebidas fecham nos feriados e em dias de eleição, enquanto as urnas estiverem abertas. Cerveja pode ser comprada em mercearias e delis 24 horas ao dia, exceto nas manhãs de domingo. Os bares fecham às 4h, embora muitos fechem antes.

Eletricidade   Como no Canadá, os Estados Unidos usam 110 a 120 volts AC (60 ciclos), comparados aos 220 a 240 volts (50 ciclos) na maioria da Europa, Austrália e Nova Zelândia. Conversores de 220 a 240 volts para 110 a 120 volts são difíceis de encontrar nos Estados Unidos, portanto traga um com você se estiver vindo do exterior.

Embaixadas & Consulados   Todas as embaixadas estão em Washington, D.C. Alguns consulados estão em Nova York e a maioria dos países possui uma missão para as Nações Unidas. Se seu país não estiver listado, ligue para informações em Washington, D.C. (📞 **202/555-1212**) ou acesse **www.embassy.org/embassies**.

A Embaixada do **Brasil** nos Estados Unidos fica na 3006 Massachusetts Avenue, NW – Washington, DC (📞 202/238-2805 • Fax: 202/238-2827 www.brasilemb.org).

O Consulado do **Brasil** em Nova York fica na 1185 Avenue of the Americas, 21st floor (📞 917/ 777-777 • Fax: 212/827-0225 www.brazilny.org.

A embaixada da **Austrália** fica em 1601 Massachusetts Ave., NW, Washington DC 20036 (📞 **202/797-3000;** www.austemb.org). Há um consulado em Nova York.

A embaixada do **Canadá** fica em 501 Pennsylvania Ave. NW, Washington DC 20001 (📞 **202/682-1740;** www.canadianembassy.org). Há um consulado em Nova York.

A embaixada da **Irlanda** fica em 2234 Massachusetts Ave., NW, Washington DC 20008 (📞 **202/462-3939;** www.irelandemb.org). Os consulados ficam em Boston, Chicago, Nova York e São Francisco. Veja o website para uma lista completa.

A embaixada do **Reino Unido** fica em 3100 Massachusetts Ave., NW, Washington DC 20008 (📞 **202/588-6500;** www.britainusa.com). Há um consulado em Nova York.

Emergências   Ligue 📞911 para bombeiros, polícia e ambulância. O telefone do **Poison Control Center** é 📞 **800/222-1222**, grátis de qualquer telefone.

Hospitais   Os seguintes hospitais têm pronto-socorro 24 horas. Não esqueça seu cartão do seguro saúde.

196 APÊNDICE: DADOS RÁPIDOS: NOVA YORK

Downtown: New York University Downtown Hospital, 170 William St., entre as ruas Beekman e Spruce (℃ 212/312-5063 ou 212/312-5000).

Midtown: Bellevue Hospital Center, 462 First Ave., com rua 27 (℃ 212/562-4141; **New York University Medical Center,** 550 First Ave., com rua 33 (℃ 212/263-7300).

Upper West Side: St. Luke's Hospital Center, 1111 Amsterdam Avenue com rua 114 (℃ 212/523-4000).

Upper East Side: New York Presbyterian Hospital, 525 E. 68th St. com York Avenue (℃ 212/472-5454); **Lenox Hill Hospital,** 100 E. 77th St., entre as avenidas Park e Lexington (℃ 212/434-2000).

Telefones Úteis **Department of Consumer Affairs** ℃ 212/487-4444; e reclamações de taxis no 212/NYC-TAXI. Se você suspeitar que seu carro foi guinchado, ligue para o **Department of Transportation TOWAWAY Help Line** no ℃ 311. Você também pode ligar para 311 para questões urbanas não emergenciais ou questões relativas à Nova York. Geralmente, as sobretarifas cobradas pelos hotéis para chamadas locais e de longa distância são astronômicas; por isso, é aconselhável usar o seu **telefone celular** ou um **telefone público pago**. Várias mercearias e empresas de despacho de mercadorias vendem **cartões telefônicos pré-pagos** com créditos de até US$50,00; para visitantes internacionais, esta pode ser a forma mais barata de ligar pra casa. Vários telefones públicos pagos nos aeroportos agora aceitam cartões de crédito, tais como American Express, MasterCard e Visa. Chamadas locais feitas a partir de telefones pagos, na maioria dos locais, custam entre 25 cents ou 35 cents (nada de moedas de 1 cent).

A maioria das chamadas de longa distância e internacionais pode ser feita diretamente a partir de qualquer telefone. Para **chamadas dentro dos EUA e para o Canadá**, disque 1 seguido do código de área e o número de sete algarismos. Para **outras chamadas internacionais**, disque 011 seguido do código do país, código da cidade e o número que você está chamando.

Ligações para o **Brasil** com auxílio de operador, disque 18003441055 informando ao operador o nome ou o código DDD da cidade brasileira que deseja falar e o número do telefone. Você será atendido em Português.

Seguro **Seguro Saúde** Embora não seja exigido dos viajantes, o seguro saúde é altamente recomendado. A maioria das apólices de seguro saúde cobre doenças no exterior – mas verifique sua cobertura antes de viajar.

Visitantes internacionais devem estar atentos ao fato de que, ao contrário de muitos países europeus, os Estados Unidos não fornecem, geralmente, serviços médicos gratuitos ou a baixo custo aos seus cidadãos ou visitantes. Médicos e hospitais são caros, e na maioria dos casos exigirão pagamento adiantado ou prova de cobertura antes de prestar seus serviços. Boas apólices irão cobrir os custos de um

DADOS RÁPIDOS: NOVA YORK   197

acidente, repatriação ou morte. Pacotes como o **Europ Assistance's "Worldwide Healthcare Plan"** são vendidos, a taxas atraentes, por clubes de automóveis europeus e agências de viagem. **Worldwide Assistance Services, Inc.** (© 800/777-8710; www.worldwideassistance.com) é o agente para a Europ Assistance nos Estados Unidos.

No **Brasil**, a maioria dos planos de saúde não oferece cobertura para viagens ao exterior e, os que oferecem, em geral, exigem que você pague pelos serviços e peça reembolso quando voltar para casa.

Canadenses devem verificar com os escritórios de planos de saúde de suas províncias ou ligar para **Health Canada** (© 866/225-0709; www.hc-sc.gc.ca) para saber a extensão de suas coberturas e quais documentos e receitas devem apresentar se necessitarem de cuidados médicos nos Estados Unidos.

Viajantes do Reino Unido devem levar seu **European Health Insurance Card** (EHIC), que substituiu o formulário E111 como prova de elegibilidade a tratamento médico a custo reduzido ou grátis no exterior (© 0845/606-2030; www.ehic.org.uk). Veja que o EHIC apenas cobre "tratamento médico necessário", e para custos de repatriação, dinheiro perdido, bagagem ou cancelamento, o seguro de viagem por uma companhia de boa reputação sempre deve ser comprado (**www.travelinsuranceweb.com**).

Seguro de Viagem   O custo do seguro de viagem varia muito, dependendo do destino, do custo e da extensão de sua viagem, sua idade e sua saúde, e do tipo de viagem que está fazendo, mas espere pagar entre 5% e 8% da própria viagem. Você pode conseguir diversos orçamentos, de mais de uma dúzia de companhias, por meio da **InsureMyTrip.com.**

Brasileiros devem Consultar seu agente de viagens ou procurar no próprio aeroporto um stand de atendimento para maiores informações. Pela Internet você pode acessar os seguintes sites brasileiros: **www.mondialtravel.com.br**, **www.assist-card.com**, **www.worldplus.com.br** e **www.seguro.tur.br**.

Cidadãos do Reino Unido e suas famílias, que fazem mais de uma viagem ao exterior por ano, podem descobrir que uma apólice de seguro viagem anual é mais barata. Verifique **www.moneysupermarket.com**, que compara preços de companhias para apólices únicas ou para múltiplas viagens.

Seguro de Cancelamento de Viagem   O seguro de cancelamento de viagem ajuda a recuperar seu dinheiro se você desistir de sua viagem ou voltar antes, ou se sua agência de viagem falir. O seguro cobre eventos como doença, desastres naturais ou conselhos do Departamento de Estado. A novidade nos seguros de cancelamento de viagem é a disponibilidade de **cobertura expandida a furacões** e a cobertura de cancelamento por **"qualquer motivo"** – que custa mais, porém cobre cancelamentos por qualquer motivo. Você não recuperará 100% do que pa-

198 APÊNDICE: DADOS RÁPIDOS: NOVA YORK

gou antecipadamente pela viagem, mas terá uma porção substancial. **TravelSafe** (☎ **888/885-7233**; www.travelsafe.com) oferece os dois tipos de cobertura. A Expedia também oferece cobertura de cancelamento por qualquer motivo para seus pacotes aéreo-hotel. Para mais informações, entre em contato com uma das seguradoras abaixo recomendadas: **Access America** (☎ **866/807-3982**; www.accessamerica. com); **Travel Guard International** (☎ **800/826-4919**; www.travelguard.com); **Travel Insured International** (☎ **800/243-3174**; www.travelinsured.com); e **Travelex Insurance Services** (☎ **888/457-4602**; www.travelex-insurance.com).

Bibliotecas A **New York Public Library** fica na Fifth Avenue com rua 42 (☎ **212/930-0800**). Esta beleza das Beaux Arts abriga mais de 38 milhões de volumes, e as belas salas de leitura recuperaram sua antiga glória. Mais eficiente e moderna, se bem que menos encantadora, é a filial no meio de Manhattan, na 455 Fifth Ave. com rua 40, do outro lado da rua da biblioteca principal (☎ **212/340-0833**). Há outras filiais em praticamente quase todo bairro; a maioria fornece terminais de computadores públicos e são equipadas com Wi-Fi. Você encontra uma lista online em **www.nypl.org.**

Achados & Perdidos Assegure-se de comunicar todas as suas companhias de cartão de crédito no minuto em que descobrir que perdeu ou roubaram sua carteira, e faça um boletim na delegacia policial mais próxima. Sua companhia de cartão de crédito, ou seguradora, deve solicitar um número de boletim policial ou o registro das perdas. A maioria das companhias de cartão de crédito tem um número grátis para emergências se seu cartão foi perdido ou roubado; eles podem lhe enviar dinheiro antecipadamente ou entregar um cartão de crédito emergencial em alguns dias. O número de emergência da Visa nos Estados Unidos é ☎ **800/847-2911** ou 410/581-9994. Portadores de cartões e traveler checks American Express devem ligar para ☎ **800/221-7282.** Portadores de cartões MasterCard devem ligar para ☎ **800/307-7309** ou 636/722-7111. Para outros cartões de crédito, ligue para o diretório de números grátis no ☎ **800/555-1212.**

Se precisar de dinheiro em emergências, quando os bancos e a American Express estiverem fechados nos finais de semana ou em feriados, você pode receber dinheiro pela **Western Union** (☎ **800/325-6000**; www.westernunion.com).

Correio No momento de impressão deste guia, as tarifas de postagem domésticas eram de 27¢ para um cartão postal e 42¢ para uma carta. Para envio internacional, uma carta de primeira classe de até 29 gramas custa a partir de 72¢ (69¢ para o Canadá e para o México), dependendo do tamanho e do destino; um cartão postal de primeira classe custa o mesmo que uma carta. Para mais informações, acesse **www.usps.com** e clique em "Calculate Postage".

Sempre inclua os códigos postais quando enviar correspondências para os EUA. Se não souber seu código postal, visite www.usps.com/zip4.

DADOS RÁPIDOS: NOVA YORK 199

Condições Médicas Se você apresentar condições médicas que exijam **medicações administradas por seringas** leve uma receita válida de seu médico; as seringas em bagagens de mão serão inspecionadas. Insulina deve ter sua própria documentação farmacêutica. Se você tem uma doença que exige tratamento com **narcóticos**, você deve levar uma prova documental – entrar com narcóticos em um avião está sujeito a penas severas nos Estados Unidos.

Para **visitantes HIV positivos**, as exigências para entrar nos EUA são um tanto vagas e mudam frequentemente. Para informações atualizadas, entre em contato com **AIDSinfo** (© **800/448-0440** ou 301/519-6616 fora dos EUA; www.aidsinfo.nih. gov) ou com o **Gay Men's Health Crisis** (© **212/367-1000;** www.gmhc.org).

Jornais & Revistas Há três principais jornais diários: o *New York Times*, o *Daily News* e o *New York Post*. Há também dois jornais diários gratuitos, *AM-New York* e o *Metro*, geralmente distribuídos pela manhã nas estações de metrô e em caixas de autoatendimento em toda a cidade.

Passaportes Para obter informações sobre como tirar o **passaporte Brasileiro,** acesse o site da Polícia Federal, www.dpf.gov.br 'ou ligue 0800-9782336. (Brasileiros precisam de visto para entrar nos Estados Unidos .)

Os websites listados fornecem formulários para requisição de passaportes disponíveis para *download*, assim como as taxas atuais para processar os pedidos. Para uma listagem atualizada, e por país, de exigências para passaporte em todo o mundo, vá para a guia "International Travel" do site do Departamento de Estado dos EUA, em **http://travel.state.gov.**

Visitantes internacionais aos EUA podem obter um formulário de solicitação de visto no mesmo website. *Aviso:* Crianças devem apresentar passaporte ao entrar nos EUA por aeroportos. Mais informações sobre como obter um passaporte para menores em **http://travel.state.gov.** Peça seu passaporte com muita antecedência da sua viagem; o processamento geralmente leva de 4 a 6 semanas (3 semanas para serviço mais rápido), mas pode levar mais tempo em períodos mais cheios (especialmente na primavera). E lembre-se que se precisar de passaporte rapidamente, você pagará uma taxa de processamento mais cara.

Para os residentes na Austrália Você pode solicitar um formulário em sua agência de correios local ou em qualquer escritório da Passport Australia, mas você deve agendar uma entrevista no escritório de emissão de passaportes para apresentar seus materiais de solicitação. Ligue para o **Australian Passport Information Service** no © **131-232**, ou acesse o site do governo em **www.passports.gov.au.**

Para os residentes no Canadá Formulários de solicitação de passaporte estão disponíveis por todo o Canadá ou no **Passport Office** central, Department of Foreign Affairs and International Trade, Ottawa, ON K1A 0G3 (© **800/567-6868;** www.ppt.gc.ca). *Aviso:* crianças canadenses em viagem devem ter seus próprios

200 APÊNDICE: DADOS RÁPIDOS: NOVA YORK

passaportes. Porém, se você tiver um passaporte canadense válido emitido antes de 11 de dezembro de 2001, que traga o nome de seu filho, o passaporte permanece válido para você e seu filho até que o documento expire.

Para residentes na Irlanda Você pode solicitar um passaporte válido por 10 anos no **Passport Office**, Setanta Centre, Molesworth Street, Dublin 2 (☎ 01/671-1633; www.irlgov.ie/iveagh). Aqueles com menos de 18 anos e mais de 65 devem solicitar um passaporte válido por 3 anos. Você também pode solicitar seu passaporte no 1A South Mall, Cork (☎ 21/494-4700), ou na maioria das agências de correios.

Para residentes na Nova Zelândia Você pode obter um formulário de solicitação de passaporte em qualquer New Zealand Passports Office ou baixar um do seu website. Entre em contato com o **Passport Office** no ☎ 0800/225-050 na Nova Zelândia ou 04/474-8100, ou acesse **www.passports.govt.nz.**

Para residentes no Reino Unido Para obter um formulário de solicitação de passaporte válido por 10 anos (padrão; para crianças com menos de 16 anos, válido por 5 anos), visite a agência de passaportes mais próxima, uma grande agência dos correios, a agência de viagem ou entre em contato com o **United Kingdom Passport Service** no ☎ 0870/521-0410, ou navegue pelo website **www.ukpa.gov.uk.**

Farmácias Para farmácias 24 horas em Manhattan, Downtown, tente a **Walgreen's**, na 145 Fourth Avenue (com rua 14), ☎ 212/677-0054. Midtown, no East Side, vá à **CVS**, na 630 Lexington Ave. (com rua 53), ☎ 917/369-8688. **Duane Reade** tem uma farmácia 24 horas no Upper East Side, na 1279 Third Ave. (com a rua 74; ☎ 212/744-2688). No Upper West Side há outra farmácia 24 horas na **Duane Reade**, 2252 Broadway (com rua 94), ☎ 212/663-1580.

Polícia Ligue para ☎ 911 em caso de emergência; caso contrário, ligue para ☎ 646/610-5000 ou 718/610-5000 (central da NYPD) para obter o número da delegacia mais próxima. Para questões não emergenciais, ligue para ☎ 311.

Impostos O **imposto sobre vendas** é de 8,375% em refeições, na maioria das mercadorias e em alguns serviços, mas não é cobrado sobre artigos de vestuário e calçados abaixo de US$ 110. **O imposto sobre hotéis** é de 13,25%, mais US$ 2 por quarto por noite (incluindo imposto sobre vendas). **O imposto sobre estacionamento** é de 18,375%.

Os Estados Unidos não possuem imposto sobre valor agregado (IVA) ou qualquer outro imposto indireto em nível nacional. Cada estado, condado e cidade podem cobrar seus próprios impostos locais sobre todas as compras, incluindo contas de hotel e restaurante, inclusive passagens aéreas. Estes impostos não aparecem nas etiquetas de preços.

Hora Para a hora local correta, ligue para ☎ 212/976-1616. A cidade de Nova York está no Eastern Time (GMT – 5 horas).

O **daylight saving time** entra em vigor a partir da 1h do segundo domingo de março até 1h do primeiro domingo de novembro. Daylight saving time avança o relógio em 1 hora do horário padrão.

DADOS RÁPIDOS: NOVA YORK 201

Gorjetas A gorjeta é uma parte muito importante da renda de certos trabalhadores, e dar gorjetas é um modo padrão de mostrar gratidão pelo serviço fornecido (não é obrigatório dar gorjeta, se o serviço for ruim!). Em hotéis, dê aos **mensageiros** pelo menos US$ 1 por mala (US$ 2- US$ 3 se tiver muita bagagem), e dê ao **pessoal da limpeza** de US$ 1 a US$ 2 por dia (mais, se tiver um desastre a ser limpo). Dê gorjeta ao **porteiro** ou ao **concierge** apenas se lhe prestaram um serviço específico (por exemplo, chamaram um táxi ou conseguiram ingressos difíceis de obter). Em restaurantes, bares e casas noturnas, dê aos **garçons** gorjetas entre 15% e 20% do valor da conta, aos **bartenders** de 10% a 15%, aos **funcionários da chapelaria** US$ 1 por roupa e aos **manobristas**, US$ 1 por veículo.

Quanto aos demais funcionários, dê gorjeta de 15% da viagem ao **taxista**; aos **carregadores de bagagens, nos aeroportos,** pelo menos US$ 1 por mala (US$ 2-US$ 3 se tiver muita bagagem); e aos **cabeleireiros** e **barbeiros**, de 15% a 20% do valor total da conta.

Informação sobre Trânsito Para informações sobre como sair ou chegar de um aeroporto, veja "Chegando Lá", no capítulo 1, ou ligue para a **Air-Ride** no ℂ **800/247-7433.** Para informações sobre metrô e ônibus, ligue para o **MTA** no ℂ **718/330-1234;** ou acesse **www.mta.info.**

Informação aos turistas **Brasileiros** podem obter informações variadas diretamente no site da Emabaixada dos Estados Unidos – **brasilia.usembassy.gov**, a embaixada americana fica na SES - Av. das Nações, Quadra 801, Lote 03 70403-900 - Brasília, DF (ℂ 61/3312-7000 • Fax: 61/3312-7676)

Alfândega **Cidadãos Brasileiros** podem trazer até 500 dólares em bens para uso pessoal. Os Brasileiros, trazendo ou não bens devem entregar um formulário declarando se compraram ou não acima dos 500 dólares. Valores acima de 500 dólares, devem ser declarados. A alfândega cobrará 50% sobre o valor que ultrapassar a cota. Caso o fiscal federal encontre bens não declarados, o sonegador terá que pagar 100% de multa no período de até 90 dias à Receita Federal, senão os produtos ficarão retidos.

É obrigatório declarar a compra de celular no exterior. Caso contrário a operadora telefônica não habilita o equipamento. Brasileiros também podem comprar até 500 dólares nas lojas "Duty Free" ao Brasil, este valor não interfere na cota de compra no exterior.

Ajuda ao Viajante Travelers Aid (www.travelersaid.org) ajuda turistas incomodados com todos os tipos de problemas, incluindo acidentes, doença e bagagens perdidas ou roubadas. Há um escritório no primeiro andar do Terminal 6 (terminal JetBlue), no aeroporto JFK (ℂ **718/656-4870),** e um no Terminal B do aeroporto Newark (ℂ **973/623-5052).**

Vistos Para informações sobre vistos aos Estados Unidos, visite **http://travel. state.gov** e clique em "Visas". Ou vá a um dos seguintes websites:

202 APÊNDICE: DADOS RÁPIDOS: NOVA YORK

Cidadãos **brasileiros** podem acessar o site www.visto-eua.com.br para saber sobre toda a documento necessária para obter o visto e agendar a sua entrevista. Informações & 21/4004-4950.

O consulado dos Estados Unidos em São Paulo fica Rua Henri Dunant, 500 - Santo Amaro & 11/5186-7099. No Rio de Janeiro, o consulado fica na Av. Pres. Wilson, 147 - Centro & 21/2292-7117.

Cidadãos **australianos** podem obter informações atualizadas sobre vistos na **US Embassy** em Canberra, Moonah Place, Yarralumla, ACT 2600 (℃ **02/6214-5600**) ou acessando o website da Missão Diplomática dos EUA em **http://usembassy-australia-state.gov/consular.**

Súditos **britânicos** podem obter informações atualizadas sobre vistos ao ligar para **U.S. Embassy Visa Information Line** (℃ **0891/200-290**) ou visitando a seção "Visas to the U.S" no site da Embaixada Norte-Americana em Londres, **www.usembassy.org.uk.**

Cidadãos **irlandeses** podem obter informações atualizadas sobre vistos pela **U.S. Embassy Dublin**, 42 Elgin Rdd., Dublin 4, Ireland (℃ **353/1-668-8777**; ou visitando a seção "Consular Services" no website **http://dublin.usembassy.gov.**

Cidadãos da **Nova Zelândia** podem obter informações atualizadas sobre vistos ao entrar em contato com a **U.S. Embassy New Zealand,** 29 Fitzherbert Terrace, Thorndon, Wellington (℃ **644/472-2068**), ou obter a informação diretamente do website **http://wellington.usembasssy.gov.**

Índice Remissivo

Veja também os índices para Acomodações e Restaurantes abaixo.

Abyssinian Baptist Church, 147
Acomodações, 38-68.
  , 45-46
  Distrito Financeiro, 38-41
  Greenwich Village, East Village e Meatpacking District, 43-45
  Lower East Side e TriBeCa, 41-42
  Midtown East e Murray Hill, 57-62
  SoHo, 42
  Times Square e Midtown West, 50-56
  Union Square, Flatiron District e Gramercy Park, 48-49
  Upper East Side, 66-68
  Upper West Side, 63-66
African Burial Ground Memorial, 143
AirTrains, 16-17
Viagens aéreas, 14-19
American Express, 14, 195
American Museum of Natural History, 115, 122
The Ansonia, 145
Apollo Theater, 172
Arlene's Grocery, 178
Ars Nova, 182
Aspen, 185
Andar de bicicleta, 153-154
Achados e perdidos, 198

Bagels, 88
Barracuda, 192
Bares e lounges para coquetéis, 183-191
B.B. King Blues Club & Grill, 178
Bemelmans Bar, 187
Big Apple Circus, 6
Big Apple Greeter, 8
Andar de bicicleta, 153-154, 158

Blue Note, 178-179
Bowery Ballroom, 178
Bronx, 158-160
Bronx Zoo Wildlife Conservation Park, 158-159
Brooklyn, 160-162
Brooklyn Academy of Music, 172-173
Brooklyn Botanic Garden, 159
Brooklyn Bridge, 122-124
Brooklyn Ice Cream Factory, 124
Brooklyn Museum of Art, 160-161

Cabanas, 191
Cabarés, 181
Cafe Carlyle, 189
Cafe Wha?, 189
Cain, 190
Calendário de eventos, 3-8
Carros e serviços de limusines, 18-19
Carnegie Hall, 173
Carolines on Broadway, 182
Cathedral of St. John the Divine, 147-148
Central Park, 150-155
Central Park Drive, 153
Central Park Zoo, 153
Charles A. Dana Discovery Center, 150
Chelsea, 25
  acomodações, 45-46
  restaurantes, 81, 84-85
  compras, 166
Children's Museum of Manhattan, 135
Children's Zoo (Bronx), 159
Chinatown, 22
  restaurantes, 73-74
  compras, 162
Chinatown Ice Cream Factory, 74

204 ÍNDICE REMISSIVO

Ano Novo Chinês, 3
Chrysler Building, 145
Church Lounge, 183
Cielo, 190
CityPass, 123
Cloisters, 135-136
Club Shelter, 191
Comedy Cellar, 182
Coney Island (Brooklyn), 161-162
Coney Island Museum (Brooklyn), 160-161
Cooper-Hewitt National Design Museum, 136-137
Cartões de crédito, 13-14
Creole, 187-188
The Cubby Hole, 192
Regras da alfândega, 12-13
Caixas eletrônicos, 13

Dakota, The, 145
Danceterias, 189-191
Cartões de débito, 13-14
The Den, 187
Deficiências, viajantes com, 8-9
Dizzy's Club Coca-Cola, 179
Dublin House, 190

Ear Inn, 183
Desfile de Páscoa, 4
The East Village, 24
    acomodações, 43-45
    restaurantes, 79
    compras, 164-165
Eletricidade, 195
Ellis Island, 124-125, 132
El Museo del Barrio, 137
Embaixadas e consulados, 197
Empire State Building, 125-126

Fifth Avenue & Rua 57, 167
The Filmore New York at Irving Plaza, 179
Financial District, 20, 22

    acomodações, 38-41
    restaurantes, 69-73
Flatiron Building, 145
Flatiron District, 26
    acomodações, 47-49
    restaurantes, 85-89
Fleet Week, 4
4th of July Fireworks Spectacular, 5
The Frick Collection, 137
Farmácias, 199

Gays e lésbicas, viajantes, 9-10, 166
    acomodações, 45
    vida noturna, 193
Ginger Man, 185
Gramercy Park, 26
    acomodações, 47-49
    restaurantes, 85
Grand Central Terminal, 126
Great Hall Balcony Bar, 188
Greenwich Village, 24-25
    acomodações, 43-45
    restaurantes, 80-81
    compras, 165-166
Greenwich Village Halloween Parade, 6
Guggenheim Museum, 130-131
Galerias de arte, 135, 136, 166

Hanukkah Menorah, Iluminação da, 7
Harlem
    excursões sobre gospel e jazz, 157
    restaurantes, 110-111
Harlem Week, 5
Hell's Kitchen, 27
Herald Square, 167
Holiday Trimmings, 7
Hospitais, 195

Immigration Museum, 124
Independence Day Harbor Festival, 5

ÍNDICE GERAL 205

Jazz at Lincoln Center, 174
Jeremy's Ale House, 190
Jimmy's Corner, 188
John F. Kennedy International Airport (JFK), 14-20
Jardins botânico, 159

KGB Bar, 183
King Cole Bar, 186
Knitting Factory, 179-180

LaGuardia Airport, 14, 15, 17, 19
Lasker Pool, 155
Lasker Rings, 154
Lincoln Center Festival 2009, 5
Lincoln Center for the Performing Arts, 173-175
Lincoln Center Out of Doors, 5
Little Italy, 22-23
Lower East Side, 23
   acomodações, 41-42
   restaurantes, 74-76
   compras, 163
Lower East Side Tenement Museum, 139
Lower Manhattan, 20, 22

Macy's Thanksgiving Day Parade, 7
Madison Avenue, 167
Madison Square Garden, 176-177
Mansion, 193
Maratona de Nova York, 6
Marion's Continental, 184
Meatpacking District, 25-26
   acomodações, 43-45
   restaurantes, 80-81
   compras, 166
Mercury Lounge, 180
MetroCards, 30-32
Metropolitan Museum of Art, 126-127
Metropolitan Opera, 174, 176
Mickey Mantle's, 186-187

Midtown, 25-28
Midtown East, 27
   acomodações, 56-62
   restaurantes, 98-101
Midtown West, 26-27
   acomodações, 49-56
   restaurantes, 89-98
Monkey Bar, 186
Morgan Library, 140
Murray Hill, 28
   acomodações, 56-62
   restaurantes, 98-101
Museum of Jewish Heritage, 141
Museum of Modern Art, 128
Museum of the City of New York, 140-141

NBC Studio Tour, 129-130
Newark International Airport, 14-19
New Museum of Contemporary Art, 142
New York Aquarium (Brooklyn), 161
New York Botanical Garden (Bronx), 159
New York Historical Society, 142-143
New York International Auto Show, 4
New York Philharmonic, 175, 176
New York Public Library, 146
New York Stock Exchange (NYSE), 133
92nd Street Y-Tisch Center for the Arts, 157, 177
NoHo, 24
   restaurantes, 79
Nolita, 23
   restaurantes, 76-78
   compras, 164

Oak Room, The, 182
Ônibus e serviços de transporte, 19

Pacha, 191
Paley Center for Media, 142
Desfiles, 4-5
Passaportes, 199-200
Pegu Club, 184-185

206 ÍNDICE REMISSIVO

Pen-Top Bar, 191
Pizzarias, 94-95
Playgrounds, 154
Plunge, 191
Polícia, 201
Passeios em carruagens a cavalo, 154
Patinação no gelo, 154
Patinação in-line, 154-155

Radio City Music Hall, 130, 177-178
Radio City Music Hall Christmas Spectacular, 6-7
Restaurantes, 69-113. índice de Restaurantes
    Chelsea, 81, 84-85
    Chinatown, 73-74
    East Village e NoHo, 79
    Financial District e TriBeCa, 69-73
    Greenwich Village e Meatpacking District, 80-81
Restaurantes Lower East Side, 74-76
    Midtown East e Murray Hill, 98-101
    reservas, 69
    SoHo e Nolita, 76-78
    Times Square e Midtown West, 89-98
    Union Square, Flatiron District e Gramercy Park, 85-89
    Upper East Side, 109-114
    Upper West Side, 101, 104-109
Restaurant Week, 3
Rink at Rockefeller Center, 128-129
Rise Bar, 190
Rockefeller Center, 27, 128-130
    Iluminação da Árvore de Natal, 7
Rose Bar, 185
Rudy's Bar & Grill, 188
Corrida, 154
Russian Samovar, 186

Segurança, 10-11
St. Patrick's Cathedral, 148-149
St. Patrick's Day Parade, 3
St. Paul's Chapel, 149

Shakespeare in the Park, 5, 176
Skyscraper Museum, 143-144
Smoke, 180
S.O.B.'s, 180-181
SoHo, 23-24
    acomodações, 42
    restaurantes, 76-78
    compras, 163-164
Solomon R. Guggenheim Museum, 130-131
South Street Seaport, 20, 22, 144-145
South Street Seaport Museum, 144
Splash/SBNY, 192
Staten Island Ferry, 131
Estátua da Liberdade, 131-132
Stonewall Bar, 193
Seguros, 196

Táxis, 15
Temple Bar, 185-186
Temple Emanu-El, 149
Teatro, 169-172
30 Rockefeller Plaza, 129
Times Square, 7-8, 26-27, 132-134
    acomodações, 49-56
    restaurantes, 89-98
    compras, 167
Tisch Children's Zoo, 153
Titanic Memorial Lighthouse, 144-145
Top of the Rock, 129
Transportes, 30-37
Traveler checks, 14
TriBeCa, 22
    acomodações, 41-42
    restaurantes, 69-73
TriBeCa Film Festival, 4
Trinity Church, 149-150
Turistas internacionais, 11-13

Under the Volcano, 186
Union Square, 26
    acomodações, 66-68
    restaurantes, 85-89

ÍNDICE DE RESTAURANTE   207

compras, 166-167
Upper East Side, 28-29
 acomodações, 66-68
 restaurantes, 109-114
Upper West Side, 28
 acomodações, 62-66
 restaurantes, 101, 104-109
 compras, 168
Uptown Jazz Lounge at Minton's Playhouse, 181
U.S. Open Tennis Championships, 5-6
USS Sea-Air Space Museum, 138-139

Village Vanguard, The, 181
Vistos, 200

Wall Street, 133
Washington Heights & Inwood, 29-30
West Indian-American Day Parade, 6
Whitney Museum of American Art, 134-135
Wollman Rink, 154-155
World Trade Center Site (Ground Zero), 133

Acomodações
Affinia Gardens, 68
AKA Central Park, 51
The Algonquin, 51
The Benjamin, 58
The Bowery Hotel, 43
Carlton Hotel on Madison Avenue, 48
The Carlyle, 66
Casablanca Hotel, 54
Colonial House Inn, 45
Cosmopolitan Hotel-Tribeca, 42
Country Inn the City, 45
Doubletree Guest Suites Times Square, 51
Duane Street Hotel, 41-42
Exchange Hotel, 40
Flatotel, 52
414 Hotel, 54
Gershwin Hotel, 49
Gramercy Park Hotel, 48

Hotel Beacon, 63
Hotel Elysée, 59
Hotel Gansevoort, 43
Hotel Giraffe, 49
Hotel Grand Union, 62
Hotel Metro, 55
Hotel Newton, 66
The Hotel on Rivington, 41
Hotel Plaza Athénée, 67
Hotel QT, 55
Hotel Thirty Thirty, 62
Inn at Irving Place, 44
Inn on 23rd Street, 45
Jumeirah Essex House, 52
The Kitano New York, 60
Larchmont Hotel, 44-45
Le Parker Meridien, 53
The Library Hotel, 60
The Lowell, 67
The Lucerne, 65
The Mercer, 42
The Peninsula-New York, 57
Plaza, 57
Red Roof Inn, 56
Ritz-Carlton New York, Battery Park, 38
The Roger, 61
St. Regis, 58
Sofitel New York, 54
Travel Inn, 56
Trump International Hotel & Tower, 63
Waldorf=Astoria and the Waldorf Towers, 61
The Wall Street Inn, 40-41

Restaurantes
Absolute Bagels, 88, 107
Amy Ruth's, 110
Anthos, 89
Aquavit, 98-99
Artie's Delicatessen, 107
Artie's New York Delicatessen, 96
Bar Blanc, 79
Barney Greengrass, the Sturgeon King, 96
Becco, 91

ÍNDICE REMISSIVO

Big Wong King, 73
BLT Market, 89-90
BLT Steak, 99
Bread, 78
Brgr, 87
Bubby's Pie Company, 72-73
Buddakan, 81, 84
Burguer Joint, 93, 96
Carmine's, 91, 105
Carnegie Deli, 93, 96
Celeste, 107
Cendrillon, 77
Chanterelle, 69, 72
Charles' Southern Style Kitchen, 110
Chola, 100-101
City Bakery, 88-89
Clinton St. Baking Company, 75-76
Cookshop, 81
Country, 99-100
Covo Trattoria & Pizzeria, 113
DiFara Pizza, 94
Ed's Lobster Bar, 77
Ess-A-Bagel, 88, 101
Fiamma, 76
Flor de Mayo, 108
Frankie & Johnnie's, 90
Good Enough to Eat, 108
Gray's Papaya, 107
Grimaldi's Pizzeria, 94
H&H Bagels, 88, 107
Hill Country, 86-87
'inoteca, 75
John's Pizzeria, 81, 93, 94-95
Katz's Delicatessen, 76, 97
Keens Steakhouse, 90-91
Kefi, 105-106
Kossar's Bialys, 88
La Nacional, 84-85
La Pizza Fresca Ristorante, 87
Le Miu, 78
Lombardi's, 95

M&G Diner, 110-111
Mas, 80
Mia Dona, 100
Miss Mamie's Spoonbread Too, 111
Molyvos, 91-92
Momofuku Noodle Bar, 79
Murray's Bagels, 81, 88
New York Burger Co., 87
New York Noodletown, 73-74
Nick's Family-Style Restaurant and Pizzeria, 113
Nizza, 96-97
Noche Mexicana, 108
Norma's 92-93
Ocean Grill, 106
The Odeon, 73
Ouest, 104
Oyster Bar & Restaurant, 101
Pao!, 77
Paola's, 109
Patsy's Pizzeria, 95
Pho Viet Huong, 74
P. J. Clarke's, 100
Porter House New York, 101,
The Post House, 111
Primehouse, 85
Rare Bar & Grill, 100
Rayuela, 74-75
RUB, 84
Sapporo, 97
Savann, 106-107
2nd Avenue Deli, 97
Shake Shack, 87
Stage Deli, 93, 97
Strip House, 80-81
Sylvia's, 111
Telepan, 104
Totonno's Pizzeria Napolitano, 95
Virgil's Real BBQ, 92
A Voce, 85
Wondee Siam, 98

Impresso na Rotaplan Gráfica e Editora LTDA
www.rotaplangrafica.com.br
Tel.: 21-2201-1444